スピーキングのための英単語帳

Wordbook for Speaking

# スピタン 888

関 正生　桑原雅弘

Masao Seki & Masahiro Kuwahara

アルク

Introduction

## 「英会話」って何からやればいいの?

「英語を話せるようになりたい」と思っても、「最初の一歩」として何が一番有効なのかは議論されない気がしませんか。最終的な目標はネイティブとの会話（もしくは非ネイティブ同士で英語を共通語にした会話）ですが、いきなりそこに入るのはハードルが高すぎるうえに、効率が良い習得法とは言えません。

　格闘技にたとえるなら、初心者がいきなりリングに上がって試合をするようなものです。通常は、まずは筋トレで基礎体力をつけ、次に技をひとつずつ習得していきます。「試合だけしていればそのうち強くなるよ」と指導する人などいません。

　それなのに英会話では「たくさん実戦をこなせばうまくなる」という誤解が蔓延しています。確かに初心者でも、たまに実戦の場に出ることは大きな刺激になります。でもそれは普段の「筋トレ」的な学習をきちんとこなしている場合であって、それなしで実戦の場に出たところで、何もできずに落ち込むのが普通でしょう。

　実際、時間・お金・勇気を振り絞って英会話スクールに通っても、言葉につまるたびにネイティブ講師が単語を教えてくれて、結局はそれをリピートするだけ。どうしていいかわからないまま授業はタイムアップ。とても素敵な笑顔で、Have a nice weekend! と言いながら、仕事が終わって明らかにテンションが上がって教室を出ていく講師の背中を見ながら、自分の無力さに自己嫌悪…このパターンはものすごく多いはずです。

# 「英会話のための」単語帳

英語学習の「筋トレ」に当たるのが単語の習得です。単語の習得と言えば、大学受験か資格試験（TOEIC®テストなど）の単語帳が浮かぶと思いますが、「試験とは関係なく、英会話を始めたい（もしくは英会話に苦しんでいる）大学生や社会人が取り組む単語帳があってもいいのではないか」というのが本書が生まれるきっかけとなりました。本書は「会話ができない」原因を、単語という側面から解決していきます。特に、以下の思いのどれかを抱えている方に本書は力を発揮します。

- ✔ 英会話を始めたいけど「何から始めるべきか?」がわからない
- ✔ いきなりネイティブとの会話はキツイ
- ✔ 英会話では単語すら出てこない
- ✔ 英会話力が伸び悩んでいるので何か打開策がほしい

従来の英会話学習に欠けていた「単語帳」というピースを埋める本だという立ち位置をまずはここで明確にしつつ、そんなまだ新しいコンセプトの本を見つけてくれたことに感謝します。そして、この1冊がみなさんの英会話力を支える強力な土台になることを信じております。

関 正生　桑原雅弘

# Contents

## Chapter 1 実は使い勝手抜群の「便利単語」

# Chapter 2 場面別で活躍する「頻出単語」

## なぜ「英会話」に「単語帳」なのか?

## 英会話の「俗説」を斬る

### ●「ミスを恐れるから話せない」のは本当か?

英会話のアドバイスといえば、必ず耳にするのが「(学校や受験で文法中心の勉強をしたせいで) ミスを恐れて話せなくなる。ミスを恐れずにたくさん英語を話そう」という言葉です。

しかしこの精神論でうまくいく人はきわめて少数派であって、大半の人が「そんなこと言われても…」と尻込みするのは当然です。そもそも「ミスを恐れずに・恥ずかしがらないで」なんて言われたら、余計にミスを恐れてもっと恥ずかしくなるのが普通のメンタルでしょう。

みなさんが今までに英語を使おうとした場面を思い出してみてください。確かに学校の授業で指名されたときなら「クラスメイトの前でミスしたら恥ずかしい」という気持ちがよぎったでしょう。

でも、いざ本当に英語を話さないといけなかった場面、たとえば海外旅行・英検の面接試験・外国人に道を聞かれたとき・アルバイト先に外国人客が来たとき… 英語が話せない原因は「ミスを恐れたから」だったのでしょうか?

「こんな感じの英語だとは思うけど、間違えたら恥ずかしいから、言わないほうがいいかな?どうしようかな?」なんて思えるのは、相当の余裕がある人だけです。

普通はそんな余裕などはなく、「"間違っているかもしれない英語"すら発することができない」のが現実ではないでしょうか。

決して「ミスを恐れて話せなかった」のではなく、「英語が出てこなかった」だけだったのではないでしょうか。「言いたいことが出てこない」「何と言っていいのかすらわからない」ので、脳と体が硬直したり、パニックになったりしたのかもしれません。

## ● だからこそまずは「単語」から

「そもそも英語自体を口にできない」ということがハッキリすれば対策が見えてきます。まずは英会話で必要な単語を仕込むことから始めましょう。「いや、単語なら知ってるんだよ。後になって、どうしてあんな簡単な単語が出てこなかったんだろうっていつも悔しい思いをするから」と思うかもしれませんが、そこで単語を軽視してしまうのが危険なのです。あくまで「英会話に必要な単語を、英会話に必要な側面から」仕込んでいかないと、実際の場面では口から出てこないものなのです。

論より証拠ということで、具体例を挙げて説明します。たとえば、you・question・doctorという単語を知らない人はいないはず。でもこの3つを会話でパッと使える人は実はかなり少ないのです。

### 「会話で使う意外な意味」を知らないパターン

youには「あなた・あなた方」以外に「誰でも・みんな」という意味があり、会話ではこの意味でも頻繁に出てくるのです。この意味を知らずに、会話の決まり文句である、You never know.「誰にもわからない」を覚えるのは無理があり丸暗記になります。結果、忘れやすくなり、忘れなくても言葉が腑に落ちないので結局は使えないのです。ただ、youの意味さえ知っていれば簡単に理解できます（youは本書の見出し語106番に掲載）。

### 「使い方・使える状況」を知らないパターン

鋭い質問や答えにくい質問をされたときの「時間稼ぎ」に、questionは大活躍します。That's a good question. をネイティブは頻繁に使うからです（questionは013番に掲載）。

もう1つ、doctor「医者」を会話でパッと使える人も少ないです。「病院に行く」と言いたい時にhospitalを使う人が多いのですが、hospital

は「大規模な総合病院」を表します。もちろんその意味で使うならOK ですが、普段の「病院に行く」には、go to the doctorを使うのが普通 なのです（doctorは675番に掲載）。

　また、単純に「単語そのもの」を知らないときも、本書の「まずは 単語から」という発想が効果を発揮します。たとえば英会話では、wrap up「終える」という表現が出てきます。これを丸暗記させたり、Let's wrap up this meeting.「このミーティングを終えましょう」といった例 文で覚えさせたりする指導が多いのですが、これだけでは結局身につ かないことが多いのです。

　本書では、まずはwrapだけに注目します。「ラッピング（wrapping）」 でおなじみの「包む」という意味を確認してから、wrap upは「最後 にラッピングをして終える（upは強調・完了）」→「（会議・仕事を） 終える」と解説していくことで、最初の「wrap自体がわからない」と いう障害を取り除くわけです（wrapは231番）。

## 本書の特長

### ●英会話に特化した「単語帳」

すべての単語は「英会話に役立つか?」という視点から選定されています。doctorなどが見出し語になっているのは「英会話で役立つ」という視点からです。

### ●使いやすい「情報量」

普通の単語帳のように、いくつもの意味や派生語を載せると会話で重要な意味がかすんでしまうので、本書では会話で使う意味を中心に据えています。また、単語帳で挫折する大きな要因となる「多すぎる」という問題も意識して「やり切れる」単語数にしました。あらゆる面で使いやすく挫折しにくい仕立てにしています。

### ●リアルさ×実用性×将来性を兼ね備えた「例文」

リアルかつ便利であり、さらに将来の旅行・留学・ビジネスまでを想定した内容を詰め込んでいます。

### ●単語をより身近にする「コメント」

すべての見出し語にコメントをつけています。単語を説明するだけでなく、使い方・会話表現の成り立ちなどに触れることで、単語を一層リアルに、かつ身近に感じて記憶の助けとしています。

## 単語の「選定方針」

### ●ランキングではなく「英会話に役立つ」という視点

本書では「英会話に役立つ単語」という視点から、「会話で使い勝手の良い単語（Chapter 1）」と「会話の状況・場面別での単語（Chapter 2）」に分けて、みなさんに使いこなしてほしい単語を職人のように手作業で選定していきました。

単語帳といえば「よく出る順番」というランキング形式になることが昔から多いのですが、本書ではその形式はとりません。主な理由として「ランキング上位に来るのは文法的な機能を持つもの（the・some・thatなど）なので、単語帳で訳語だけを覚えたところで意味がない」ことが挙げられます。「単語の勉強」と「文法の勉強」はきちんと分けた方が効率的です。

また、「状況・場面別での単語」はランキングでは下位にきても、大事な単語がたくさんあります。もし海外で食当たりを起こして病院に行った場合、diarrhea「下痢」（736番）を知っておく必要があります。こういった単語はランキングでは拾えないのです。

## 例文の様々な工夫

本書の例文には「リアルさ」を追求した結果、難しいものも含まれていますが、その意図・工夫がわかると、たとえ難しくても納得しながら学習を進めていけるはずなので、ここで説明させてください。

### ●例文に「難しい単語」が含まれる

ネイティブがサラッと使う（でも学校では習わない）単語もたまに含まれています。難しければスルーしてOKですし、余裕があるならそれもチェックすることで、単語力がよりアップします。

## ● 文法力も鍛える例文

英会話で壁にぶつかる原因の1つが「文法力不足」です。特に、留学・資格試験・ビジネスでは「軽いやりとり」よりも「文法的にしっかりしたスピーキング」が求められます。本書では少し長い文も含めて文法力も鍛えられるようにしています。

## ● ビジネス系の例文がある

本書の求めるリアルさは仲間内の会話ではなく、どの場面であれ堂々と使えるリアルさです。海外旅行など公共の場での会話や、将来使うかもしれないビジネス系の英文も意識しています。「今は使わない」「自分では使わないけど言われたときに理解できないと困る」ような文も含まれています。また、ビジネス系の英文はTOEIC®テストで大量に出題されますし、ニュース英語（企業や経済の話題など）でも使われるので、触れておくことには大きなメリットがあります。

## ● 名前の大切さ

本書の見出し語に含めなかった「英会話で一番大事な単語」があります。それは「自分の名前／相手の名前」です。まず「自分の名前」はサッと、Hi, I'm ○○○.「初めまして、○○○といいます」と口にできるようにしておきましょう（英会話は、Hi.から始めることは本書の001番で触れます）。

「相手の名前」は会話の中で呼びかけることが大事です。日本語での会話では考えられないほど、英会話では相手の名前を頻繁に呼びます。本書の例文は、外国人の名前の呼びかけをたくさん含めて、きわめてリアルなものにしています。そういった例文が染みついた結果、会話の中でポロっと相手の名前を入れられるときがくることを願っているという裏設定でもあります。

※ただし最初のうちは難しいので、「知り合いの名前に変える」という工夫をしてもOKです。

## 本書の構成

本書では、888語の見出し語を、実は意外な意味を持つ使い勝手抜群の「便利単語」（Chapter 1）、場面別で活躍する「頻出単語」（Chapter 2）に分けて掲載しています。全ての見出し語、例文には音声が付いているので、テキストだけでなく、音声を活用して学習を進めることもできます。

## 1 分類

各見出し語や例文が使われる状況、場面の分類を表しています。

## 2 音声トラック番号

見出し語（英→日）と例文（英）の2パターンの音声を収録しています。◀) の隣の001などの3桁の数字は見出し語番号に対応しています。

## 3 見出し語

見出し語の下には発音記号があります。（※単語の「選定方針」はp.10に掲載）

## 4 見出し語日本語訳

できるだけ情報を絞って覚えやすくする・記憶の負担を減らすため、「〜を」「〜に」などを省略して掲載しています。色文字は、会話でよく使う意味。意味が大きく異なる訳語は「／」、違いが小さいものは「、」で区切っています。

動、名、形、副、前、接、疑、間、関、助、熟：順に動詞、名詞、形容詞、副詞、前置詞、接続詞、疑問詞、間投詞、関係詞、助動詞、熟語を表します。

> **1** 交通／旅行
> 旅行、観光

◀) 492〜496  **2**

**492** ■■■ **book** **3**  **4**
[búk]

動 予約する
名 本
▸ booking 名 予約

**I have to book a flight to Paris for my summer vacation.**

夏休みのパリ行きのフライトを予約しないと。

♀「ダブルブッキング（double-booking）」とは「予約が重なること」です。book a flight「航空便を予約する」、book a hotel「ホテルを予約する」などは海外旅行で欠かせない表現です。

**493** ■■■ **reserve**
[rizə́rv]  **5**

動 予約する、取っておく
名 蓄え
▸ reservation 名 予約

**A: Did Marco make a reservation at Via Carota?**
**B: Yes, he reserved a table for four for tonight.**

A: マルコはビア・カロタ（店名）の予約をした？
B: うん、今夜、4人で予約してくれたよ。

♀日本語では「席を予約する」と言いますが、英語ではreserve a tableです。例文のfor four for tonightはリズムよく口にしてください（2つのforは軽く、fourはハッキリと）。

**10**

## 5 アイコン

各単語の特徴に合わせて、以下の6つのアイコンを載せています。

 最新トレンド

 意外な意味に注意

## ダウンロード音声について

| パソコン<br>でダウンロード<br>する場合 | 下記の「アルクダウンロードセンター」にアクセスの上、画面の指示に従って音声ファイルをダウンロードしてお使いください。<br>https://portal-dlc.alc.co.jp |
|---|---|
| スマートフォン<br>からダウンロード<br>する場合 | カバーに掲載のQRコードから学習用アプリ「booco」をインストールの上、ホーム画面下「さがす」の検索窓に、本書の商品コード7024024を入れて検索。 |

---

**6 派生語・関連語**

見出し語に関連する語を掲載しています。

---

**494** ⬛⬛⬛

# appointment
[əpɔ́intmənt]

名 (人と会う) 約束、(病院の) 予約、任命
▸ appoint 動 任命する **6**

**I have stiff shoulders, so I'll make an appointment for a massage.** **7**

肩が凝っているので、マッサージの予約をするつもりです。
* stiff「凝った」(716番) **8**

💡 appointment は「仕事のアポ」のイメージが浸透していますが、病院など「人と会う約束」にも使います。have a dental appointment は「歯医者に予約している」です。

---

**7 例文**

見出し語は色字で表示しています。特に重要な箇所には下線を引いてあります。例文が難しいと感じる場合は、下線部だけチェックしてみてください。

---

**495** ⬛⬛⬛

# occupy
[ɑ́kjupài]

動 占める、**占領する**
▸ occupation 名 職業
▸ unoccupied 形 空いている

**A: Do you have any tables at the moment?**
**B: I'm sorry, but all our tables are occupied.**

A: 現在空いているテーブルはありますか?
B: 申し訳ありませんが、テーブルはすべて埋まっております。 **9**

💡 飛行機のトイレは使用中の時に、"Occupied" という表示が光ります。「トイレが占領されている」→「使用中」ということです。be occupied「空いていない、満席の、使用中の」です。

---

**8 語注**

例文中の語句の意味や文法の補足説明です。

---

**496** ⬛⬛⬛

# arrange
[əréindʒ]

動 取り決める、手配する／きちんと並べる、整える
▸ arrangement 名 取り決め、手配／配置
▸ rearrange 動 改めて取り決める／配置を変える

**A: How can I arrange a guided tour of the heritage district?**
**B: You should contact the local tourism office.**

A: 遺産地区のガイドツアーはどのように手配できますか?
B: 現地の観光局に問い合わせてみてください。
* guided tour「ガイド付きのツアー」(513番)／heritage「遺産」／district「地区」

💡 「アレンジ (変化) を加える」印象が強いのですが、本来は「きちんと並べる」→「(いろいろな事柄を) きちんと並べる、整える」→「取り決める、手配する」です。

---

**9 コメント**

単語の定着の助けになるように、すべての見出し語にコメントをつけています。

---

**10 イラスト**

見出し語や例文の内容理解につながるイラストを掲載しています。

---

 使い方や品詞が大事  ❓ 学校、受験では習わない

 超オススメ単語100  🎧 発音、アクセントに注意

# 例文に頻繁に出てくる 「文法の基礎」チェック

● **会話で頻繁に使われる「短縮形」**

あまり強調されませんが、「会話の場合は短縮形で使われるのが普通」なのです。本書の例文でもたくさん短縮形で載せています。I'mなどは簡単なので紛らわしいものだけを以下に載せておきます（例文の **000** は見出し語の番号です）。

> 主語 's の形：is か has が短縮された形
> 例 She's → She is／She has

is と has は「後ろの形」で判断します。

**327** She's always been self-conscious about her weight, even though she's thin.

**彼女はいつも自分の体重を気にしてばかりいる。痩せているのに。**

※ 1つ目のShe's=She has（後ろにbe動詞の過去分詞形been）／2つ目のshe's=she is（後ろに形容詞thin）

> 主語 've の形：have が短縮された形
> 例 I've → I have
> 主語 'd の形：would か had が短縮された形
> 例 I'd → I would／I had

would と had も「後ろの形」で判断します。

**164** If I were in your shoes, I'd dump him.

**私だったら、彼と別れるけどね。**

※ I'd=I would（後ろに原形dump）／もしI hadなら後ろに過去分詞形がくるはず

●現在完了形は「過去から現在までの矢印」のイメージ

　have p.p.（主語が3人称単数なら has p.p.）の形を「現在完了形」と言います（p.p. とは「過去分詞形」のこと）。現在完了形には「継続／完了・結果／経験」の用法があると教わりますが、現在完了形は過去〜現在をつないだ"線的"な時制で、以下のような「矢印」をイメージすることが一番大事です。

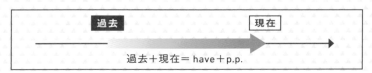

現在完了形（have p.p.）の3用法
❶ 継続「（過去から今まで）ずっと〜している」
❷ 完了・結果「（過去から始めて）ちょうど今〜したところだ（その結果…だ）」
❸ 経験「（過去から今までに）〜した経験がある（今その経験を持っている）」


**001** The weather has been great, hasn't it?
　天気は最高だね。

※継続／「少し前から現在までずっと天気が最高」ということ


**767** Now that I've finished editing this vlog, I will upload it to my YouTube channel.
　このvlogの編集が終わったので、YouTube チャンネルにアップロードする。

※完了・結果／「少し前に始めた編集作業が今完了した」ということ


**006** Hi, I don't think we've met.
　こんにちは、お会いしたことはなかったですよね。

※経験／「過去〜現在において私たちが会ったことがある（とは思わない）」ということ

## ● 5文型の全体像

　世の中には膨大な数の英文がありますが、「ほぼすべての英文はたった5つの『型』に集約される」というのが「文型」の発想で、これは英会話でも重宝します。

### 文型ごとの代表的な「動詞の意味」

| | 代表的な意味 | 代表的な動詞の例 |
|---|---|---|
| 第1文型<br>（SVM） | いる・動く | live「住む」／ go「行く」 |
| 第2文型<br>（SVC） | イコール | be「なる・〜である」<br>seem「〜のようだ」 |
| 第3文型<br>（SVO） | 持つ・影響を与える | have「持つ」／ say「言う」 |
| 第4文型<br>（SVOO） | 与える | give「与える」／ show「見せる」 |
| 第5文型<br>（SVOC） | OにCさせる<br>OがCだとわかる | make「させる」／ find「わかる」 |

※ S:主語／V:動詞／O:目的語／C:補語／M:修飾語

以下の例文すべてに動詞getが含まれていますが、文型ごとに意味が異なることを確認してください。

---

第1文型 I got to the station on time.
私は時間通りに駅に着いた。　　　　　　※get to ～「～に着く」

第2文型 It's getting dark.
暗くなってきている。　　　　　　　　　※get ～「～になる」

第3文型 She got the flu.
彼女はインフルエンザにかかった。　　　※get ～「～を得る」

第4文型 My parents got me an iPad for my birthday.
親が誕生日にiPadを買ってくれた。　　※get 人 物「人 に 物 を与える」

第5文型 The news got my family excited.
その知らせで、ウチの家族はテンションが上がった。
※get OC「OをCにさせる」
※直訳「その知らせは、私の家族をワクワクさせた」

---

getは「得る」という意味で有名ですが、それは第3文型でしか使われず、第4文型にいたっては「得る」の反対「与える」となるのです（厳密には「（買って）与える」）。

**512** Did you get your niece a souvenir?
姪っ子さんにはおみやげを買いましたか？
※get 人 物「人 に 物 を買ってあげる」の形

## ● 第5文型の全体像

文型の中でも特にやっかいな「第5文型」をここに載せておきます。

---

第5文型をとる重要な動詞の例

❶ **使役動詞**（make／have／let）
❷ **知覚動詞**（see／hear／feel／findなど）
❸ **使役もどき**（keep／leave／getなど）
❹ **命名・希望系**（call／name／wantなど）
❺ **V 人 to ～**（allow／enable／force／advise など）
❻ **help**（help 人 原形「 人 が～するのを手伝う」）

---

**177** What made you decide to start doing cardio and weights?
**有酸素運動とウェイトトレーニングを始めようと思ったきっかけは何ですか?**

※make OC「OにCさせる」／「youがdecideする」ので原形（decide）

**689** Have you had your eyesight checked recently?
**最近、視力検査を受けましたか?**

※have OC「OをCしてもらう」／「eyesightがcheckされる」のでp.p.（checked）

**576** I often find myself buying lots of things on impulse from online stores.
**気づいたら、オンラインストアでたくさん衝動買いしてることがよくあるんだ。**

※find OC「OがCするのに気づく」／「myselfがbuyする」ので-ing（buying）

**152** I'm sorry to have kept you waiting. The traffic was terrible.
**待たせてごめん。渋滞がひどくって。**

※keep OC「OをCのままにする」／「youがwaitする」ので-ing（waiting）

**212** Are you allowed to bring food into the civic center?
**市民会館に食べ物を持ち込むことはできますか?**

※allow 人 to ~「 人 が～するのを許可する」の受動態

# Chapter 1

# 実は使い勝手抜群の「便利単語」

◀)) 001〜005

**Hi.**
[hái]

間こんにちは。

A: **Hi**, Lisa. The weather has been great, hasn't it?
B: **Hi**, Mike. Yes, it has been gorgeous.

A: やあ、リサ。天気は最高だね。
B: こんにちは、マイク。うん、素敵だね。

* gorgeous「素敵な、素晴らしい」

💡 「すべての英会話は"Hi."から始める」と考えてもいいほど大事な単語です（Hello.より圧倒的によく使われます）。初対面でも、他にはカフェの注文時でも多用されます。

**Hey.**
[héi]

間やあ。

A: **Hey**, John. Long time no see.
B: Oh, hi, Ami. Yes, it's been a while.

A: やあ、ジョン。久しぶり。
B: あ、こんにちは、アミ。そうだね、久しぶりだね。

* Long time no see.「久しぶり」

💡 大学のとき、カナダ人の先生（50代男性）がHey.と話しかけてくるのを「なんかバカにされてんのかな？」と思ったことがありますが、実は親しみのある表現として使われます。

## 003 ■■■ **guy** [gái]
名 (guysで) みんな、**男**

### Hey, guys, just give me a sec. I need to find my keys before we leave.

ねえ、みんな、ちょっと待って。出発する前に鍵を探さなくちゃいけないんだ。

\* give me a sec「ちょっと待って」（011番）

> 💡Hi[Hey], guys.「やあ、みんな」は、いざ使うとなると勇気がいるかもしれませんが、少し打ち解けたときに使ってみてください。guyは本来「男、奴」ですが、guysで「みんな」を指すときは女性に対しても使えます。

## 004 ■■■ **go** [góu]
動 (状況が) 進む、**行く**

### Hey, Nancy. How's it going?

やあ、ナンシー。調子はどう?

> 💡How are you? ばかりでなく、たまにはHow's it going? も使ってみましょう。"Hi[Hey], 相手の名前. How's it going?"をパッと口にできるとスムーズな会話に聞こえます。

## 005 ■■■ **new** [njú:]
形 (近況において) 新しい

### A: Hey, Aki, what's new?
### B: Not much, but I'm going surfing on Saturday.

A: やあ、アキ、最近どう?
B: 特にないけど、土曜日にサーフィンにいくんだ。

> 💡How's it going? 同様に、"Hi[Hey], 相手の名前."の後に使ってみてください。「何か新しいことは?」→「最近どう?」です (= What's up?)。返答はNot much.／Nothing special.「特に何も」などを使います。

◀)) 006〜007

## 006 ■■■ **meet**
[míːt]

動 会う

**A: Hi, I don't think we've met. I'm Alex.**
**B: Hi, Alex. Actually, we met about a year ago.**

A: こんにちは、お会いしたことはなかったですよね。僕はアレックスです。
B: やあ、アレックス。実は1年ほど前に会っていますよ。

💡 Nice to meet you. 「はじめまして」だけでなく、過去形・過去分詞形のmetもパッと口に出せるようにしておきましょう。名刺文化ではないせいか、会話例のようなやりとりは珍しくありませんので。

## 007 ■■■ **guess**
!
[gés]

動 推測する
名 推測

**Guess what! I found this old bottle on the beach, and there's a handwritten message inside!**

ねえ、聞いてよ!　この古いボトルをビーチで見つけたんだけど、中に手書きのメッセージが入ってるんだ!

\* handwritten「手書きの」

💡 Guess what! は会話の出だしで使います。直訳「何か推測してみて」→「ねえねえ聞いてよ（何だと思う?）」という意味です。言われた場合は、What?「何?」などと応答してもOKです。

## 時間を稼ぐ、沈黙を避ける

◀)) 008〜009

### 008 ■■■ **Well.**

間 え〜と。

[wél]

A: How's your new job?

B: Well, you know … I actually quit my new job. I didn't like my boss.

A: 新しい仕事はどう?
B: え〜っとね…実は、新しい仕事を辞めたんだ。上司が好きじゃなくて。

💡 すぐに英語が出てこないときは、ゆっくり「ウェ〜ル」と言って時間を稼ぎましょう。日本語の「え〜／あ〜」はネイティブには不気味な音に聞こえるようです。例文のyou knowも時間稼ぎによく使われます。

### 009 ■■■ **let**

動 〜にさせる

[lét]

A: What do you like to do on the weekends?

B: Well, let me see. I like doing yoga.

A: 週末に何をするのが好きですか?
B: え〜っと…そうだねぇ。ヨガをするのが好きかな。

💡 let 人 原形「人に原形させる」の形で、Let me see は「私に状況を眺めさせて」→「ちょっと考えさせて／え〜っと」となります。wellとセットで、Well, let me see.「え〜っと…そうですねぇ」と使ってもOKです。

◀)) 010～013

---

## 010 ■■■ **put**
[pút]

動 述べる、置く

### How should I put it?

どう言えばいいかなあ?

> 💡 put には「言葉を置く」→「述べる」の意味があります。「英語が口から出てこない」ときに、ひとりごとのように例文を口にすれば、時間稼ぎになり、かつ相手に「言葉が見つからず困っている」というサインを送れます。

---

## 011 ■■■ **second**
[sékənd]

名 ほんのちょっとの時間、秒
形 2番目の

### A: What do you want to do this weekend?
### B: Give me a sec … I had a place in mind but I forgot.

A: 今週末、何がしたい?
B: ちょっと待ってね…。行きたい場所があったんだけど、忘れちゃった。
\* have ～ in mind「～を計画中だ、～を考えている」

> 💡 つい、Oh … とだけ言ってしまいがちな状況では、Give me a second[sec]. が使えます(会話では second が sec になることも)。直訳「私に1秒与えて」→「ちょっと待って」です。

---

## 012 ■■■ **decide**
[disáid]

動 決める
▶ decision 名 決心、決断

### Oh, I can't decide. You have so many flavors of ice cream to choose from.

ああ、決められないなあ。すごくたくさんの (味の) アイスがあるんだもの。
\* flavor「味」(555番)

> 💡 海外のお店で迷うときは黙っているのではなく、I can't decide. 「決められないなあ、迷っちゃうなあ」と言って時間稼ぎをしましょう。店員とのコミュニケーションも生まれやすくなります。

---

## 013 ■■■ question

[kwéstʃən]

名 質問
動 質問する、疑問に思う

A: What do you want to do with your life?

B: That's a good question. To be honest, I don't know yet.

A: 人生で何をしたいですか?

B: 良い質問ですね。正直なところ、まだわからないんです。

\* to be honest「正直に言って」（196番）

💡 That's a good question.「それは良い質問ですね」は、文字通りの意味以外に、鋭い質問や答えにくい質問をされたときの「時間稼ぎ」に大変便利な決まり文句です。

◀)) 014〜018

## 014 ■■■ depend
[dipénd]

動 〜次第だ、〜に左右される／頼る

**A: Do you want to go to the mall with me this weekend?**

**B: That depends.**

A: 今週末、一緒にショッピングモールに行かない？
B: 場合によるかな。

💡「それは微妙だなあ（条件によってはOK）」と言いたいときに便利なのが、It[That] depends.「時と場合による／一概には言えない」です（本来の形はIt depends on the circumstances.「それは状況次第だ」）。

## 015 ■■■ sure
[ʃúər]

形 確信している
▶ surely 副 確かに、必ず

**A: Are you coming to the game?**

**B: I'm not sure. I might have other plans.**

A: 試合には来るの？
B: どうだろう。他の予定があるかもしれないし。

💡「知らない」ときにI don't know. では不躾な印象を与えかねないので、代わりにI'm not sure. が便利です。他に、Are you sure?「本当に？」、返答でSure.「もちろん」など重宝する単語です。

## 016 ■■■ always

 （副）いつも

[ɔ́ːlweiz]

**A: Is a big budget necessary for innovation?**
**B: Not always. Creativity is more important, I think.**

A: イノベーションには大きな予算が必要かな？
B: 必ずしもそうじゃないよ。創造性のほうが重要だと思うな。

💡 not always で「いつもそうとは限らない」と表せます。相手に完全には同意できない場合に Not always. が便利です。

---

## 017 ■■■ slip

（動）忘れる、滑る
▶ slippery（形）滑りやすい

[slíp]

**I was going to text you, but it totally slipped my mind.**

メッセージを送ろうと思ってたけど、すっかり忘れてたよ。
\* text「（スマホで）メッセージを送る」（747番）

💡「スリップする」→「ツルッと頭から滑る」→「記憶から消える、忘れる」の意味があり、It (totally/completely) slipped my mind.「（すっかり）忘れてた」は会話でよく使いますよ。

---

## 018 ■■■ tongue

（名）舌、言語

[tʌ́ŋ]

**The name of the actor is on the tip of my tongue.**

その俳優の名前があと少しで出てきそうなんだけど。

💡 焼肉の「牛タン」は「牛の舌」です。It's on the tip of my tongue. は直訳「私の（my）舌（tongue）の先っちょ（of the tip）の上に（on）ある（be）」→「（言葉が）舌先まで出ている（のに思い出せない）」です。

## 019 ■■■ **something** 代 何か
[sʌ́mθiŋ]

**A: What's that noise outside?**
**B: I'm not sure, but it's probably just the wind**
  **or something.**

A: 外の音、何?
B: よくわからないけど、多分、風か何かだよ。

💡「ズバリこうだ!」と言い切れないときに便利なのが、○○ or something「○○か何か」
や something like that「そんな感じ」です (like は前置詞「〜のような」)。

## 020 ■■■ **○○-ish** 形 ○○くらい、○○っぽい
[iʃ]

**A: Do you know how old he is?**
**B: Maybe 35-ish?**

A: 彼が何歳かわかる?
B: 35歳くらいかな?

💡"-ish"は形容詞をつくる働きで、たとえばchild「子ども」→ childish「子どもっぽい」が
あります。会話ではあらゆる単語に"-ish"をつけて、35-ish「35歳くらい」、Tom-ish「ト
ムっぽい」などと使えるのです。

## do
[du]

動 間に合う、する
助 否定文・疑問文をつくる、
　動作の強調

## A: I've got a red one and a blue one and a—
## B: Any pen will do.

A: 持ってるのは、赤いのと青いのと…
B: どんなペンでもいいよ。

＊ have got 〜「〜を持っている」

💡 doは「する」→「仕事をする、役目を果たす」→「間に合う、OK」という意味があります。
Any ○○ will do. 「どんな○○でもOKです」と使えます（肯定文でのanyは「どんな〜
でも」）。

## fine
[fáin]

形 OKで、大丈夫な／立派な／
　晴れた／元気な／細かい
名 罰金　動 罰金を科す

## A: Would you rather have Thai or Italian tonight?
## B: Either is fine with me.

A: 今夜、タイ料理とイタリア料理ではどちらがいいですか?
B: 私はどちらでもいいですよ。

💡 色々な意味がありますが、ぜひ会話で使いたいのが、「良い」が少し軽くなった「OK、大
丈夫」の意味です。Either is fine (with me). 「(私に関しては)どちらでもOK」で覚えてお
きましょう。

### 023 ■■■ **whatever**
[hwʌtévər]

副 何でも
関 たとえ何であっても

**A: What do you want to do during the holiday?**
**B: Whatever. Surprise me.**

A: 休暇中に何をしたい?
B: 何でもいいよ。びっくりさせて。

💡 what「何」+ ever「たとえ〜であっても」→「たとえ何であっても」です。文法書では複合関係詞なんて呼ばれて難しそうですが、会話ではWhatever. という1語で「何でもいい」と頻繁に使われます。

### 024 ■■■ **matter**
[mǽtər]

動 重要である
名 物質、事柄、問題

**A: Would you prefer to sit by the window or the aisle?**
**B: It doesn't matter to me. Either is fine.**

A: 窓際と通路側、どちらの席がご希望ですか?
B: どちらでも構いません。どちらも大丈夫です。

\* aisle「通路」(473番)

💡 What's the matter?「どうしたの?」という名詞以外に、動詞「重要である」を使えるようにしておきましょう。It doesn't matter to me. は「それは私にとって重要でない(何でもOK)」です。

### 025 ■■■ **difference**
[dífərəns]

名 違い
▶ different 形 異なった、様々な
▶ differ 動 異なる

**A: Would you prefer a 7Up or Sprite?**
**B: It makes no difference to me.**

A: セブンアップとスプライト、どちらがいいですか?
B: どちらでもいいですよ。

💡 It makes no difference to me. で、直訳「それは私にとって違いを作り出さない」→「どちらでもいい」となります。

◀)) 026〜027

**exactly**
[igzǽktli]

圖 まさに、正確に
▶ exact 圏 正確な

## A: Did you understand my instructions?
## B: Not exactly. Could you go over the second step again?

A: 私の指示は理解できましたか？
B: 完全には理解できていません。2つ目のステップをもう一度説明してもらえますか？

* instruction「指示」／ go over「繰り返す」

💡 会話での返答で、Exactly.「まさにその通り」も便利なのですが、実際にはそこまで自信を持てない場面も多いはずで、そのときに便利なのが、Not exactly.「正確にはそうではない」です。

**idea**
[aidíːə]

图 見当、考え
▶ ideal 圏 理想的な 图 理想

## A: Do you know what an "Abitur" is?
## B: I have no idea. It doesn't sound like English.

A:「アビトゥーア（ドイツの高校卒業試験）」って何か知ってる？
B: まったくわからない。英語じゃないみたいだよ。

💡「見当」という意味で使われる、I have no idea. を使ってみましょう。ただ、いくら見当がつかないときでも、会話例のように何かしら言葉を付け足す意識は持っておきましょう。

## 028 ■■■ beat
[bíːt]

動 打つ、打ち負かす
名 打つ音

## A: Why is the traffic so bad?
## B: Beats me. Maybe there was an accident up ahead.

A: どうして渋滞がこんなにひどいの?
B: わからないよ。この先で事故でもあったのかも。

\* up ahead「この先で」

💡 (It) Beats me.「それは私を打ち負かす」→「私には手に負えない」→「まったくわからない」という会話表現です(ラフな言い方)。

## 029 ■■■ follow
[fálou]

動 (話に) ついていく、後を追う、従う
▶ following 形 次の、下記の

## I'm sorry, but I don't follow you.

申し訳ありませんが、話についていけていません。

💡「話を追う」→「話についていく」という意味をチェックしましょう。わかったふりをせず、I don't follow you. と堂々と言ってOKです。

## 030 ■■■ sorry
[sɔ́ri]

間 ごめん (何て言ったの?)
形 残念だ、気の毒で

## A: Julie, are you free on Saturday?
## B: Sorry?

A: ジュリー、土曜日は空いてる?
B: ごめん、何て?

💡 Pardon? が有名ですが、普段の会話ではSorry? がすごく便利です。相手の言葉を聞き取れなかったときに、すかさずSorry?「ごめん (何て言ったの?)」と言えると、(聞き取れないにもかかわらず) 上級者っぽい応答になります。軽く「サリ?」と言ってみてください。

## 031 ■■■ again 〔əgén〕

**副 もう一度**

### Sorry, what was your name again?

すみません、お名前は何でしたっけ？

💡 一度言ったことを「再び」聞くときに、againをつけると会話上手に見えます。特に外国人の名前は聞き取りにくいので、What was your name again? は便利です。

## 032 ■■■ repeat 〔ripíːt〕

**動 繰り返す**

### I didn't hear what you said. Could you repeat that?

何と言ったのか聞こえませんでした。もう一度言ってもらえませんか？

💡 学校で使われるRepeat after me. は英会話では使いませんので、Could you repeat that? がパッと出るようにしておきましょう。Could you say that again? も同じ意味です。

## 033 ■■■ catch 〔kætʃ〕

**動 聞き取る、つかまえる**

### Sorry, but I didn't catch what you said.

ごめん、何て言ったか聞き取れなかったんだけど。

💡 「相手の言葉をキャッチする」→「聞き取る」という意味があり、I didn't catch 〜「〜が聞き取れませんでした」が便利です。

実は使い勝手抜群の「便利単語」

## 034

**mean**

[míːn]

🔵動 意味する
🔵形 並の、意地が悪い、ケチ
な、卑劣な

### A: You know, your face looks rounder than before.
### B: … What do you mean by that?

A: 顔が前より丸くなったように見えるけど。
B: … それって、どういうこと？

💡 What do you mean by ～?「～はどういう意味？」は、言葉自体は聞き取れているものの、「相手の意図・要点・真意」がわからないときに使います。相手の発言を受けて、What do you mean by that?「それってどういう意味？」はとても便利ですよ。

## 035

**specific**

[spisífik]

🔵形 特定の、明確な、
具体的な、特有の
▶ specifically 副 明確に、具体的に言え
ば、特に

### I found the park, but could you be more specific about the location of the cafe?

公園は見つけましたが、カフェの場所についてもっと具体的にお願いできますか？
＊ location「場所」

💡「スペシャル（special）にピンポイントで特定すると」というイメージです。詳細を聞きたいとき、Could you be more specific?「もっと具体的にしていただけますか？」と使えます。

## 036 ■■■ clarify

[klǽrəfài]

（動）はっきりさせる
▶ clarification（名）明確化

### Would you clarify what you said about separating recyclables?

リサイクル品の分別についておっしゃったことを明確にしていただけますか？

\* separate「分ける」／ recyclables「（複数形で）リサイクル品」

💡「clearにする」→「はっきりさせる」です。あまり受験では出てこない単語ですが、会話では便利で、ビジネスでもよく使われます。

---

## 037 ■■■ right

[ráit]

（間）そうだね、いいですか
（形）正しい、右の

### A: The concert tickets are for tomorrow night, right?
### B: Actually, they're for the Saturday show.

A: コンサートのチケットは明日の夜のものだよね？
B: 実は、土曜日の公演のチケットなんだ。

💡「自分の理解が正しいかを確認するとき」に、文末につけて、〜, right?「〜ですよね？」と使います。また、That's right.「その通り」と、That's all right.「OKだよ」もチェックを。

---

## 038 ■■■ correct

[kərékt]

（動）訂正する
（形）正しい

### Correct me if I'm wrong, but didn't you say that you'd be in Europe next month?

確か、来月ヨーロッパに行くって言っていませんでしたか？

\* you'd = you would

💡 Correct me if I'm wrong, but 〜「間違っていたら訂正してほしいのですが〜」は決まり文句なので、一気に言えるようにしておきましょう（例文では意訳して「確か」）。ちなみに、collect「集める」はselect「選ぶ」と音と意味も似た単語。セットで整理を。

## 039 ■■■ **correctly**

[kəréktli]

副 正しく

**Let me see if I understand this correctly. After I insert the key, I have to turn it clockwise?**

私の理解が正しいかどうか確認させてください。キーを差し込んだ後は、時計回りに回せばいいのですよね？

\* insert「差し込む」／ clockwise「時計回りに」

💡海外のホテルやアクティビティに参加したとき、わかったふりをせず、Let me see if I understand this correctly.「私がこれを正しく理解しているかどうか、私が確認するのを許可して」を使ってみましょう。ちなみにこのseeは「わかる、確認する」です（044番）。

## 040 ■■■ **mistaken**

[mistéikən]

形 間違った
▶ mistake 名 間違い、誤り 動 間違える

**A: Didn't Lynda mention going snorkeling tomorrow?**
**B: No, if I'm not mistaken, she went last Saturday.**

A: リンダは明日、シュノーケリングに行くって言ってなかった？
B: いや、私の記憶違いでなければ、先週の土曜日に行ってたわ。

💡ついmistakeと言ってしまうので、動詞mistakeの過去分詞形mistaken「間違えられた」→「間違った」という流れを意識してください（もはや形容詞として辞書に載っています）。if I'm not mistaken「私が間違っていなければ」を使えるように。

## understanding
[ʌ̀ndərstǽndiŋ]

名 理解
▶ understand 動 理解する
▶ misunderstanding 名 誤解

**My understanding of the situation is that we need to act swiftly to address it.**

私の理解では、私たちはこの状況に対処するために迅速に行動する必要がある。

* swiftly「迅速に」／address「対処する」

💡 自分がどこまで、どう理解しているかを伝えたいときに便利なのが、My understanding of ～ is that ...「～について私の理解するところでは…ということだ」です。

## listen
[lísn]

動 聞く、耳を傾ける

**Sorry, I wasn't listening.**

ごめん、聞いてなかった。

💡 listenは「耳を傾ける」で積極的に聞くことを表します（次に出てくるhearは「耳に入る、聞こえる」）。ちなみに、I'm listening. なら「聞いてるよ／話を続けて」という感じで使えます。

## hear
[híər]

動 聞こえる、耳に入る

**A: Testing, one, two, three. Can you hear me?**
**B: Yeah, we can hear you loud and clear.**

A: テスト中です、1、2、3。聞こえる?
B: うん、バッチリ聞こえるよ。

💡 オンライン会議ではCan you hear me?「（私の声が）聞こえますか?」が便利です（ここでlistenは変です）。返答のhear ～ loud and clear「～の声が大きく鮮明に聞こえる」もマスターすれば完璧です。

## 044 ■■■ **see**
[síː]

動 わかる、見る、会う

### Do you see what I mean?
私の言っていることがわかりますか?

💡 I see.「(相手の言っていることが) 見える」→「わかりました／なるほど」で、これを疑問文で使った、Do you see what I mean? は、自分が言ったことが通じているかの確認に便利です。

## 045 ■■■ **clear**
[klíər]

形 明らかな
動 片付ける
▶ clearly 副 明らかに

### A: Is everything clear so far?
### B: Crystal clear.
A: 今のところ、すべて理解できていますか?
B: 完璧です。

* so far「今のところ」

💡 日本語でも「話がクリア」と使いますが、英語でもIs that clear?「それはクリアですか?」→「わかりますか?」と使えます。crystal clear「水晶のようにクリア」は、cで韻を踏む表現です。

 046〜047

### 046 ■■■ **get** [gét]
動 聞き取る、理解する／**得る**

**A: Let's meet at 11 o'clock at Shinjuku Station.**

**B: Got it.**

A: 11時に新宿駅で会おう。

B: 了解。

💡 I got it. は、直訳「私は話の要点 (it) をゲットした」→「わかった、了解」で、会話では Got it. だけでもよく使われます（アメリカ発音で「ガディッ」という感じで使ってみてください）。

### 047 ■■■ **picture** [píktʃər]
名 状況／**絵、写真**

**A: Now we've gone over the whole plan, do you understand it?**

**B: Yes, I get the picture now.**

A: プランはすべて確認しました。理解できましたか？

B: はい、今は理解できています。

* go over「確認する」

💡「頭に描いた絵」→「イメージ、状況、全体像」です。単に了解するのではなく、「全体像が見えた」ときは、I get the picture.「状況・全体像をゲットしている」→「状況がわかった」を使ってみましょう。

## 048 ■■■ explain
[ikspléin]
⑩ 説明する

A: The supermarket was unusually crowded today.
B: There was a big sale.
A: That explains it.

A: 今日のスーパーは異常に混んでたね。
B: 大セールがあったんだ。
A: なるほど。

\* unusually「異常に、珍しく」

> 💡「あ〜、だからね」と納得したときに便利なのが、That explains it.「それでわかった」です。直訳は「相手が直前に教えてくれたそのこと（That）が疑問に思っていたその状況（it）を説明する」です。

## 049 ■■■ sense
[séns]
⑧ 意味、感覚、分別

A: I think we should take Acadia Road.
B: That makes sense. It's the more scenic route.

A: アカディア・ロードを通ったほうがいいと思うよ。
B: なるほど。そのほうが景色もいいね。

\* scenic「景色の良い」

> 💡 make sense「意味をつくる」→「意味をなす、理にかなっている」は、会話の超頻出表現です。That makes sense.「それは意味をなす」→「納得です」を口グセにしておきましょう。That explains it.と同じように使えます。

## 050 ■■■ **could** 　　　　　　　　 助 ありえる、〜できた（だろうに）

[kúd]

## A: Is our website down because of a server issue?
## B: Could be. It's happened before.

A: サーバーの問題でウェブサイトがダウンしてるの？
B: そうかもね。以前にもあったから。

＊ because of 〜「〜が原因で」／issue「問題」／BのIt's happenedはIt has happenedのこと

💡 会話で多用するcouldは、Could you 〜?「〜していただけますか？」と、「ありえる」が重要です。It could be true.「それは真実ということがありえる」から省略が起きて、Could be.「ありえるね」となります。

## 051 ■■■ **likewise** 　　　　　　　 副 こちらこそ、同じように

[láikwàiz]

## A: It has been a pleasure working with you, Eugene.
## B: Likewise.

A: あなたと一緒に仕事ができてよかったです、ユージン。
B: こちらこそ。

💡 「〜に似た（前置詞like）ように（wise）」→「同様に」です。挨拶や褒め言葉に対して、「こちらこそ同様に／私もですよ」と使えます。何と返せばいいかわからないときに便利です。

## 052 ■■■ kind
[káind]

名 種類
形 優しい
▶ kindly 副 親切に 形 親切な

### That new detective series on Netflix is <u>kind</u> of boring, but the acting is superb.

Netflixの新しい刑事シリーズはちょっと退屈だけど、演技は素晴らしいね。

\* detective「刑事の、探偵の」／boring「退屈な」（306番）／acting「演技」／superb「最高な」（134番）

💡 a kind of 〜「一種の〜」から生まれたのがkind ofで、「一種の〜」→「まあ、ちょっと〜」と考えてください。また、返答でKind of. と言えば「ちょっとね、まあね」という感じになります。

## 053 ■■■ sort
[sɔ́ːrt]

名 種類
動 分類する

### A: Did you enjoy the concert?
### B: <u>Sort</u> of. The opening act was better than the headliner.

A: コンサートは楽しんだ?
B: まあね。オープニングアクトは主役より良かったよ。

\* opening act「オープニングアクト、前座」／headliner「主役、スター」

💡「種類別に分類する」と覚えましょう。Kind of. と同じように「ちょっとね、まあね」という意味で使ってみてください。

## 054 ■■■ **sound**
[sáund]

動 ～に聞こえる
形 健全な、堅実な
名 音

**A: I'm going to turn on the sprinklers.**
**B: That sounds good. The grass is so dry.**

A: スプリンクラーをつけるね。
B: それはいいね。芝生がすごく乾いてるから。

\* turn on「電源をつける」

💡 名詞「音」よりも動詞「～に聞こえる」のほうが会話でよく使います。特に、That sounds good.「それは良さそうに聞こえる」→「いいね」は条件反射で口から出るようにしておきましょう（That を省略して Sounds good. と言っても同じ意味）。

## 055 ■■■ **imagine**
[imǽdʒən]

動 想像する
▶ imagination 名 想像（力）

**A: Naoya is under a lot of pressure to win at the Olympics.**
**B: I can imagine. It must be stressful.**

A: ナオヤはオリンピックで勝たなければという大きなプレッシャーを感じている。
B: そうだろうね。きっとストレスがすごいだろう。

\* under pressure「プレッシャーを感じて」／stressful「ストレスのかかる」（389番）

💡 相手に共感するときに、I can imagine.「私は（あなたの気持ちが）想像できる」→「わかるよ、だろうね」と使えます。

## A: My motivation has been low lately.
## B: I feel you. It's too hot to focus on work.

A: 最近、モチベーションが下がってる。
B: わかるなあ。暑すぎて仕事に集中できないよね。

💡 I feel you. で、直訳「私はあなた（の気持ち）を感じる」→「その気持ちわかるよ」となります。

## You're not alone, Jason. Lots of people are terrified of spiders.

君だけじゃないよ、ジェイソン。クモを怖がる人はたくさんいる。

* be terrified of 〜「〜を怖がる」

💡 You're not alone.「あなたは1人じゃない」→「君だけじゃない、みんなそうだ」→「私も同感です」と共感を示す際に使える表現です。ニュースや歌詞など色々なところでも使われます。

## A: The exhibition was amazing.
## B: You can say that again.

A: その展示会は素晴らしかった。
B: 同感だよ。

* exhibition「展示」（514番）／amazing「素晴らしい」（305番）

💡「同感」と言うときはMe, too. ばかりになりがちですが、You can say that again.「あなたは（私の代わりに）もう一度それを言うことができる」→「まさにその通り、同感」を使えるようにしておきましょう。

## 059 ■■■  perfect

[pə́ːrfikt]

形 バッチリで、完璧な
▶ perfection 名 完全、完璧

**A: I'll be downtown by 6:30.**
**B: Perfect. That's when I finish work.**

A: 6時半までには中心街に着くよ。
B: バッチリだよ。その時間に仕事が終わるんだ。
\* downtown「中心街に」(386番)

💡 誰でも知っている単語ですが、このような応答に使えるとまさにperfectです。「それでバッチリ」という感じで使ってみてください。

## 060 ■■■ indeed

[indíːd]

副 まさにその通り、本当に、いや実は

**A: What a magnificent sunset!**
**B: Indeed.**

A: なんて壮大な夕日なんだ!
B: ホントそうだね。
\* magnificent「壮大な」

💡 強調の働きだけでなく、相手に同意して「本当にそうだ、まさにその通りだ」と使うこともできます。Yes. ばかりになってしまいがちですが、パッと出るように口を慣らしておいてください。

## 061 ■■■ thing

[θíŋ]

名 こと、もの

**A: I need you to update the gym's playlist.**
**B: Sure thing. I'll import some new tracks.**

A: ジムのプレイリストを更新してほしいんだけど。
B: いいよん。新しい曲をいくつか追加するよ。
\* update「更新する」(787番)／import「取り込む」

💡 「こと、もの」の意味がよく知られていますが、会話で便利なのが、Sure thing. です。Sure.「いいよ」と同じ意味ですが、thingがつくと、より柔らかく軽くなるので、友達に使ってみるといいでしょう。

## 062 ■■■ **means** 名手段
[mí:nz]

**A: Can I sit here?**
**B: By all means. That seat is free.**

A: ここに座ってもいいですか?
B: どうぞ。その席は空いていますから。

💡 by all meansは、直訳「すべての手段を用いてでも」→「ぜひとも、どうぞ」という応答表現です。ちなみに海外ではすぐ隣に座ってくることが多いだけに、今回のような会話は頻繁に起きます。

## 063 ■■■ **ahead** 副前方に、前方へ
[əhéd]

**A: Can I borrow your pen for a minute?**
**B: Sure, go ahead.**

A: ちょっとペンを借りていい?
B: いいよ、どうぞ。

\* for a minute「少しの間、一瞬」

💡 Go ahead. は「先に行って」→「お先にどうぞ」や、「どうぞあなたの作業を前へ進めてください」→「OK、いいですよ」です。会話例のように、Sure. と一緒に使うことも多いです。

## 064 ■■■ **guest**
[gést]

名 招待客

## A: Can I take a peek at your new kitchen?
## B: Be my guest.

A: 新しいキッチンをちょっと見てもいいですか?
B: ご自由にどうぞ。

* peek「ちらっと見ること」(take a peek at ~「~をちらっと見る」)

💡 Be my guest. で、「どうぞお客さんでいてください」→「OKです、ご自由にどうぞ」となります。

## 065 ■■■ **problem**
💯
[prábləm]

名 問題

## A: Could you cover my shift next Friday?
## B: No problem.

A: 来週金曜のシフトを代わってもらえませんか?
B: 問題ないですよ。

* cover one's shift「~のシフトを代わる」

💡 依頼に対してNo problem.「問題ないよ、OKだよ」と使えます。また、Thank you. に対して「どういたしまして」と同じ意味でNo problem. を使うこともできます。

 066〜069

## 066 ■■■ **pleasure**
[pléʒər]

名 喜び、楽しみ

**A: Can you create a logo for me?**
**B: With pleasure. Do you have any particular colors**
   **in mind?**

A: ロゴを作っていただけますか?
B: 喜んで。色は決まっていますか?
* have 〜 in mind「〜を計画中だ、〜を考えている」

 依頼に対してWith pleasure.「喜びを持って」→「喜んで」と使えます。また、Thank you. に対してIt's my pleasure.「こちらこそ」とも使えます。「それ(今やった行為)は私の喜びです」という発想です。

## 067 ■■■ **certainly**
[sə́ːrtnli]

副 もちろん、確かに
▶ certain 形 確かな、確信して

**A: Would you explain how this app works?**
**B: Certainly.**

A: このアプリがどのように機能するか説明してもらえますか?
B: もちろんです。
* work「機能する」(274番)

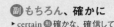 「確かに」→「確かに承る」→「もちろん」という意味で使ってみてください。

## 068 ■■■ **absolutely**
[æbsəlúːtli]

副 その通り、ぜひ、完全に
▶ absolute 形 完全な

**A: Would you like to come to our barbecue?**
**B: Absolutely. We'd love to.**

A: バーベキューに来ませんか?
B: ぜひ。喜んで。

 「完全に」→「(完全に)その通りだ、ぜひ」という意味で、質問・依頼・勧誘への返事として使えます。

## 069 ■■■ definitely

[défənətli]

**副** もちろん、絶対に、その通り
▶ definite **形** 確実な、明確な
▶ define **動** 限定する、定義する

**A: Will you be joining tomorrow's webinar?**
**B: Definitely. I'm looking forward to it.**

A: 明日のウェビナー (オンラインセミナー) に参加しますか?
B: 絶対に出るよ。楽しみにしています。

\* look forward to ～「～を楽しみにしている」

💡 動詞define「はっきり境界を定める、定義する」から、definitelyは「絶対確実に」となりました。さらに会話で「もちろん、絶対に」と完全な同意を表すときにも使えます。

◀)) 070～073

070 ■■■ **Oops.**
[úps]

圖 しまった。、おっと。

**A: Oops. Sorry I stepped on your surfboard.**
**B: No worries. It's all good.**

A: おっと。サーフボードを踏んでしまってごめんなさい。
B: 問題ないよ。大丈夫。
* step on ～「～を踏む」／ No worries.「心配しないで」

💡 最初は恥ずかしいかもしれませんが、何回も言ってるうちに、自然に口から出るようになりますよ。

071 ■■■ **close**
形[klóus], 動[klóuz]

形 近い、親密な、綿密な
動 閉める、閉まる

**A: Did you catch the train to Berlin?**
**B: The doors were closing as I jumped on.**
**A: Oh, that was close.**

A: ベルリン行きの電車に間に合った?
B: 飛び乗ったとき、ドアが閉まりかけていたよ。
A: ああ、危なかったね。

💡 「それは危なかったね (ギリギリだったね)」と言いたいときは、That was close. を使いましょう。このcloseは形容詞なので、「クロウズ」ではなく「クロウス」です。ちなみに、例文のBでは動詞のcloseが使われています。

# 072 ■■■ **bless**

**動** 恩恵を与える、祝福する

[blés]

## A: Bless you!
## B: Thank you.

A: お大事に!
B: ありがとう。

💡 くしゃみをした人がいたら、Bless you! と言うのが英語圏でのお約束です。日本語の「お大事に」みたいな役割ですが、正確には、God Bless you! で、あえて訳せば「神様のご加護がありますように」くらいです。

# 073 ■■■ **news**

**名** 知らせ、ニュース

[njú:z]

## A: The company hired a graphic designer.
## B: That's news to me. What's her or his name?

A: 会社はグラフィックデザイナーを雇ったよ。
B: それは初めて聞いたなあ。その人の名前は?

💡 That's news to me. は「それは初めて聞くニュースだ」→「それは初耳です」です。Oh. で済ませてしまいがちなときに使ってみてください。

〜077

## 074 ■■■ help

[hélp]

動 避ける、手伝う

A: You know, you say "like" a lot when you talk.
B: Well, I know I do, but I can't help it.

A: 君って、喋るとき"like"ってよく言うよね。
B: うーん、わかってるけど、こればっかりは仕方ないんだよ。

\* like は「あの」くらいで、語と語の間に挟む無意味な口グセとしてよく使われます。

> help は「(薬が) 助ける」→「(病気を) 防ぐ」→「(病気を) 避ける」の意味があり、I can't help it. は直訳「私はそれを避けられない」→「仕方ない、ついやっちゃうんだ」です。

## 075 ■■■ care

[kéər]

名 世話、注意、心配
動 気づかう、心配する

A: Our garden is overrun with weeds.
B: I'll take care of it on Sunday.

A: 我が家の庭は雑草だらけです。
B: 日曜日に処理しとくよ。

\* be overrun with 〜「〜がはびこる、一面に生える」／weed「雑草」

> take care of 〜 は「〜の世話をする」という訳語で習いますが、実は、会話で「世話する」→「(仕事などに) 対応する、処理する」としても頻繁に使われます。「それ、やっとくよ」というときに使ってみてください。

Chapter 1

## 076 ■■■ handle

[hǽndl]

動 扱う、対処する／手で持つ
名 取っ手

**A: The washing machine is on the blink again.**
**B: I'll handle it in a minute.**

A: 洗濯機の調子がまた悪くなった。
B: すぐに対処するよ。

\* on the blink「故障して、調子が悪い」／in a minute「すぐに」

💡「手 (hand) で扱う」→「持つ、扱う、対処する」という意味になり、I'll handle it.「私が
それに対処します／私がやっとくよ」と使えます。I'll take care of it. と同じ感覚で使って
OKです。

## 077 ■■■ leave

[líːv]

動 任せる、残す、置き忘れる、
出発する、預ける
名 別れ、休暇、許可

**A: I'm not sure what to get Jim for his birthday.**
**B: Leave it to me. I'll pick out something nice.**

A: ジムの誕生日に何を買えばいいのかわからないんだ。
B: 私に任せて。気の利いたものを選ぶよ。

\* pick out「選ぶ」

💡本来「ほったらかす」で、「場所をほったらかす」→「出発する」が有名です。Leave it (up)
to me. で、「それを私にほったらかして」→「私に任せて」となります。

◀)) 078〜079

## 078 ■■■ case
[kéis]

名 場合、実例／事実、真実
▸ in case 接 もしも〜の場合には、〜するといけないから
▸ in case of 〜 前 〜の場合

**A: Gerry's workload is heavy this week.**
**B: In that case, ask Sayuri to help him out.**

A: 今週はジェリーの仕事が忙しいんだ。
B: それなら、サユリに手伝ってもらうよう頼めばいい。
* workload「仕事量」／ help ~ out「〜を手伝う」

💡in that case「その場合は」、That's not the case.「それは真実（the case）ではない」→「そうではない、話は別だ」は会話で便利ですよ。

## 079 ■■■ ring
[ríŋ]

動 鳴る、鳴らす
名 電話をかけること、指輪

**The melody rings a bell, but I can't recall when or where I heard this song before.**

そのメロディにピンと来たが、いつ、どこでこの曲を聴いたのか思い出せない。
* recall「思い出す」

💡ring a bell は「心の中でベルを鳴らす」→「どこかで聞いたことがある、見覚えがある」です。主語に That を置いて、That rings a bell.「それに覚えがある」と使われることも多いです。

## 大きくリアクションする

🔊) 080〜081

### 080 ■■■ real

[ríːəl]

形 現実の
▶ reality 名 現実
▶ really 副 本当に

**A: I got tickets to the new musical!**
**B: For real?! Are you going to take me?**

A: 新しいミュージカルのチケットを手に入れたよ!
B: マジで?　連れてってくれるの?

💡 会話では、つい Really? 一辺倒になりがちです。たまに、(Are you) for real?「本当に?／マジで?」を使って少しだけバリエーションを出してみてください。

### 081 ■■■ serious

[síəriəs]

形 深刻な、まじめな
▶ seriously 副 真剣に、本気で

**A: I got that job I wanted at Goldman Sachs.**
**B: Are you serious? Congratulations!**

A: ゴールドマン・サックスで念願の仕事が決まったんだ。
B: 本当?　おめでとう!

💡 Are you serious? は直訳「あなたはまじめ（に言ってるの）?」→「本当に?／マジで?」です。これも Really? のバリエーションです。

 082〜085

## 082 ■■■ **way** [wéi]

名 方法、点、道

**A: Can you lend me 10,000 yen?**
**B: No way! You never pay me back.**

A: 1万円貸してくれる?
B: 絶対に無理! 君は絶対返さないんだから。

\* lend 人 物「人 に 物 を貸す」／pay 人 back「人 に返済する」

💡No way!「どんな方法でも、どんな点においても違う」→「絶対違う!／とんでもない!」で、「強いNo」として会話で多用されます。No, no! なんて言いたいときに、このNo way! を使ってみましょう。

## 083 ■■■ **joke** [dʒóuk]

動 冗談を言う
名 冗談

**A: Cory walked all the way from Harlem to Brooklyn.**
**B: You must be joking. That would take hours.**

A: コーリーはハーレムからブルックリンまで歩いたって。
B: マジか! 何時間もかかるよ。

\* all the way「ずっと／はるばる」

💡動詞の用法で、You must be joking.「あなたは冗談を言っているにちがいない」→「冗談だよね?／マジで?／まさか」をマスターしましょう。jokingは「ジョウキン(グ)」で「グ」は鼻にかける感じで発音します。

## 084 ■■■ kid
[kíd]
動 冗談を言う
名 子ども

**A: Wow! I won the jackpot!**
**B: You're kidding me! Let me see the ticket.**

A: わあ！　大当たりだよ！
B: 嘘でしょ！　チケットを見せてよ。

＊ jackpot「賭け金、大当たり」

💡「子どもが冗談を言う」と覚えましょう。会話では、You must be kidding.／You're kidding me.／Are you kidding?「冗談だね？／マジで？／まさか」とよく使います。他にJust[Only] kidding.「冗談だよ／なんてね」という使い方もあります。

## 085 ■■■ break

[bréik]
名 休憩
動 壊す

**A: Blake, would you hurry up and wash these pots?**
**B: Give me a break. I've been washing dishes all**
**afternoon.**

A: ブレイク、急いで鍋を洗ってくれない？
B: 勘弁してよ。午後はずっと皿洗いしてたんだ。

＊ pot「（深い）鍋」

💡「作業の流れを壊す」→「休憩」の意味があります。Give me a break. で、直訳「私に休みを与えて」→「勘弁してよ！／ちょっと待ってよ！」です。度を越した冗談・ウソ・ムチャな要求に対して使います。

## 086 ■■■ come 動来る

[kʌ́m]

**A: I just read that aliens made the Nazca Lines.**
**B: <u>Come</u> on! People don't really believe that, do they?**

A: 宇宙人がナスカの地上絵を作ったって書いてあったよ。
B: おいおい！　みんなそんなこと信じてないだろ？

> 💡 Come on! には「ツッコミの役割」があります。「ボケてないで、マジメに話しているこっち側に戻ってこい（Come on!）」というイメージです。「クモ〜ン」という感じで言ってみてください。

## 087 ■■■ silly 形 ばかな
[síli]

**A: We should start walking to the bus terminal.**
**B: Don't be <u>silly</u>, Richard. It's way too early.**

A: バスターミナルまで歩きましょう。
B: ばか言わないでよ、リチャード。まだ早すぎるよ。

* way too 〜「〜すぎる」（wayは強調）

> 💡 Don't be silly.「ばかな状態でいるな」→「ばかなことを言うな」が頻繁に使われます。Siriを使ってる人は、Siriに向かってDon't be silly. とでも言ってみれば頭に残ると思います。

## 088 ■■■ goodness
名 神（Godの婉曲表現）／
良い状態、優しさ

[gúdnis]

**A: I watered the plants in your office, Maggie.**

**B: Oh, thank goodness! I thought they'd die while I was away.**

A: あなたのオフィスの植物に水をやっておいたよ、マギー。
B: ああ、助かるわ！　私がいない間に枯れちゃうかと思ってたの。
* water「水をやる」（832番）／they'd = they would／die「枯れる」

💡 英語圏では「Godは畏れ多くて口にできない」という発想から、Godをボカして goodnessと言うことが頻繁にあります。Thank goodness! は「神様に感謝」→「よかった!／安心だ!」です。

## 089 ■■■ gosh
名 神（Godの婉曲表現）

[gáʃ]

**Oh, my gosh! I've walked through the whole mall with my fly open.**

うわっ、なんてことだ！　ファスナーを開けたままずっとショッピングモールを歩いてた。
* with O C「OをCのままで」／fly「（ズボンの）チャック」

💡 goshもGodをボカしたものです。Oh, my God! は気軽に口にすべきではないため、Oh, my gosh!／Oh, my goodness! が多用されます（Oh, my! だけで使われることもあります）。

## 090 ■■■ impossible
形 不可能な、ありえない
▶ possible 形 可能な、可能性のある

[impάsəbl]

**A: Nicole mastered the violin in a month.**

**B: That's impossible! It takes years of practice.**

A: ニコルは1ヵ月でヴァイオリンをマスターしたって。
B: そんなのありえないって！　何年も練習が必要だよ。

💡 相手の発言をthatで受けて、That's impossible!「それは不可能だ!／そんなのありえないよ!」と使えます。こういう少々オーバーな表現が使えると、会話がよりイキイキしたものになりますよ。

実は使い勝手抜群の「便利単語」

🔊 091〜096

## 091 ■■■ **buy** [bái]
動 信じる、買う

**A: I can bench press 150 kilos.**
**B: I don't buy that. Prove it!**

A: ベンチプレスで150キロが上げられるよ。
B: そんなの信じられないよ。見せてよ!

💡「買う」→「商品を手に入れる」→「考えを手に入れる」→「信じる」という流れです。
I don't buy that.「信じられない」(≒ I can't believe that.)で覚えておきましょう。

## 092 ■■■ **pity** [píti]
名 残念なこと、哀れみ

**A: The guided tour of the castle is fully booked.**
**B: What a pity. I was looking forward to that.**

A: 城のガイドツアーは予約でいっぱいです。
B: 残念だなあ。楽しみにしてたのに。

* guided tour「ガイドツアー」(513番)／be fully booked「完全に予約されている」→「予約でいっぱいだ」(492番)

💡「哀れみ」と教わることもありますが、雨で遊びに行けないなど、ちょっとした残念なことにも使えます。What a pity!「なんて残念なんだ!」やIt's a pity that 〜「〜とは残念だ」は会話で便利です。

## 093 ■■■ **coincidence** [kouínsidəns]
名 偶然の一致
▶ coincide 動 同時に起こる

**A: My younger brother and I were both born on June 3.**
**B: What a coincidence!**

A: 私も弟も6月3日生まれです。
B: 何という偶然なんだ!

💡What a 名詞 !「何という 名詞 なんだ!」は会話で便利で、what aは「ワッダ」のように発音してください。

# ancient

[éinʃənt]

形 とても古い、古代の

## These computers are ancient.

このパソコンはめちゃくちゃ古い。

💡 ancient Egypt「古代エジプト」のような例が有名ですが、身近な話で大げさに「すごく古い」と使えます。very oldの代わりに使ってみてください。

# awesome

[ɔ́ːsəm]

形 すごい、素晴らしい、最高の

## A: I visited Germany last month.
## B: That's awesome! Did you eat pretzels?

A: 先月ドイツに行ったよ。
B: すごいなあ！ プレッツェルは食べた？

* pretzel「プレッツェル（塩味の堅いビスケット）」

💡 「畏れ（awe）を抱かせるほどすごい」→「すごい、かっこいい、いいね」という感じで使えます。オーストラリアへ行ったとき、こちらが何をやっても店員がAwesome! と言っていたのが印象的でした。

# innocent

[ínəsənt]

形 無罪の、無知の、無邪気な

## A: You left the office window open last night, didn't you?
## B: Hey, I'm innocent! I wasn't even here yesterday.

A: 昨夜、オフィスの窓を開けっ放しにしたでしょ？
B: おい、俺は無実だ！ 昨日はここにいなかったんだ。

* leave OC「OをCのままにする」

💡 ニュースではinsist that I am innocent「私は無実だと主張する」のように使われますが、日常会話では、an innocent child「純粋な子ども」や例文のように気軽に（オーバーな感じで）使えます。

## 097 ■■■ fly
[flái]

動 飛ぶように過ぎる、飛ぶ、飛行機で行く
▶ flight 名 (飛行機の) 便

**A: Can you believe it's already Christmas?**
**B: Time flies! The year is nearly over.**

A: もうクリスマスだなんて信じられる?
B: 時間が経つのは早いなあ!　今年も、もう少しで終わりだよ。

* nearly「ほとんど、もう少しで」(245番)

> 💡 Time flies. は「光陰矢の如し」と訳されることが多いのですが、「(時間が) 飛ぶように過ぎる」→「時間が経つのは早いなあ」と思ったときに気軽に使ってOKです。

## 098 ■■■ wait
[wéit]

動 待つ

**I can't wait to see the look on Melissa's face when she sees the present we got for her.**

僕らが用意したプレゼントを見たときのメリッサの顔を見るのが、本当に楽しみだよ。

* look「表情、顔つき」

> 💡 I can't wait (to 〜)! は「(〜するのが) 待ちきれない!」と訳されますが、そんな日本語はあまり使わないために、この表現を多くの人が使いこなせないわけです。「すごく楽しみ!」くらいのテンションで口にしてもOKですよ。

◀)) 099 〜 100

**worry**

[wə́:ri]

🔵動 心配する、心配させる
🔵名 心配

## Don't worry about it, Pam. You're not the first person to overcook a turkey.

心配しないで、パム。七面鳥を焼きすぎたのは君が初めてじゃないから。

\* overcook「焼き過ぎる、茹ですぎる」

💡 Don't worry.「心配しないで」にこのようにabout itを付け加えると、より自然な英語になります。about itは「アバウディッ」という感じで。

**deal**

[díːl]

🔵名 重要なこと／取引、契約／お買い得品
🔵動 配る、扱う、対処する

## A: I overcooked the pasta a little.
## B: That's not a big deal. It still tastes good.

A: パスタを少しだけ長く茹ですぎちゃった。
B: 大したことないよ。それでもおいしいから。

💡 That's not a big deal.／That's no big deal.「大したことないよ」のうち言いやすいほうをログセにしておきましょう（Thatの代わりにItも可）。notは普通の否定文なので名詞の前にaが必要ですが、noはno+名詞の形で使います。

## 101 ■■■ side  名 側

[sáid]

**A: Everyone thinks my idea is crazy.**
**B: I'm on your side. I think it's amazing.**

A: みんな、私のアイディアは馬鹿げていると思ってるんだ。
B: 私は味方ですよ。そのアイディア、素晴らしいと思う。
* amazing「素晴らしい」(305番)

💡 I'm on your side. は直訳「私はあなたサイドにいる」→「あなたのそばにいる、あなたの味方だ」となります。on の「ぴったりくっつく」イメージも意識しておきましょう。

## 102 ■■■ fun

[fán]

名 楽しみ
形 愉快な
▶ funny 形 面白い、笑える

**A: I'm heading out to meet my friends.**
**B: All right. Have fun!**

A: 友達に会いに行ってくるよ。
B: わかった。楽しんできてね!
* head out「出発する」

💡 Have fun! で「楽しみを持って!」→「楽しんで!」です。

## 103 ■■■ fault  名 責任、欠点

[fɔ́:lt]

**It's not your fault that things turned out badly today,**
**so don't blame yourself.**

今日うまくいかなかったのは君のせいじゃないから、自分を責めないでくれ。
* turn out ~「~になる」／ blame「責める」

💡 It's not your fault.「それはあなたのせいじゃない」や、例文のように It's not your fault that ~「~ということはあなたのせいじゃない」の形で使ってみましょう。

## 104 ■■■ imagination

[imǽdʒənéiʃən]

名 想像（力）
▶ imagine 動 想像する

**A: I think I heard footsteps behind us.**
**B: Relax. It's probably just your imagination.**

A: 後ろから足音が聞こえた気がする。
B: 落ち着いて。たぶん、単に気のせいだよ。

＊ footstep「足音」

💡 日本語でもよく使う「気のせい」は、imaginationという簡単な単語で表せます。

---

## 105 ■■■ cheer

[tʃíər]

動 元気づける、歓声を上げる
▶ cheerful 形 元気な

**Cheer up, Rick. Even though you didn't get a high**
**score on the test, you passed it.**

元気出して、リック。テストで高得点は取れなかったけど、合格したんだから。

＊ even though ～「～だけれども」

💡 英語で励ませるようになるためにマスターしてほしいのが、Cheer up.「元気出して」です。
ちなみに「チアガール」は和製英語です（英語ではcheerleader）。

---

## 106 ■■■ you

[júː]

名 (一般の) 人、人は誰でも
／あなた

**A: I don't think I can get first place.**
**B: Just try your best! You might win. You never**
**know.**

A: 一番になれるとは思わないなあ。
B: いいからベストを尽くしなよ！ 勝てるかもしれないじゃん。誰にもわからないよ。

＊ You might win. のyouは「あなた」

💡 youには「一般の人たち、普通の人たち、人は誰でも、みんな」といった意味があります。
You never know. は「やってみないと（誰も）わからないよ」という慣用表現です。

## 107 ■■■ everything ㈹ 諸々、すべてのもの
[évriθìŋ]

**Despite all the hurdles we've encountered, I believe everything will be fine in the end.**

いろいろな困難にぶちあたったけど、最終的には諸々うまくいくと信じてるよ。

* despite「〜にもかかわらず」／hurdle「障害、困難」／encounter「直面する」／in the end「最終的に」

💡「あれこれすべて」という意味で「諸々」に相当すると覚えておくと会話で使いやすいです。相手を励ますときのEverything will be fine. や、感謝を伝えるときのThank you for everything.「諸々ありがとう」が便利です。

## 108 ■■■ cross ㈱交差させる、横切る (渡る)
[krɔ́ːs]

**Vincent is in the final round of the competition, so let's all keep our fingers crossed for him.**

ヴィンセントが大会の最終ラウンドに進んでるから、みんなで彼のために幸運を祈ろう。

* competition「大会」

💡会話で使うcrossにはcross the street「通りを横切る」以外にも、with one's legs crossed「足を組んで」や、keep one's fingers crossed「(中指と人差し指を十字に交差させて)幸運を祈る」があります。

## 109 ■■■ happen ㈱起こる、偶然〜する (happen to 〜)
[hǽpən]
▶ happening ㈴出来事、ハプニング

**A: I put salt instead of sugar in my coffee.**
**B: It happens. I'll brew another pot.**

A: コーヒーに砂糖の代わりに塩を入れちゃった。
B: よくあることだよ。もう1回淹れるよ。

* brew「(コーヒーなどを)入れる、淹れる」

💡相手を慰める・励ますときに便利なのが、It happens.「それは(繰り返し)起こる」→「よくあることだよ」です。筆者(関)が会話で頻繁に使う表現の1つです。

## 110 ■■■ accident

[ǽksədənt]

(名) トラブル、**事故**
▶ accidental (形) 偶然の
▶ accidentally (副) 偶然に、誤って

**A: The dog knocked over the flower pot.**
**B: Well, it's not his fault. Accidents happen.**

A: 犬が植木鉢を倒しちゃった。
B: まあ、犬のせいじゃない。よくあることだからね。

\* knock over「ひっくり返す」／Bのhisは「犬」を指す（動物に対してit以外に親しみを込めてhe・sheを使うことはよくある）。

💡 必ずしも「交通事故」とは限らず、「ちょっとしたトラブル」も含まれます。Accidents (will) happen. は「事故・トラブルは起こるものだ」→「そういうこともあるよ」と使えます。

## 111 ■■■ life

[láif]

(名) 人生、生活／**生命、生物**

**A: My car broke down on the highway.**
**B: Well, that's life. You'll have to call for a tow truck.**

A: 高速道路で車が故障しちゃった。
B: まあ、そんなこともあるよね。レッカー車を呼ぶしかないよ。

\* break down「故障する」／highway「幹線道路」／tow truck「レッカー車」

💡 意味はどれも「生」という漢字がついています。That's life.「それは人生だ」→「人生そんなもん／そんなこともある」は、It happens.／Accidents happen. と近い感覚で使えます。

**112** ■■■ **bright**

[bráit]

形 明るい、頭が良い

**A: It's too bad our flight was canceled.**
**B: Look on the bright side; at least we got free accommodation.**

A: 飛行機がキャンセルになって本当に残念だなぁ。
B: ポジティブに考えようよ。少なくとも、無料で宿泊できたんだから。

\* accommodation「宿泊施設」(501番)

💡 決まり文句の、look on the bright side「明るい側を見る」→「良い面を見る、楽観的に考える」を使って励ましてみましょう。

**113** ■■■ **know**

[nóu]

動 知っている

**High school will be over before you know it.**

高校生活が終わるのなんて、あっという間だよ。

💡 before you know it「あなたがそれを知る前に」→「あっという間に、気づいたら」です。例文は「あっという間に終わるから今のうちに青春を楽しんで／今は大変かもしれないけど、すぐに終わるよ」といったニュアンスです。

🔊)) 114〜115

## 114 ■■■ favor

[féivər]

🈑 親切(な行い)、**好意**
- ▶ favorite 形 お気に入りの 名 大好きなもの
- ▶ favorable 形 有利な、好意的な

### Could you do me a favor and feed my cat while I'm on vacation?

お願いがあるんだけど、休暇中にうちのネコに餌をやってくれない?

\* feed「餌をやる」(831番)／on vacation「休暇中に」

💡 Could you do me a favor? は do 人 物「人に物を与える」というgiveと同じ形で、「私に親切な行為を1つ与えてくれませんか?」→「お願いがあるのですが」です。例文のように、"and 動詞"を続ける形でも使えます。

## 115 ■■■ spare

[spéər]

🈓 割く、省く
🈔 余分の、空いている

### A: Could you spare me a few minutes?
### B: Sure.

A: 2、3分お時間をいただけませんか?
B: もちろん。

💡 spare 人 時間「人に時間を与える」という形です。spareの「予備の、余分な」という意味から「余分に時間を割いて」というニュアンスがあります。

## 116 ■■■ possible
[pásəbl]

形 可能な、可能性のある
▶ possibility 名 可能性
▶ impossible 形 不可能な、ありえない

# Would it be possible for any of you to take an extra shift next week?

来週、どなたかがシフトを増やしていただくことはできますか?

\* extra「追加の」

💡 Would it be possible for 人 to 〜?「人 が〜することは可能でしょうか?」→「〜していただくことはできますか?」という丁寧な依頼を言えるようにしておきましょう。

## 117 ■■■ possibly
[pásəbli]

副 ひょっとしたら

# Could you possibly tell me where the post office is?

どうか郵便局がどこにあるか教えていただけませんでしょうか?

💡 Could you 〜? だけでも丁寧な依頼表現ですが、possibly を加えることで「ひょっとしたらでいいんですがどうか」と配慮が感じられて、さらに丁寧になります。余裕があれば、ぜひ付け足してみてください。

## 118 ■■■ appreciate
[əprí:ʃièit]

動 感謝する、正しく理解する、評価する、鑑賞する

# I'd appreciate it if you checked the train schedule again.

電車の時刻表をもう一度確認してもらえるとありがたいのですが。

💡 本来「値段 (preciate = price) をつけられるほど価値がわかる」です。I'd appreciate it if you 〜 は直訳「もしあなたが〜したら、私はそれに感謝するのですが」で、とても丁寧な依頼表現になります(仮定法なので if 節では過去形 checked となります)。

## 119 ■■■ wonder 動不思議に思う

[wʌ́ndər]

**I was wondering if you could recommend any cool restaurants in West Hollywood.**

ウェスト・ハリウッドでお勧めのレストランがあれば教えていただけませんか。

＊ cool「いけてる、とても良い」（132番）

💡 I was wondering if you could 〜 をセットで覚えてください。直訳「あなたが〜できるかどうか（if）私は不思議に思っていた（I was wondering）」→「〜していただけませんか」という丁寧な依頼表現です。

## 120 ■■■ chance 名偶然、可能性、機会

[tʃǽns]

**Is there any chance I can push back my appointment to May 5?**

予約を5月5日に延期することはできますか?

＊ push back A to B「AをBに延期する」

💡 本来「偶然やってくるもの」で、「偶然やってくる割合」→「可能性」、「偶然やってきた場面」→「機会」です。Is there any chance (that) 〜? は「〜する可能性はある?／〜することはできる?」と依頼するときに使えます。

## 121 ■■■ **mind**
[máind]

動 気にする、嫌がる
名 心

**A: Do you mind if I charge my phone here?**
**B: No, be my guest. There's a socket over there.**

A: スマホをここで充電してもいいですか?
B: ええ、ご自由に。あそこにコンセントがあるから。

\* charge「充電する」(757番)/ Be my guest.「ご自由にどうぞ」(064番)/ socket「コンセント、差込口」

💡 Do you mind if 〜 は、直訳「もし〜すれば、あなたは嫌がりますか?」→「(嫌じゃなければ)〜してもいいですか?」です。OKの場合はnoで返ってくるので注意してください(「嫌じゃない」ということ)。

## 122 ■■■ **want**
[wánt]

動 望む

**A: Do you want to play ping pong?**
**B: Absolutely. Let's do it.**

A: 卓球しない?
B: もちろん。やろうよ。

💡 Do you want to 〜? は、直訳「〜したい?」→「(〜したいなら)〜しない?」と相手に提案・勧誘するときに使えます。Do you want me to 〜? なら、直訳「あなたは私に〜してほしい?」→「(してほしいなら)〜しようか?」という申し出です。

## 123 ■■■ **join**
[dʒɔ́in]

動 一緒に〜をする、参加する

**Would you like to join us for a game of miniature golf, or do you have other plans?**

ミニゴルフをご一緒しませんか、それとも別のご予定がおありですか?

\* miniature golf「ミニゴルフ」

💡 「参加する」とばかり訳されますが、join 人 for 〜「〜のために 人 に加わる」→「人 と一緒に〜をする」で、Join us for lunch.「一緒にお昼を食べよう」のように使えます。

## 124 ■■■ free
[fríː]

形 自由な、暇な／無料の／
〜がない
▶ freedom 名自由

## Hey, Jasper, if you're free on Saturday, why don't you go bouldering with us?

ねえ、ジャスパー、土曜日暇なら一緒にボルダリング行かない？

💡 本来「ない」で、「束縛が<u>ない</u>」→「自由な」、「支払う必要の<u>ない</u>／お金がかから<u>ない</u>」→「無料の」となりました。smoke-freeは「自由にタバコを吸っていい」と勘違いするかもしれませんが、正しくは「煙が<u>ない</u>」→「禁煙の」です。

## 125 ■■■ try
[trái]

動 試みる

## You should try this sake.

この日本酒、ぜひ飲んでみて。

💡 オススメするときに便利なのが、You should try this ○○. 「この○○、トライしてみてよ（食べて、飲んでみて）」です。

## 126 ■■■ suggest
[səgdʒést]

動 提案する、暗示する
▶ suggestion 名提案

## If I may suggest something, you should wear those black heels with that evening gown.

提案させてもらうと、そのイブニングドレスには黒いヒールを合わせるべきだよ。
* evening gown「イブニングドレス（女性が夜に着る正式な礼装）」

💡 いきなり提案を言い出してもいいのですが、前置きとして、If I may suggest something「もし、私が何か提案してもいいのならば」を付け加えると会話に厚みが増します。

## 127 ■■■ propose
[prəpóuz]

(動) 提案する
▶ proposal (名) 提案、申し出

**A: What do you think of the design?**
**B: I like it. But if I may propose something, change the green to yellow.**

A: デザインについてはどう思いますか?
B: いいね。でも、もし提案させてもらえるなら、緑を黄色に変えてみて。

\* What do you think of 〜?「〜はどう思う?」

💡 suggestと同じ意味で、proposeも口にできると表現の幅が広がります。前の例文と同じ使い方の、If I may propose something「もし、私に何か提案してもいいのならば」から練習してみましょう。

## 128 ■■■ might
[máit]

(助) 〜かもしれない、〜してもよい

**There aren't many restaurants near Carova Beach, so you might want to pack a lunch.**

カロバビーチの近くにはレストランがあまりないので、ランチを用意したほうがいいかもしれません。

\* pack a lunch「お弁当を作る」

💡 非常に丁寧な提案表現として、You might[may] want to 〜 があります。直訳「あなたはもしかしたら〜したいと思うかも」→「(そう思うなら)〜してみてはいかがでしょうか」です。

🔊 129〜130

## 129 ■■■ like
[láik]

動 好む
前 〜のような[に]

**A: I** <u>like</u> **your new scooter, Adrian.**
**B: Thanks. I just bought it yesterday.**

A: 新しいスクーター、いいね、エイドリアン。
B: ありがとう。昨日買ったばかりなんだ。

💡 単に「好き」というだけでなく、日常会話でのちょっとした褒め言葉で、I like your 〜「その〜、いいね」と使えます。

## 130 ■■■ love
[láv]

動 大好きだ
名 愛

**I** <u>love</u> **your new sweater, Della. And it goes well with those purple pants.**

その新しいセーター、すごくいいね、デラ。紫のパンツともよく合ってるわ。
* go well with 〜「〜とよく合っている」

💡 「愛している」という訳語に限らず、「大好き」でよく使います。日本語で「イチゴを愛してる」とは言いませんが、英語でI love strawberries. はOKです。また、例文のように褒めるときにも便利です。

◀))131〜135

## 131 ■■■ **fantastic**
[fæntǽstik]

圈 素晴らしい、空想的な
▶ fantasy 图 空想

**A: Did you watch the performance?**
**B: Yes, and the choreography was fantastic.**

A: パフォーマンスはご覧になりましたか?
B: ええ、振付が素晴らしかったです。

\* choreography「振付」(TOEICによく出るので覚えておいていいでしょう)

💡 名詞fantasy「空想」からできた単語で、「(空想的と思えるほど)素晴らしい」ということです。goodでは足りないときに使ってください。

## 132 ■■■ **cool**

[kúːl]

圈 カッコいい、涼しい、冷静な

**A: The New York Times contacted me about my startup.**
**B: Oh, that's cool. Are they writing a story about you?**

A: ニューヨーク・タイムズから、私のスタートアップについて連絡があったんだ。
B: わぁ、それはすごいね。あなたのことを記事にするの?

\* startup「スタートアップ(新興企業)、新規事業の立ち上げ」

💡 今は日本語でも使われますが、文字通りの「心地よく涼しい」感じを意識してみましょう。人や物だけでなく、会話例のように出来事にも使えるとcoolです。

## 133 ■■■ excellent
[éksələnt]

形 素晴らしい
▶excel 動 勝る、優れている

**Excellent news! Our bistro has received a favorable review from a renowned food critic.**

素晴らしいニュースです! 私たちのビストロが有名な料理評論家から好評を得ました。

\* bistro「ビストロ、小さな居酒屋」／favorable「好意的な」（114番）／renowned「有名な」／critic「評論家、批評家」

💡 本来は「普通を超える（excell = excel）くらい素晴らしい」ということです。褒めるときに、That's excellent!／Excellent! と使われることもあります。

## 134 ■■■ superb
[supə́ːrb]

形 素晴らしい、極上の

**The coffee at this café is superb.**

このカフェのコーヒー、本当に絶品だよ。

💡 「すごい」は色々なバリエーションをもっておきたいですね。「superbはsuperだ」→「素晴らしい」と覚えてもいいでしょう（very goodやexcellentと同じ感覚で使えます）。

## 135 ■■■ unique
[juːníːk]

形 独特な

**Your ideas are unique.**

君のアイデアはユニークだね。

💡 「面白い、笑える」というイメージは捨ててください。本来は「唯一の」で、そこから「独特な、特有の、類のない、素晴らしい」となりました。「オンリーワン」のイメージです。

## 136 ■■■ special
[spéʃəl]

🔊 特別な、専門の
▸ specialize 動 専門にする
▸ specialist 名 専門家

**A: I got you this gift because you're special to me.**
**B: Thank you. You're special to me, too.**

A: あなたは私にとって特別だから、このギフトを買ってきたよ。
B: ありがとう。私にとっても、あなたは特別な人ですよ。

\* get 人 物「人 に 物 を買ってあげる」

💡「大切な人」というノリでspecialを使えると、かなり英語通という感じがします。someone special「特別な人」という形になることもあります。

## 137 ■■■ terrific
[tərífik]

🔊 ものすごい、素晴らしい

**A: Wi-Fi service is available on this bus.**
**B: Terrific.**

A: このバスではWi-Fiサービスをご利用いただけます。
B: すごいなあ。

\* available「利用できる」

💡 本来は「恐ろしい（マイナス）」ですが、そこから「ものすごい（中立）」→「素晴らしい（プラス）」と変化しました。日本の若者が使う「ヤバい」に似た感覚です。

## 138 ■■■ impressive
[imprésiv]

🔊 印象的な、感動的な
▸ impress 動 良い印象を与える、感動させる
▸ impression 名 印象

**Her dance performance at the talent show was so impressive.**

タレントショーでの彼女のダンスパフォーマンスは本当に素晴らしかった。

\* talent show「学芸会、アマチュアの人が歌や演技を披露する場」

💡「心の中に（im）押し付ける（press）ような」→「心に深く残るほど印象を与えるような」感覚を意識するといいでしょう。「すごい！／圧巻！」という感じでよく使います。

## 139 ■■■ incredible

[inkrédəbl]

形 信じられない（ほどすごい）

A: Have you seen Cirque du Soleil?
B: Yes, it was incredible. How can they jump so high?

A: シルク・ドゥ・ソレイユ、見たことある？
B: うん、信じられないよ。どうやってあんなに高く跳べるんだろう？

💡 unbelievable「信じられない」は簡単ですが、それと同じ感覚でこの単語も使ってみましょう。

## 140 ■■■ congratulation

[kəngrætʃuléiʃən]

間 （〜sで）おめでとう、祝賀
▶ congratulate 動祝う

A: Congratulations on your engagement.
B: Thank you, Maurice. That's kind of you to say.

A: ご婚約おめでとうございます。
B: ありがとう、モーリス。そう言ってくれて、嬉しいです。

＊ engagement「婚約」

💡 単語自体は有名ですが、「複数形で使うこと（Thanksと同じように）」と、on以下で詳細を述べることを意識してください。Congratulations on 〜「〜（について）おめでとう」となります。

## 141 ■■■ proud

[práud]

形 誇りを持った
▶ pride 名プライド、誇り 動誇る

Completing the marathon was a huge
accomplishment, and you should feel proud of
yourself.

マラソンを完走したのは本当にすごいことだから、自分自身を誇りに思うべきだよ。

＊ huge「とても大きな、大成功の」／accomplishment「達成」

💡 be proud of 人 「人 のことを誇りに思う」を使ってみましょう。映画などで親が子どもに I'm proud of you. 「あなたを誇りに思っている」→「すごいね、私も嬉しい」と言う場面があるかもしれません。

## 142 ■■■ deserve 動 値する
[dizə́ːrv]

**A: I got accepted into the University of Cambridge.**
**B: Well done! All your studying has paid off, and you absolutely** <u>deserve</u> **it.**

A: ケンブリッジ大学に合格しました。
B: よくやった!　勉強が報われましたね。本当によく頑張ったよ。

\* get accepted into~「～に合格する」／pay off「（努力が）報われる、（計画などが）うまくいく」

💡 You deserve it. の直訳は「あなたはそれに値する」で、良い行動に対して使えば「よく頑張ったね」、悪い行動に使えば「自業自得だよ」となります。

## 143 ■■■  good-looking 形 ルックスが良い、カッコいい
[gúd-lúkiŋ]

**The good-looking couple at the party were the center of attention.**

パーティーでのその美男美女のカップルは注目の的だった。

\* center of attention「注目の的」（338番）

💡「イケメン」を英訳するときによく使われる単語ですが、実際には男女両方に対して（子どもにも）使えます。さらに「（服装などが）カッコいい、似合っている」の意味もあります。

## 144 ■■■  sharp 形 カッコいい、鋭い、急な、頭が良い
[ʃáːrp] 副 （時間が）ちょうど

**A: Do you like my new sunglasses?**
**B: Yes, they make you look really** <u>sharp</u>**.**

A: 私の新しいサングラス、いい感じ?
B: ええ、それをかけると本当にカッコよく見えるよ。

💡「鋭い」→「研ぎ澄まされている」→「カッコいい、おしゃれな」と考えてください。個人的には、関西の人が使う「シュッとしてる」に共通するものを感じます。

## 145 ■■■ stylish

[stáiliʃ]

形 おしゃれな、流行に合った

**A: Wow. What stylish earrings, Brianna.**
**B: Thanks. I found them at the new boutique.**

A: わあ。なんておしゃれなイヤリングなんだ、ブリアンナ。
B: ありがとう。新しいブティックで見つけたの。

💡 日本語でも「スタイリッシュな」と言いますね。相手の服装を褒めるときによく使います。

## 146 ■■■ adorable

[ədɔ́ːrəbl]

形 とてもかわいい
▶ cute 形 かわいい

**A: Did you hear the baby giggle?**
**B: Yes, she's so adorable.**

A: 赤ちゃんの笑い声が聞こえましたか?
B: ええ、とても愛らしいですね。
＊ hear OC「OがCするのが聞こえる」／ giggle「くすくす笑う」

💡 cute よりもさらに感情がこもった感じで、赤ちゃん・小さな子ども・動物などに対して「可愛い〜!」という感じで使ってみてください。

## 147 ■■■ sophisticated

[səfístəkèitid]

形 洗練された、シャレた
▶ sophistication 名 洗練さ

**A: How's your new Lexus?**
**B: It's a comfortable ride with sophisticated features.**

A: 新しいレクサスはどう?
B: 洗練された機能を備えた、快適な乗り心地ですよ。

💡 sophiaはギリシャ語で「知、智」を表し、新宿区の四ツ谷駅前にある上智大学（ソフィアと呼ばれる）のシャレたイメージを考えてもいいでしょう。

◀)) 148〜150

## 148 ■■■ grateful
[gréitfəl]
形 感謝している

**I am grateful to Mr. Kamidera for his valuable suggestion.**

私は貴重な提案をもらって上寺先生に感謝している。

\* valuable「貴重な」（505番）

💡 "gra" は「感謝」で、イタリア語「グラッチェ（ありがとう）」と同じイメージです。be grateful to 人 for 〜「人 の〜に感謝している」のように使います。

## 149 ■■■ nice
[náis]
形 優しい、素敵な

**It's nice of you to say so.**

そう言ってくれてありがとう。

💡 褒めるとき（例：That's a nice hat.「素敵な帽子だね」）以外に、「性格がnice」→「優しい」もぜひ使ってください。It's nice of you to 〜「〜するなんて優しい、〜してくれてありがとう」です。

## 150 ■■■ save
[séiv]
動 救う、省く、節約する

**Your advice saved me from making a huge mistake.**

あなたのアドバイスのおかげで、私は大きな間違いをせずにすみました。

💡 S save 人 from -ing「Sは 人 が〜することから救う」→「Sのおかげで〜しないで済む」です。

151〜152

## 151 ■■■ **apologize**
[əpálədʒàiz]

動 謝る
▸ apology 名 おわび、謝ること

## A: I'm so sorry that I forgot your birthday.
## B: It's OK. There's no need to apologize.

A: あなたの誕生日を忘れてしまって、本当にごめんなさい。
B: いいのよ。謝る必要はないから。

> 💡 相手を気遣うときほど、きちんとした英語を使いたいところです。会話例の他に、apologize to 人 for 〜「〜を理由に 人 に謝る」の形も意識しておきましょう。

## 152 ■■■ **keep**

[kíːp]

動 保つ、〜のままにする

## I'm sorry to have kept you waiting. The traffic was terrible.

待たせてごめん。渋滞がひどくって。
* terrible「ひどい」（329番）

> 💡 keep 人 waiting「人 を待たせっぱなしにする」です（keep OC「OがCの状態をキープする」→「OをCのままにする」の形）。例文ではI'm sorryよりも「過去」に待たせていたということで、完了不定詞（to have p.p.）を使っています。

実は使い勝手抜群の「便利単語」　　083

**good**
[gúd]

圏 十分な、良い、上手な
名 善、利益、商品（goods）

**A: Do you need any help?**
**B: No, I'm good.**

A: 手伝おうか？
B: いえ、大丈夫です。

💡 Good job!「よくやった！」が有名ですが、「良い」というほどではなく、「まあまあ、十分、大丈夫」というノリで使える、I'm good. を言えるようにしておきましょう。

 **thank**
[θǽŋk]

動 感謝する
▶ thankful 圏 感謝している

**A: Would you like some more mashed potatoes?**
**B: Thanks, but no thanks. I'm already full.**

A: マッシュポテトのおかわりはいかがですか？
B: ありがたいのですが、結構です。もうお腹がいっぱいですので。

💡 No, thank you.「いえ、結構です」だけだと言い方次第でぶっきらぼうに聞こえる可能性があるので、レベルを上げたい人は、Thanks, but no thanks. を口グセにしておきましょう。これを使うとネイティブの反応も良いですよ。

 **enough**
[ináf]

圏 十分な
副 十分に、〜なほど

**A: Would you like some more dessert?**
**B: Thanks, but no thanks. That was enough for me.**

A: デザートのおかわりはいかがですか？
B: ありがたいのですが、結構です。もう十分です。

💡 断るときには、Noと伝えた後にその「理由」を添えると丁寧です。そのときに、That's enough (for me).／I've had enough.「もう十分です」などをよく使います。

## 156 ■■■ wish

（動）願う
（名）願い

[wíʃ]

**A: You should play billiards with us tonight.**
**B: I wish I could, but I'm studying for an exam.**

A: 今日の夜、一緒にビリヤードしようよ。
B: そうしたいんだけど、試験勉強しなきゃいけないんだ。

💡 丁寧に断るときには「そうしたいのはやまやまだけど」というニュアンスを込められる、I wish I could, but ～「そうできればいいのですが（現実にはできない）、～」を使ってみましょう。

## 157 ■■■ pass

（動）やめにする、渡す、
合格する、過ぎる

[pǽs]

**A: How about some cheesecake?**
**B: I'll pass, thank you. I'm watching my weight.**

A: チーズケーキはどう?
B: 遠慮しておくわ、ありがとう。体重を気にしてるから。

\* watch one's weight「体重に気をつける」

💡 I'll pass. は、日本語でも使われる「今回はパスで」と同じ使い方ができます。会話例のように、直後にthank youをつけると、より感じ良く響きます。

## 158 ■■■ tie

（動）結ぶ、縛り付ける／
同点になる
（名）結ぶもの、ネクタイ

[tái]

**I'd love to see you right now, but I'm tied up. I'll be free in the evening, though.**

今すぐ会いたいけど、忙しいんだ。でも、夕方には空くよ。

💡 busyばかりではなく、be tied up「忙しい」も使えると会話に幅が出ます。「すっかり（up）縛り付けられている（be tied）」→「忙しくて身動きがとれない」と考えてください。

🔊 159

## 159 ■■■ **business** [bíznis]

名 用件、やるべきこと／事業、商売、取引／店、会社

**A: How much do you make?**
**B: Sorry, Fred, but it's none of your business.**

A: どのくらい稼いでるの?
B: 悪いけど、フレッド、君には関係ないことだよ。

💡 It's none of your business. 「それはあなたの仕事 (やるべきこと) ではない」 → 「あなたには関係ない／余計なお世話だ」となります。

## 前置きする（クッション表現）

🔊》 160～161

### 160 ■■■ offend

[əfénd]

動 不快にさせる、怒らせる

**A: I didn't mean to offend you, Marcel.**
**B: Oh, I'm not offended.**

A: 気を悪くするつもりはなかったんだ、マルセル。
B: あ、気にしてないよ。

＊ mean to ～「～する意図がある」

💡「攻撃する」という意味ではありませんが、この際、「精神的に攻撃する」→「不快にさせる、怒らせる」と考えてもいいでしょう。

### 161 ■■■ offense

[əféns]

名 不快、無礼
▶ offensive 形 不快な

**A: No offense, but don't you think it's time for a haircut?**
**B: I like it this way, and no offense taken.**

A: 悪気はないんだけど、そろそろ髪を切る頃じゃない？
B: このままが気に入ってるよ。気にしてないから大丈夫。

💡言いにくいことの前に、No offense, but ～「不快にさせるつもりはないんだけど」→「悪気はないんだけど」とワンクッション置くと、かなりこなれた会話になります。返答にはNo offense taken.「どんな不快もとられていない」→「気にしてないから大丈夫」です。

## 162 ■■■ **hate**
[héit]

動 ひどく嫌う、嫌に思う

## I hate to say it, but I think he's going to lose.

こんなことは言いたくないけど、彼は負けると思う。

> 💡「ヘイトスピーチ」で使われるhateですが、言いにくいことの前置きとして、I hate to say it, but 〜 を使ってみてください。

## 163 ■■■ **personally**
[pə́ːrsənəli]

副 自分としては、個人的には／自分自身で
▶ person 名 人　▶ personal 形 個人的な
▶ personality 名 個性、性格

## A: What do you think of the new software?
## B: Personally, I find the previous version easier to use.

A: 新しいソフトをどう思いますか？
B: 個人的には、前のバージョンのほうが使いやすい。
* What do you think of 〜?「〜はどう思う?」／find OC「OがCだと思う」／previous「前の」

> 💡 自分の意見をズバッと言うのは勇気がいるので、Personallyで文を始めて「あくまで自分の意見だけど」と表現しましょう。

## 164 ■■■ **shoes**
[ʃúːz]

名 立場、靴

## If I were in your shoes, I'd dump him.

私だったら、彼と別れるけどね。
* I'd = I would（仮定法なのでwouldを使っている）／dump「（恋人を）ふる」（425番）

> 💡 If I were in your shoes「もし私があなたの靴を履いているような状態なら」→「もしあなたの立場だったら」で、アドバイスをするときの定番表現です。

## 165 ■■■ thought
[θɔ́ːt]

名 考え
動 think の過去形、過去分詞形
▶ think 動 思う、考える

**If you have any thoughts on what kind of flowers would look nice here, please share them.**

ここにどんな花が似合うか、お考えがあればぜひ聞かせてください。

💡 相手の考えを聞くときのバリエーションとして使えます（単に Any thoughts on 〜?「〜に関して何かアイディアある?」でもOK）。

## 166 ■■■ curiosity

[kjùəriásəti]

名 好奇心
▶ curious 形 好奇心が強い、詮索好きな

**Just out of curiosity, do you have a TikTok account?**

ちょっと聞きたいだけなんだけど、TikTokのアカウントは持ってる?

💡「好奇心」と覚えると会話での出番は限られますが、just out of curiosity「単なる好奇心から」→「ちょっとお聞きするだけですが」は気軽に質問したいときに重宝しますよ。

## 167 ■■■ interrupt

[ìntərʌ́pt]

動 邪魔をする、中断する
▶ interruption 名 妨害、中断

**I'm sorry to interrupt you, but can I try on this pair of trousers?**

お話の途中ですみませんが、このズボンを試着してもいいですか?

\* try on 〜「〜を試着する」／trousers「ズボン」

💡 相手の話を途中で遮るときに、I'm sorry to interrupt you, but 〜「お話の途中ですみませんが〜」と使えます。

実は使い勝手抜群の「便利単語」

## bother

[báðər]

動 悩ます、迷惑をかける
名 面倒、悩みの種

### I'm sorry to bother you, but could you give me a hand?

お手数をおかけしますが、手を貸してもらえますか？

\* give 人 a hand「人 に 人手（a hand）を与える」→「人 を手伝う」

💡 I'm sorry to bother you, but 〜「あなたに迷惑をかけて申し訳ありませんが〜」→「お手数をおかけしますが〜」は、丁寧に依頼する前置きで使えます。

## admit

[ədmít]

動 認める

### I thought the spy thriller would be a flop, but I must admit it was entertaining.

このスリラーは失敗作だろうと思っていたが、面白かったと認めざるをえない。

\* spy thriller「スリラー（ワクワク・ハラハラさせる小説・劇・映画など）」／flop「完全な失敗作」／entertaining「面白い」

💡 I must admit that 〜「（○○と思っていたけど）〜だと認めざるをえない」という流れで便利な表現です。

## grant

[grǽnt]

動 与える、認める
名 補助金

### Granted, the investment is risky, but there is potential for high returns.

確かに投資にはリスクが伴うが、高いリターンが期待できる。

\* investment「投資」／potential「可能性」

💡 It is true that 〜, but ...「確かに〜だが、…」という形が基本ですが、このバリエーションとして Granted, 〜, but, ...「確かに〜ではあるが（〜は認めるが）、…」も使ってみてください。

## 171 ■■■ point
[pɔ́int]

名 要点
動 指さす、指摘する

**A: We should prioritize quality over speed.**
**B: I see your point, but meeting the deadline is also**
**important.**

A: スピードよりも質を優先すべきです。
B: おっしゃることはわかりますが、納期を守ることも重要です。
* prioritize A over B「BよりAを優先する」／meet the deadline「締切を守る」

💡I see your point, but ...「あなたのポイント（要点）はわかるが、〜」→「おっしゃることはわかりますが、〜」のように、冷静な感じで話を進められます。

## 172 ■■■ insist
[insíst]

動 要求する、主張する
▶ insistence 名主張
▶ insistent 形主張する、しつこい

**A: Let me pay for dinner, Harry.**
**B: If you insist, but it's my treat next time.**

A: 夕食代を払わせて、ハリー。
B: そうおっしゃるなら。でも、次は私がおごりますよ。
* let O C「OがCするのを許可する」／treat「おごり」（567番）

💡if you insistは、直訳「もしあなたがそう主張するなら」→「どうしてもと言うなら、ぜひとおっしゃるなら」という前置きとして使えます。

## 173 ■■■ saying
[séiiŋ]

名 ことわざ
▶ proverb 名ことわざ

**As the old saying goes, "Where there's a will, there's**
**a way."**

古いことわざにあるように、「意志あるところに道は開ける（精神一到何事か成らざらん）」だよ。
* where「〜があるところに」（接続詞）／will「意志」

💡ことわざを引用するときに前置きとして使えるのが、as the saying goes, 〜「ことわざが（こうして昔から）進んでいる通りに」→「ことわざにあるように〜」です。

## 174 ■■■ **hindsight**
[háindsàit]

图あと知恵、後から判断する能力

## A: You regret quitting that job, don't you?
## B: In hindsight, it was a hasty decision.

A: その仕事を辞めたことを後悔してるんでしょ?
B: 今思えば、決断を急ぎ過ぎたなあ。

\* regret -ing「〜したことを後悔する」(264番)／hasty「急いだ」

💡 behindのhind「後ろ」と関連づけるといいでしょう。in hindsight「後で思えば、今になって考えれば」は難しい表現ですが、会話でとても便利です。

🔊 175〜177

 **take**
[téik]

名 考え、取ること
動 思う、取る、選ぶ、（時間が）かかる

### What's your take on the recent changes to the lobby?

ロビーの最近の変更についてどう思いますか？

💡 本来「取る」で、会話では「（頭の中に取り入れた）考え、意見」の意味で重宝します。What's your take on 〜? で、直訳「〜に関して（on）あなたの考え（your take）は何？」→「〜についてどう思う？」です。

 **takeaway**
[téikəwèi]

名 覚えておくべきポイント、教訓

### What was the main takeaway from Mr. Peterson's talk?

ピーターソン氏の講演から得られた大事なポイントは何でしたか？

💡「お店のテイクアウト」は take away とも言います。そこから takeaway は「持ち帰るべき重要ポイント」で使われ、特にビジネスで多用されます（海外のビジネス本では章末の takeaway という項目で要点がまとめられることも）。

 **make**
[méik]

動 させる、作る

### What made you decide to start doing cardio and weights?

有酸素運動とウェイトトレーニングを始めようと思ったきっかけは何ですか？

\* cardio「有酸素運動」

💡 いきなり Why で始めると不躾な印象を与えるかもしれません。What made you 原形？「何があなたに〜させたの？」→「なぜあなたは〜したの？」を使えるようにしておきましょう。

## 178 ⬛⬛⬛ bring

[bríŋ]

動 連れてくる、持ってくる

## What brought you to Japan?

日本にいらした理由は？

💡「なぜ来たの？」は失礼にあたる可能性大なので、What brought you to 〜?「何があなたを〜に連れてきたの？」→「どうして〜に来たの？」を使いましょう。

## 179 ⬛⬛⬛ opinion
[əpínjən]

名 意見

## A: My opinion is that this project will do well. What's your take?
## B: In my opinion, there are some potential risks.

A: 私の考えでは、このプロジェクトはうまくいくと思います。どう思いますか？
B: 私の意見では、潜在的なリスクがあると思います。

\* potential「潜在的な」

💡 自分の意見を伝えるとき、My opinion is that 〜「私の意見は〜だ」やin my opinion「私の意見では」は I think のバリエーションとして重宝します。

## 180 ⬛⬛⬛ bet
❓
[bét]

動 賭ける
名 賭け

## I bet Arlen Hart's new song will be a hit.

アーレン・ハートの新曲はヒットするに違いないね。

💡 I think よりも確信があるときに、I bet (that) sv.「私はsvだと賭けてもいい」→「きっとsvだ」をよく使います。

## 181 ■■■ doubt
[dáut]

名 疑い
動 疑う、〜ではないと思う
▶ doubtful 形 疑わしい

**A: Was Alec upset about our change of plans?**
**B: No doubt, but he understands the reason behind it.**

A: アレックは私たちの計画変更に苛立ってた?
B: 間違いなく(そうだったよ)、でも、彼はその理由を理解してるよ。
* be upset「腹を立てて、あわてて」(316番)

💡 There's no doubt that 〜「〜に疑いはない、きっと〜だろう」がシンプルになって、No doubt「疑いもなく、間違いなく」でも使えます。

## 182 ■■■ percent
 [pərsént]

名 パーセント
▶ percentage 名 パーセンテージ、割合

**I'm 100 percent certain that we're making the right decision.**

私たちは正しい決断をしていると、私は100%確信しています。

💡 日本語の「100%絶対」と同じ感覚で、英語も100 percent「100%間違いなく」と使えます。

## 183 ■■■ confident
[kánfədənt]

形 自信がある、確信している
▶ confidence 名 自信

**A: I'm confident this is the right way to the museum.**
**B: All right. I'll take your word for it.**

A: 美術館への道はこれで合ってるはずだよ。
B: わかった。君の言葉を信じるよ。
* take one's word for it「人の言葉を信じる」

💡 I'm confident (that) 〜「私は〜と確信している」となります(I'm sure 〜 を強めた感じ)。

## 184 ■■■ convince
[kənvíns]

動 納得させる、確信させる

**A: I don't think this approach will work.**
**B: Give it a try. I'm convinced it's the best solution.**

A: このやり方はうまくいかないと思うなあ。
B: 試してみてよ。それが最善の解決策だと確信してるから。

\* work「うまくいく」(274番) ／ give it a try「やってみる」／ solution「解決策」

💡 convince 人 that 〜「人 を〜と確信させる」の受動態で、I'm convinced (that) 〜「私は〜と確信させられている」→「私は〜と確信している」となります。

## 185 ■■■ convincing
[kənvínsiŋ]

形 説得力がある、納得できる、信じられる
▶ persuasive 形 説得力のある
▶ compelling 形 人を引き付ける

**A: Did you hear Julie's excuse for being late?**
**B: Yeah, and it didn't sound convincing to me.**

A: ジュリーの遅刻の言い訳を聞いた?
B: うん、僕には信じられなかったなあ。

\* excuse「言い訳」

💡 「納得させる (convince) ような」→「説得力がある」です。It didn't sound convincing to me. は直訳「それは私にとって納得できるようには聞こえなかった」です。

## 186 ■■■ typical
[típikəl]

形 典型的な、一般的な
▶ typically 副 一般的に

**Graham left without cleaning up, but that's typical of him. He can be so inconsiderate.**

グレアムは後片付けもせずに出て行ったけど、まあ、彼らしいね。気配りが全然足りないことがあるから。

\* inconsiderate「思いやりのない、気配りが足りない」

💡 「よくあるタイプ (type)」と考えてください。That is typical of 人.「それって、人 によくあることだよ／それは 人 らしいことだね」とよく使います。

◀)) 187〜188

## 187 ■■■ **agree**

[əgríː]

動 賛成する
▶ agreement 名同意、協定

**A: We need to invest more in employee training.**
**B: I couldn't agree more, Gary.**

A: 従業員の研修にもっと投資する必要があるね。
B: まったく同感だよ、ゲイリー。
* invest in 〜 「〜に投資する」

💡 I couldn't agree more (than now). と考えて、直訳「今よりもっと賛成することは仮の世界でもできない（仮定法のcould）」→「大賛成」です。

## 188 ■■■ **disagree**
[dìsəgríː]

動 意見が合わない、反対する
▶ disagreement 名不一致、反対

**A: You really believe that social media has no impact on mental health?**
**B: Let's agree to disagree on that, shall we?**

A: SNSが精神の健康に何の影響も与えないと本気で思っているの？
B: それについては、意見が違うということで終わりにしない？
* have an impact on 〜 「〜に影響を与える」

💡 agree to disagreeは「互いに意見が合わない（disagree）ことで同意する（agree）、意見の相違を認める」という表現です。「もうやめようぜ」と言いたいときの大人の表現です。

### 189 ■■■ positive
[pάzətiv]

**形 確信して／前向きな、楽観的な、肯定的な／陽性の**
▶ negative 形 否定的な、消極的な／陰性の

**A: Is it really OK to park here?**
**B: Yes, Willy, I'm positive.**

A: 本当にここに駐車していいんですか?
B: ええ、ウィリー、間違いないよ。
* park「駐車する」

💡 本来は「確信して」です（「うまくいくと確信して」から「ポジティブ」の意味に発展）。

### 190 ■■■ oppose
[əpóuz]

**動 反対する**

**Many people are opposed to raising taxes.**

多くの人は税金を上げることに反対している。

💡 oppose 名詞「名詞に反対する」や、be opposed to -ing「〜することに反対する」の形を意識して使ってください。

### 191 ■■■ different
[dífərənt]

**形 違った、様々な**
▶ differently 副 異なって、別々に
▶ difference 名 違い

**People of different generations have quite different ways of thinking about smartphones.**

スマホに対する考え方は世代によって大きく異なる。

💡 「違った」だけでなく「様々な」という意味が便利です。"Different 複数名詞① have different 複数名詞②"の形で「様々な 複数名詞① は様々な 複数名詞② を持っている」→「複数名詞② は 複数名詞① によって様々だ」と使えます。

## 話の方向性を示す（驚き、意外、正直）

◀)) 192〜193

| 192 ■■■ | **surprisingly** | 副 驚くほど、意外にも |
| --- | --- | --- |
| | [sərpráiziŋli] | ▶ surprising 形 驚かせる、驚くべき |
| | | ▶ surprise 動 驚かせる |

**A: The traffic was bad on the freeway.**

**B: Yes, but surprisingly, we reached the venue on time.**

A: 高速道路の渋滞がひどかった。
B: そうだね、でも意外と時間通りに会場に着いたよ。

\* freeway「高速道路」／ venue「会場」／ on time「時間通りに」

💡 副詞形 surprisingly を文頭に置いて話の方向性を示すと、会話上手な感じが出せるだけでなく、英文もスッキリします。

| 193 ■■■ | **unexpectedly** | 副 思いがけず、意外なことに |
| --- | --- | --- |
| | [ànikspéktidli] | ▶ expect 動 予想する、期待する |

**Unexpectedly, I bumped into an old friend at Fukuoka Airport.**

思いがけず、福岡空港で旧友にばったり会った。

\* bump into 〜「〜に偶然出会う」

💡 unexpectedly は直訳「予想されないことだが」です。文頭に置くだけで簡単に使えます。

## 194 ■■■ strangely
[stréindʒli]

副 不思議なことに、**奇妙に**、珍しく
▸ strange 形 見知らぬ、奇妙な
▸ stranger 名 見知らぬ人

**Strangely, we weren't jet-lagged after flying to Finland.**

不思議なことに、フィンランドに飛行機で行ったが、時差ボケにならなかった。
* jet-lagged「時差ボケの」

💡 strangeは本来「外国の」→「見知らぬ、奇妙な」です。It is strange that 〜 の代わりに、文頭でStrangely「不思議なことに」と1語で表せて便利ですよ。

## 195 ■■■ frank
[frǽŋk]

形 率直な
▸ frankly 副 率直に言うと

**To be frank, your new haircut looks a little behind the times.**

ズバリ言うけど、君の新しい髪型は少し時代遅れに見えるなあ。
* behind the times「時代遅れで」

💡 frank自体は形容詞ですが、to be frank (with you)「率直に言えば」で副詞のカタマリとして使えます（副詞frankly (speaking)でもOK）。

## 196 ■■■ honest
[ánist]

形 正直な
▸ honestly 副 正直に
▸ honesty 名 正直

**To be honest, I like the anime better than the manga.**

正直に言うと、アニメ版のほうがマンガ版よりも好きです。

💡 to be frankと似た感覚で、to be honest (with you)／honestly (speaking)「正直に言って」も便利です（語頭のhは発音しません）。ちなみに、SNSではto be honestの頭文字をとってTBHと略すことも多いです。

## 197 ■■■ **actually**
[ǽktʃuəli] [ǽkʃəli]

(副) 実は、実際は
▶ actual (形) 実際の

**A: Would you like some tea?**
**B: Actually, I only drink coffee.**

A: 紅茶はいかがですか?
B: 実は、コーヒーしか飲まないんです。

💡「あなたの予測に反して実は〜／予定と違って実際は〜」のように「ぶっちゃける」ときに使います。日常会話でも資格試験でもめちゃくちゃ出てきますよ。

## 198 ■■■ **fact**
[fǽkt]

(名) 事実

**Ashley is not a loner at all. The fact is, he's a true team player.**

アシュリーは決して一匹狼ではない。実はむしろ、彼は真のチームプレーヤーだ。
* loner「一匹狼、孤独を好む人」／ team player「チームの一員として協力する人」

💡 The fact is that 〜 は「事実は〜ということだ」→「実は〜だ」です。会話で、The fact is, 〜 という形で使えます。

## 199 ■■■ **myth**
[míθ]

(名) 迷信、作り話／神話

**A: Shaving makes hair grow thicker.**
**B: That's a myth. In reality, it doesn't change the thickness one bit.**

A: 剃ると毛が濃くなるよね。
B: それは迷信だよ。実際のところ、濃さは少しも変わらない。
* shave「剃る」／ hair「(髪に限らず)毛」／ thick「濃い、太い」(660番)／ in reality「現実は、実際は」／ not 〜 one bit「少しも〜ない」

💡 普段「ギリシャ神話」などの話はそんなにしないでしょうが、「(間違った)社会通念、迷信、作り話」の意味で便利な単語です。

実は使い勝手抜群の「便利単語」 **101**

◀)) 200〜203

 **fortunately**
[fɔ́ːrtʃənətli]

副 幸運にも
▶ fortune 名 幸運
▶ fortunate 形 幸運な

**Fortunately, there is sufficient snow for today's slalom event.**

幸い、今日のスラローム（回転滑降）のイベントには十分な雪がある。

\* sufficient「十分な」／ slalom「（スキーの）スラローム、回転滑降」

💡名詞 fortune「幸運」が有名ですが、副詞 fortunately を文頭で、Fortunately, SV. と使ってみてください。ちなみに、luckily もほぼ同じ意味です。

 **unfortunately**
[ʌ̀nfɔ́ːrtʃənətli]

副 残念なことに、あいにく
▶ unfortunate 形 不運な

**A: Did you get a response to your job application?**
**B: Unfortunately, I haven't heard back from them yet.**

A: 仕事の応募に返事は来た?
B: 残念ながら、まだ返事がないんだ。

\* application「応募」

💡いきなりマイナス情報を伝えると、相手も驚くかもしれません。こういった単語でワンクッション置けると、会話上手な印象を与えられます。

## 202 ■■■ hope

[hóup]

動 希望する

**A: I wonder if Diana is coming to the party.**
**B: I hope so.**

A: ダイアナはパーティーに来るかなあ。
B: 来るといいな。

* wonder if ～「～かどうか不思議に思う」

> 💡 相手の発言に対して、I hope so.「そうなるといいな」、I hope not.「そうならないといいな」
> と自分の希望を伝えるときに便利です。

## 203 ■■■ afraid

[əfréid]

形 怖がって、心配して

**A: Can we postpone today's meeting?**
**B: I'm afraid that won't be possible. We have pressing**
**matters to discuss.**

A: 今日のミーティングを延期することはできますか?
B: 申し訳ありませんが、それはできません。急ぎで話さなければならない件があります。

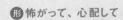 * (afraidの後の) thatは「そのこと」／pressing「緊急の」／matter「問題、件」(024番)

> 💡 I'm afraid ～「残念ながら～、申し訳ありませんが～」は、後ろにマイナス情報がくること
> を予告する役割があります。hopeと同じく、I'm afraid so[not].「残念ながらその通りです
> [そうではありません]」でも使えます。

## 204 ■■■ shame
[ʃéim]

名 残念なこと、恥

**A: It's a shame that the museum exhibit has already ended.**
**B: Yeah. I missed it too.**

A: 美術館の展示がもう終わってしまったのは残念だね。
B: うん。僕も見逃したよ。

\* exhibit「展示」

💡「恥」の意味が有名なのですが、a shameの形で「残念なこと」も大切です。What a shame!「なんて残念なんだ！」やIt's a shame that 〜「〜とは残念だ」と使います。

## 205 ■■■ ○○wise
[wáiz]

副 ○○に関して、○○の点で

**A: How's your company doing these days?**
**B: Businesswise, we're hitting our sales targets.**

A: 会社は最近どう？
B: ビジネスに関しては、売上目標を達成しそうです。

\* hit a target「目標を達成する」

💡 otherwise（223番）のwiseと同じで、「点で」という意味です。好きな単語に"wise"をつけて「〜の点で」と使えます。よくあるのが、timewise「時間的には」、moneywise「お金の面では」などです（ハイフンが入る場合もありますが、話すときは気にする必要はありません）。

## 206 ■■■ probably

[prábəbli]

副 たぶん、おそらく
▶ probable 形 ありそうな、起こりそうな
▶ perhaps 副 ひょっとしたら

**A: Will the renovations be finished by November?**
**B: Probably. They're nearly done already.**

A: 改装は11月までに終わるのですか?
B: おそらくね。もうほとんど終わってるから。

\* renovation「改装」(500番) ／ nearly「ほとんど」(245番)

💡 文頭でも使えますし、例文のように、相手の発言への返答としてProbably.「たぶんそうだろうね」でも使えます。

## 207 ■■■ maybe

[méibi]

副 もしかしたら

**A: It'll be held in Manila, won't it?**
**B: Maybe. Let's check the conference Website.**

A: それってマニラで開催されるんだよね?
B: だと思うけど。会議のウェブサイトを確認してみよう。

\* conference「会議、カンファレンス」

💡 maybe は「もしかしたら、ひょっとしたら」という訳語ですが、その本心としては「半分の(もしくはそれより少し低い)可能性」に使うイメージです。

## 208 ■■■ apparently

[əpǽrəntli]

副 (見たところ・どうやら)
〜らしい
▶ apparent 形 明らかな、見たところ

**Apparently, an apartment complex is going to be built across the street.**

どうやら、通りの向かいに集合住宅が建設されるようだ。

\* apartment complex「集合住宅、団地」

💡 「明らかに」という意味で教わることが多いのですが、実際には「見たところ・どうやら〜らしい」でよく使われます。「確信がない・断定を避けたい」ときに便利です。

■))) 209〜212

## 209 ■■■ generally
[dʒénərəli]

副 一般的に、たいてい
▶ general 形 全体の、一般的な

**Generally, Marilyn is a morning person, and she seldom goes out at night.**

マリリンは基本的に朝型で、夜に外出することはめったにない。

\* morning person「朝型の人」／seldom「めったに〜ない」

💡 広く一般論やある人物の傾向を語るときに便利な単語です。いちいち「例外もあるけど」と言うより、generallyという単語1つで解決できます。

## 210 ■■■ normally
[nɔ́ːrməli]

副 普通は
▶ normal 形 普通の、標準の

**A: What's your bedtime routine?**
**B: I normally read a book to unwind.**

A: 寝る前のルーティーンは?
B: 普段は本を読んでリラックスしています。

\* bedtime「就寝時の、寝る前の」／unwind「くつろぐ」(403番)

💡 「普段は〜だけど(今回は違う)」といった流れや、例文のように「普段のルーティーン」を伝えるときにも使えます。

## 211 ■■■ originally
[ərídʒənəli]

副 本来は、元々は
▶ original 形 最初の、元々の／独創的な
▶ origin 名 起源、始まり
▶ originate 動 生じる、始まる

**The poem, originally written in Persian, has been translated into English.**

その詩は元々はペルシャ語で書かれていたが、英語に翻訳されている。

\* translate A into B「AをBに翻訳する」

💡 「独創的な」という印象がありますが、本来originalは「最初の、元の」です(origin「起源」)。副詞形originallyは「最初は○○だった(けど今は違う)」という流れで使えます。

106    Chapter 1

## 212 ■■■ technically

[téknikəli]

副 厳密に言えば、**技術的に、専門的に**

▶ technical 形 技術的な、専門的な

A: Are you allowed to bring food into the civic center?

B: <u>Technically</u>, it's against the rules, <u>but</u> people do it anyway.

A: 市民会館に食べ物を持ち込むことはできますか?

B: 厳密にはルール違反だけど、みんなやってるよ。

\* civic center「市民会館」/ anyway「(butの後で文末に置いて)とはいうものの」

💡「(技術を使って)専門的に」→「(専門家のように)厳密に言えば」の意味が重要で、学校でも予備校でも一切習いませんが、会話でTechnically, ～, but ...「厳密に言えば ～だけど…」は超重要です。

◀)) 213〜217

## 213 ■■■ **contrast**

名[kántræst],動[kəntrǽst]

名 対照、対比
動 対比する

## Sichuan food can be fiery. In contrast, northern Chinese cuisine tends to be much less spicy.

四川料理は激辛ということがある。一方、中国北部の料理はあまり辛くない傾向にある。

\* Sichuan「四川」（中国西南部の省）／fiery「（ヒリヒリするほど）辛い」／cuisine「料理」

💡 SV. In contrast, SV.「SVだ。その一方でSVだ」の形で、まさに2つのコントラストを出したいときに使えます。

## 214 ■■■ **contrary**

[kántreri]

名 反対
形 反対の
副 反して

## A: Saul is such a grump, isn't he?
## B: On the contrary, he's always in a good mood.

A: ソウルって本当に気難しいよね？
B: いや、むしろ、彼はいつも機嫌がいいよ。

\* grump「気難しい人、不機嫌な人」（325番）／in a good mood「機嫌が良い」

💡 否定的な内容を切り出すとき、On the contrary.「むしろその逆だ」と使えるとかなりカッコいいですよ。

## 215 ■■■ though
[ðóu]

副 だけど、でも
接 〜だけれども
▶ although 接 〜だけれども

**A: The weather is nice today.**
**B: It's a bit chilly, though.**

A: 今日はいい天気だ。
B: ちょっと寒いけどね。

\* chilly「肌寒い」(401番)

💡 接続詞として Though sv, SV.「sv だけれども SV だ」と使う以外に、副詞「だけど、でも」という用法もあります。文中や文末に置いて、「まあ〜だけどね」という感じで使える便利な単語です。

## 216 ■■■ instead
[instéd]

副 その代わりに、そうではなく

**Instead of buying a new car, Doris decided to hold onto her Hyundai.**

新車を買う代わりに、ドリスは今のヒョンデを使い続けることにした。

\* hold onto 〜「〜をしっかり持つ、手放さない」

💡 instead of 〜「〜の代わりに、〜ではなく」の形で使ってみてください。他にも、"否定文. Instead SV."「しない。その代わりに SV だ」でも使えます（instead 自体は文頭・文末どちらに置いても OK）。

## 217 ■■■ rather
[rǽðər]

副 むしろ、かなり

**The movie wasn't interesting at all. Rather, it was utterly boring.**

その映画は全然面白くなかった。それどころかむしろ、まったく退屈だったよ。

\* utterly「まったく」／ boring「退屈な」(306番)

💡 色々な使い方があるのですが、まずは "否定文. Rather SV."「〜ではない。（そうではなくて）実際はむしろ SV だ」の形をマスターしてください。

 218〜223

## 218 ■■■ beside
[bisáid]
前 〜のそばに

## Where you went to school is beside the point. What matters is whether you can do the work or not.

どこの学校に行ったかは問題ではない。大事なのは仕事ができるかどうかだ。

\* Where 〜 school は間接疑問文で、is の主語になっている／matter「重要だ」（024番）

💡「横に（side）いる（be）」→「そばに」です。beside the point は受験では「的外れの」と習いますが、例文のように「重要ではない」も会話に役立ちます。

## 219 ■■■ besides
[bisáidz]
副 その上
前 〜に加えて

## I'm tied up, so I can't have dinner with you. Besides, I'm not very hungry.

忙しくて、一緒にディナーに行けないよ。あと、あまりお腹が空いてないんだ。

\* be tied up「忙しい」（158番）

💡 beside「〜のそばに」と混同してしまう場合は、besides は「複数形→だから他にもある」→「その上、〜に加えて」とこじつけるもアリです（名詞ではないので複数形ではないのですが）。「それと」という感じで付け足しに使えます。

## 220 ■■■ addition
[ədíʃən]
名 加えること
▸ add 動 加える
▸ additional 形 追加の
▸ additionally 副 加えて

## This café serves delicious lattés, and in addition, their cakes are pretty good, too.

このカフェはすごくおいしいラテを出してくれるうえに、ケーキもかなりおいしいんです。

\* serve「（飲食物を）出す」／pretty「まあまあ、かなり」（241番）

💡 情報を追加したいときに、in addition to 〜「〜に加えて」や in addition「加えて」（≒ additionally）が便利です。

## 221 ■■■ similarly
[símələrli]

 同様に
▶ similar 形 似ている
▶ similarity 名 類似

**Sweets are bad for your teeth. Similarly, carbonated soft drinks can cause cavities.**

お菓子は歯に悪い。同様に、炭酸飲料も虫歯の原因になる。

＊ carbonated「炭酸入りの」／cavity「虫歯」（688番）

💡 前の内容と同じような展開で話すときに便利な表現です。

## 222 ■■■ meanwhile
[míːn*h*wàil]

副 その間に、一方

**You print out the presentation material. Meanwhile, I'll set up the projector.**

あなたはプレゼン資料を印刷して。その間に、私はプロジェクターを準備します。

＊ material「資料」

💡 「中間の（mean）時間（while = time）」→「その間に／そうしているのと同時に」→「（それでも）一方では」です。

## 223 ■■■ otherwise
[ʌ́ðərwàiz]

副 そうでなければ、その他の点では、違った風に

**Take a sweater with you, Mikey. Otherwise, you'll be cold.**

セーターを持っていってね、マイキー。じゃないと、寒いよ。

💡 よく単語帳や辞書に載っている「さもなければ」という言葉は普段あまり使わないだけに、英会話でもパッとは出てきません。「そうじゃないと、でないと」くらいに考えておくといいでしょう。

## 224 ■■■ instance  名 例
[ínstəns]

**Sam is a great cook. For instance, his homemade spaghetti is amazing.**

サムは料理がとても上手だ。たとえば、彼の自家製スパゲッティはすごくおいしい。

\* amazing「素晴らしい」（305番）

💡「たとえば」はfor exampleが有名ですが、何度も使ってしまう場合は、for instanceに変えるだけでも印象は違ってきますよ（意味は同じ）。

## 225 ■■■ specifically
[spisífikəli]

副 明確に、具体的に言えば、特に
▶ specific 形 特定の、明確な、具体的な、特有の

**This poster design doesn't look right. Specifically, the text is way too small.**

このポスターのデザイン、何か違うなあ。特に、文（の文字）が小さすぎる。

\* way too 〜「あまりに〜すぎる」（wayは強調の働き）

💡 specific（035番）の副詞形で、自分の発言をさらに具体的に言うときの前振りとして便利です。

## 226 ■■■ differently
[dífərəntli]

副 異なって、別に
▶ different 形 違った、様々な
▶ difference 名 違い

**We need to work together. To put it differently, the project's success depends on teamwork.**

私たちは協力し合う必要がある。言い方を変えれば、プロジェクトの成功はチームワークにかかっている。

\* depend on 〜「〜次第だ、〜にかかっている」（014番）

💡 putには「言葉を置く」→「述べる」の意味があり（010番）、to put it differentlyで、直訳「別のようにそれを述べると」→「言い換えると、つまり」となります。

## 227 ■■■ rephrase

[rìːfréiz]

動 言い換える
▶ phrase 名 フレーズ、表現、言葉遣い
　　　　 動 表現する

### Let me rephrase what I just said.

今言ったことを言い換えさせて。

> 💡 rephraseは「再び (re) 表現する (phrase)」→「言い換える」です。「うまく言えなかったなあ」と思うときに再挑戦できる表現です。

## 228 ■■■ result

[rizʌ́lt]

名 結果
動 結果となる

### The company introduced flexible work arrangements. As a result, employee satisfaction scores increased.

その会社は柔軟な勤務形態（フレックスタイム制）を導入した。その結果、従業員満足度のスコアが上昇した。

\* flexible「柔軟な」／work arrangements「勤務形態」／satisfaction「満足度」

> 💡 名詞はas a result「結果として、その結果」という熟語が便利で、動詞は“原因 result in 結果”や“結果 result from 原因”の形が大切です。

## 229 ■■■ reason

[ríːzn]

名 理由

### A: Did you submit the report on time?
### B: No. The reason is that my computer kept crashing.

A: レポートは期限内に提出しましたか？
B: いいえ。というのも、パソコンがずっと壊れて動かなかったからです。

\* on time「時間通りに」／crash「クラッシュする、故障して動かなくなる」

> 💡 The reason is that ～「その理由は～ということだ」をサラッと言えるようにしておきましょう（thatの代わりにbecauseもよく使われますが、文法的に正しいのはthatなのでこちらをマスターしましょう）。

## 230 ■■■ **sum** [sám]
動 要約する、合計する
名 合計

**I understand better now. To sum up, reducing waste will reduce our environmental impact.**

今になってもっと理解できたよ。まとめると、廃棄物を減らせば環境への影響が減るってことだね。

\* waste「廃棄物」／environmental「環境の」

💡 to sum up「まとめると、要するに」です。使うのが難しそうに見えますが、会話での誤解を減らすために積極的に使ってみてください。

## 231 ■■■ **wrap** [rǽp]
動 終える、包む
名 ラップ

**OK, let's wrap up this meeting.**

よし、このミーティングを終えよう。

💡「ラッピング（wrapping）」でおなじみの単語です。wrap upは「最後にラッピングをして終える（upは強調・完了を表す）」→「（会議・仕事を）終える」です。

## 232 ■■■ **call** [kɔ́:l]
動 呼ぶ、電話する、訪問する

**A: We've been working on this project for eight hours.**

**B: I'm really tired, too. Let's call it a day.**

A: このプロジェクトに取り組んで8時間だよ。
B: 私も本当に疲れた。今日はもう終わりにしよう。

\* work on 〜「〜に取り組む」

💡 Let's call it a day. は、直訳「それを1日と呼ぼう」→「もう終わりにしよう／今日はここまでにしよう」という決まり文句です（call OC「OをCと呼ぶ」の形）。

## 233 ■■■ bottom

名 結論、底

[bátəm]

## The bottom line is that we need to reduce costs.

要するに、私たちはコスト削減する必要があるということだ。

💡 the bottom line は報告書の一番下 (bottom) に合計金額がくることから、「最終的な結論」を表します。What's the bottom line? 「結論は？」、The bottom line is that ~「結論は~だ、要するに~だ」が便利です。

## 234 ■■■ straight

[stréit]

副 まっすぐに
形 まっすぐな

## Let me get straight to the point, Abdul. You can't check your smartphone at work.

単刀直入に言おう、アブドゥル。仕事中にスマートフォンをチェックしてはいけません。

💡 get straight to the point で、直訳「ポイントにまっすぐ行く」→「本題に入る、単刀直入に言う」です。

## 235 ■■■ conclusion

[kənklúːʒən]

名 結論
▶ conclude 動 結論づける

## A: Oh, no! Our stock price dropped.
## B: Well, don't jump to conclusions. Markets fluctuate for various reasons.

A: ああ！ 株価が下がった。
B: まあ、結論を急がないでよ。市場ってのはいろんな理由で変動するんだから。
* stock price「株価」／ fluctuate「変動する」

💡 Don't jump to conclusions. は、「結論にジャンプしないで」→「早とちりしないで、結論を急がないで」です。

## 236 ■■■ remind

[rimáind]

**動** 思い出させる、気づかせる
▶ reminder **名** 思い出させるもの、リマインダー

**Nice coat! By the way, it** reminds **me there's a sale at ZARA this week.**

素敵なコートだね！　それで思い出したけど、今週ZARAでセールがあるよ。

💡 That reminds me of[that] 〜「それが私に〜を思い出させる」→「あ、それで思い出したけど〜だ」が超便利です。これを使わないと急に話題が変わって相手が混乱します。

## 237 ■■■ which

[hwítʃ]

**関** (前の文を受けて) そのこと

**A: I really enjoyed** *Joker*.
**B: Speaking of** which, **have you seen the sequel?**

A:『ジョーカー』（映画タイトル）は本当に面白かった。
B: そういえば、続編は見た？
\* sequel「続編」（409番）

💡 speaking of 〜「〜について話せば」という熟語ですが、ここに関係代名詞whichをつなげて、Speaking of whichにすると「そのことについて言えば、そういえば」と使えます。

## 238 ■■■ think

[θíŋk]

**動** 考える、思う
▶ thought **名** 考え

**Oh, I know that song by Toshinobu Kubota. Come to** think **of it, I listened to it just yesterday.**

あ、久保田利伸のその歌、知ってるよ。そういえば、昨日聴いたばかりだ。

💡 情報を追加・訂正する際に、come to think of it「考えてみれば、そういえば」という決まり文句が便利です（本来はWhen I come to think of it「私がそれについて考えるようになるとき」）。

## 239 ■■■ aside

[əsáid]

 副 わきへ

**A: I think the sauce is a bit too salty.**
**B: That aside, the pasta is cooked to perfection.**

A: ソースがちょっと塩辛すぎるかな。
B: それはさておき、パスタの茹で加減は完璧だよ。

\* to perfection「完璧に」

💡 step aside「わきへ寄る／譲るために身を引く」といった意味に加えて、会話ではThat aside「それをわきに置いて」→「それは別にして」が便利です。

## 240 ■■■ anyway

[éniwèi]

 副 とにかく、それはそうと

**A: That's a good joke, Simon. Anyway, where were we?**
**B: Friday's work schedule.**

A: 面白いジョークだね、サイモン。それはそうと、どこまで話したっけ?
B: 金曜日の仕事のスケジュールだね。

💡 相手が微妙なジョークを言ってきたとき、例文のようにとりあえず相手のギャグをほめて、すぐにAnyway, where were we? を使えば見事な展開で会話できますよ。

🔊) 241〜244

pretty
[príti]

副 かなり、まあまあ
形 かわいい

### I'm pretty sure.

マジで自信あるから。

💡 形容詞「かわいい」は常識ですが、副詞の用法をマスターしましょう。大半の場合「かなり」しか教わりませんが、本当は「まあまあ」と「かなり」の2つの意味があります（文脈判断）。

242 ■■■ somewhat
[sÁmhwÀt]

副 多少、やや

### The weather is somewhat unpredictable in the Acarai Mountains, so be prepared.

アカライ山脈は天候がやや不安定なので、準備を怠らないこと。

\* unpredictable「予測できない、変わりやすい」

💡 断定を避け、ボカすときに使える表現です。こういう細かいニュアンスを付け足して、よりリアルな会話を目指しましょう。

# 243 ■■■ slim
[slím]

(形) わずかな、スリムな (スラッとした)

**A: I might try out for the lacrosse team.**

**B: Go for it! Even if the chances are slim, it's worth a shot.**

A: ラクロスチームのトライアウトを受けてみようかな。

B: 頑張って！ 可能性は低くても、やってみる価値はある。

\* try out for ～「～のトライアウトを受ける、一員になるためのテストを受ける」／Gor for it.「頑張って」／be worth a shot「やってみる価値はある」（603番）

💡「細い」→「薄い、わずかな」となります。a slim chance[possibility] of ～「わずかな～の可能性」でもよく使われます。

# 244 ■■■ almost
[ɔ́ːlmoust]

(副) ほとんど、もう少しで

**A: Jane, are you ready to go to the banquet?**

**B:  Almost there. Just give me one more minute.**

A: ジェーン、宴会に行く準備はできた？

B: もう少し。あと1分ちょうだい。

\* banquet「宴会、晩餐会」

💡 単に「ほとんど」と覚えるだけでなく、「少し足りない」イメージを持ってください。almost 60なら「60近く（56〜59くらい）」です。Almost there.「そこに着くのに少し足りない」→「もうすぐ（着く）」です。

◀)) 245〜246

## 245 ■■■ **nearly**
[níərli]

副 ほとんど、もう少しで
▶ near 副 近くに　形 近い

**There was heavy traffic on the way to the airport, and I nearly missed my flight.**

空港までの道が渋滞していて、あやうくフライトを逃すところだったよ。

💡 nearly=almostと考えてOKです。nearly Vは「もう少しでVする」→「Vするところ（結局V しない）」となります。

## 246 ■■■ **halfway**
[hǽfwèi]

副 途中で、半分、中間で
形 中間の、中途半端な

**Since I'm halfway done with my assignment, I'll be able to finish it by Friday.**

今、課題の半分が終わったから、金曜日までには終わらせられるよ。

\* assignment「課題」

💡「半分（half）まで道（way）を進んだところ」というイメージです。I'm hallway done with 〜「〜は半分終わった」の形で使ってみてください。

## ポジティブな気持ちを伝える

◀))) 247〜249

---

 **prefer**

[prifə́ːr]

動 好む
▶ preferable 形 好ましい
▶ preference 名 好み

## I prefer reading physical books to e-books.

私は電子書籍より、紙の本を読むほうが好きです。

* physical「物理的な、実際の」(789番)／ e-book「電子書籍」

💡 2つのものを比較するときに、prefer A to B「BよりAが好き」の形を基本として使ってください。Would you prefer to A or B?「AとBのどちらが好き?」で相手の好みを尋ねる際にも便利です。

---

 **fan**

[fǽn]

名 ファン

## I'm a big fan of vintage denim.

ヴィンテージデニムが大好きなんです。

💡 a big fan of 〜「〜の大ファン」は、「人」や「スポーツチーム」以外に、物に対しても使えます。自分の好みを伝えるのに like・love 以外のバリエーションとして使ってみてください。

---

 **interested**

[íntərəstid]

形 興味を持った
▶ interest 動 興味を持たせる
▶ interesting 形 興味深い、面白い

## I'm interested in buying an iPhone.

iPhoneを買おうかなと思っています。

💡 be interested in 〜 は「〜に興味がある」としか訳されませんが、実際にはもっと軽く「ちょっと〜しようかなと思っている」にも使えるのです。

---

実は使い勝手抜群の「便利単語」　　121

 250〜254

| 250 ■■■ | **die** [dái] | 動 欲しくてたまらない、死ぬ、(充電が)なくなる |
|---|---|---|

▶ death 名 死
▶ dead 形 死んだ、(充電が)なくなった

**A: Let's go grab some Japanese food, shall we?**
**B: Sounds great! I'm dying for ramen.**

A: 日本食を食べに行こうか?
B: いいね! ラーメンが食べたくてたまらないよ。
* go + 原形「〜しに行く」／ grab「軽く食べる」(535番)

💡 be dying for 〜 で、直訳「〜を求めて (for 〜) 死にかけている (be dying)」→「〜が欲しくてたまらない」です。

| 251 ■■■ | **lucky** [lʌ́ki] | 形 幸運な |
|---|---|---|

▶ luckily 副 運よく
▶ luck 名 運、幸運

**A: How was your tour of the studio?**
**B: It was fascinating, and I was lucky enough to see Tom Holland.**

A: スタジオ見学はどうだった?
B: 魅力的だったし、トム・ホランドに会えたのはラッキーだったよ。
* fascinating「魅力的な」(301番)

💡 lucky自体は使える人が多いのですが、I was lucky (enough) to 〜「〜できてラッキーだった」と言えると英語らしい文になります。

## 252 ■■■ opportunity 名機会

[ὰpərtjúːnəti]

**I was lucky to have the opportunity to go to graduate school.**

大学院に行く機会に恵まれて、私はラッキーでした。

\* graduate school「大学院」

💡 be lucky to have the opportunity to ～「～するチャンスがあってラッキーだ」の形で使ってみてください。

## 253 ■■■ jump 動（機会に）飛びつく／ジャンプする、跳ぶ　名跳躍、急上昇

[dʒʌ́mp]

**Jordan jumped at the opportunity to do an internship at the Kleeson Research Institute.**

ジョーダンはクレソン研究所でインターンシップをする機会に飛びついた。

💡 jump at ～「～に飛びつく、飛び乗る」で、jump at the chance[opportunity] to ～「～する機会に飛びつく」という形で使えるようにしておきましょう。

## 254 ■■■ mention 動言及する、言う　名言及

[ménʃən]

**A: Thank you for your assistance today.**
**B: Don't mention it. I'm happy to lend a hand.**

A: 今日は手伝ってくれてありがとう。
B: どういたしまして。手伝えて嬉しいよ。

\* lend a hand「手を貸す、手伝う」

💡 Thank you. に対して、Don't mention it.「私がしたそのことに言及しなくていい」→「どういたしまして」と使えます。「礼には及びません」に似た発想ですね。You're welcome. のバリエーションとして使ってください。

## 255 ■■■ **anytime**

[énitàim]

副 いつでも

**A: Thanks for the tips, Rochelle.**
**B: Anytime. My pleasure.**

A: アドバイスをありがとう、ロシェル。
B: いつでも構いませんよ。どういたしまして。

＊ tip「コツ、秘訣、アドバイス」（610番）

> 💡「どんな（any）とき（time）でも」→「いつでも」です。Thank you. に対して、You're welcome. の代わりとして、Anytime.「いつでもどうぞ、いえいえ、どういたしまして」も使えます。

## 256 ■■■ **flatter**

[flǽtər]

動 お世辞を言う
▶ flattery 名 お世辞

**A: Your dance was outstanding, Corine.**
**B: Thank you. I'm flattered by your kind words.**

A: 君のダンスは素晴らしかったよ、コリーヌ。
B: ありがとう。優しいお言葉をいただいて光栄です。

＊ outstanding「素晴らしい」

> 💡 褒められた返答として、Thank you. の後に文を付け加えるパターンです。I'm flattered.「お世辞を言われている」→「お世辞とわかっていても嬉しい、ありがとう」です。

## 257 ■■■ **compliment**

[kámpləmənt]

名 褒め言葉
▶ complimentary 形 無料の、賞賛する

**A: What a delicious paella, Darrell.**
**B: Oh, thanks for the compliment, Karla.**

A: なんておいしいパエリアなの、ダレル。
B: ああ、褒めてくれてありがとう、カーラ。

> 💡 褒められたらまずはThank you. で、余裕があればfor the compliment をつけてみましょう。

## 258 ■■■ owe
[óu]

**動** 借りる、借りがある、おかげである

A: How can I repay you for all your help?
B: You don't owe me anything.

A: お世話になったお礼はどうすればいいですか?
B: 気にしないで、お礼なんていりませんよ。

\* repay「恩返しをする」

💡 owe A B「AからBを借りている・借りがある」となります。You owe me one.「あなたは1つ私に借りがある（1つ貸しだね）」が基本で、応用はYou don't owe me anything.「あなたは私に何の借りもない」です。

## 259 ■■■ eager
[íːgər]

**形** 熱望して、熱心な
▶ eagerly **副** 熱望して、熱心に
▶ eagerness **名** 熱意

Everyone was eager to shake hands with the pop idols.

みんなそのアイドルたちと握手するのを心待ちにしていた。

💡 be eager to ～ は「（心から）～したいと思う、～するのにとてもワクワクしている」という感じでよく使います。

## 260 ■■■ enthusiastic
[inθùːziǽstik]

**形** 熱狂的な
▶ enthusiasm **名** 熱心
▶ enthusiastically **副** 熱心に
▶ enthusiast **名** 熱中している人

I'm really enthusiastic about my upcoming business trip.

今度の出張は本当に気合が入ってるんだ。

\* upcoming「今度の」

💡 一応「熱狂的な」と訳されますが、何かに積極的・前向きなイメージです。be enthusiastic about ～「～に熱中している、乗り気な、やる気満々で」という感じで使ってみてください。

## 261 ■■■ **crazy**
[kréizi]

形 夢中だ、正気じゃない
▶ craziness 名 狂気

**She is crazy about cupcakes and eats one whenever she gets the chance.**

彼女はカップケーキに夢中で、チャンスがあればいつも食べている。

💡「クレイジー、正気でない」の印象ばかりが強いですが、「狂ったようにのめりこんで」→「（正気じゃないほど）夢中だ」というプラスの意味でも使えます。be crazy about 〜「〜に夢中だ」の形で使ってみてください。

## 262 ■■■ **curious**
[kjúəriəs]

形 好奇心が強い、詮索好きな
▶ curiosity 名 好奇心

**I'm curious about how you two met.**

おふたりがどのように出会ったのか気になります。

💡「聞きたい！」と言うと押しつけがましいかなと思うときに、I'm curious about 〜「〜について興味があります」を使ってみてください。

## 263 ■■■ **complain**
[kəmpléin]

動 不満を言う、クレームをつける
▶ complaint 名 不平、不満

**A: Do you like your new apartment, Robin?**
**B: It's small, but it's downtown, so I can't complain.**

A: 新しいアパートは気に入ってる、ロビン？
B: 小さいけど、街中にあるから、文句は言えないかな。

\* downtown「繁華街に」（386番）

💡「不満を言う、クレームをつける」という意味だけを見ると、あまり使いたくない単語ですが、I can't complain.「私は不満を言えない」→「文句はないよ／まあまあだね／悪くはない」とポジティブなニュアンスでも使えます。

## 264 ■■■ **regret**
[rigrét]

名 後悔
動 後悔する
▸ regretful 形 後悔している
▸ regrettable 形 後悔させる、残念な

## I have no regrets about quitting my job.

仕事を辞めたことに後悔はない。

💡 受験ではregret -ing「〜したことを後悔する」、regret to 〜「これから〜するのを後悔する」→「残念ながら〜する」を習いますが、会話ではhave no regrets「全然後悔してない」も便利です。

🔊)) 265〜269

### 265 ■■■ **stand**
[stǽnd]

動 我慢する、立つ

## I can't stand crowded trains, so I go to work before rush hour.

満員電車に耐えられないので、私はラッシュアワー前に出勤しています。

💡「（ずっと）立つ」→「我慢する」と連想してください。I can't stand 〜「〜には耐えられない」の形で使ってみましょう。

### 266 ■■■ **day**
[déi]

名 日

## I missed the bus, lost my wallet, and now I've spilled coffee on my tablet. This is not my day.

バスを逃して、財布をなくして、そして今、タブレットにコーヒーをこぼしてしまった。本当についてないなあ。

* spill A on B「AをBにこぼす」（830番）

💡 This is not my day. で、「これ（今日）は私の日ではない」→「ついてない日だ」という会話表現になります。ひとりごとでも使えるので練習してみてください。

## 267 ■■■ sick
[sík]

形 うんざりして、病気の、気分が悪い／最高な、カッコいい

**Maryanne was <u>sick</u> and tired of hearing her daughter's excuses for being late.**

マリアンヌは娘の遅刻の言い訳を聞くのにうんざりしていた。

\* excuse「言い訳」

💡「病気の」よりも軽く「気分が悪い」や、be sick (and tired) of ~「~にうんざりして」にも使えます。

## 268 ■■■ justice
[dʒʌ́stis]

名 公平、正義、司法

**This old black-and-white photograph doesn't do her <u>justice</u>.**

この古いモノクロ写真では、彼女の美しさが伝わらないね。

💡 受験ではdo 人 justiceは「人を公平に扱う」と教わりますが、もう少し柔らかく「人を正当に評価する、良いところをありのままに伝える」でも使えます。例文は要するに「盛れていない」とも解釈できます。

## 269 ■■■ troublesome
[trʌ́blsəm]

形 面倒な、やっかいな
▶ trouble 名 迷惑、困難
▶ tiresome 形 退屈な、疲れさせる、面倒な

**In his English classes, Yusuke finds irregular verbs to be particularly <u>troublesome</u>.**

ユウスケは英語の授業で、不規則動詞が特に厄介だと感じている。

\* irregular verb「不規則動詞」／find O to be C「OがCだと感じる」

💡 "-some"はhandsome「ハンサムな」のように形容詞をつくる働きにすぎません。troublesomeは「面倒くさいなあ」というときに使える便利な単語です。troublesome person「面倒な人」のように人にも使えます。

 270〜274

## 270 ■■■ **pain**
[péin]

名 面倒、苦労、苦痛、苦悩
▶ painful 形 困難な

**What a pain! I can't stand having to rake leaves off my lawn every day.**

ホントに面倒くさい！　毎日芝生の落ち葉をかき集めなきゃいけないなんて、我慢できないよ。

\* stand -ing「〜するのを我慢する」（265番）／ rake A off B「AをBから（熊手で）掃く、かき集める」／ lawn「芝生」

💡 よく「苦痛」とだけ訳されますが、「軽い苦痛、不快、面倒」くらいの意味でも使われます。
What a pain!「面倒くさい！」や a pain in the neck「面倒くさい人、ウザイ人、悩みの種」と使います。

## 271 ■■■ **empty**
[émpti]

形 空っぽの、空いている
動 空にする

**After her chihuahua died, Joyce's heart felt empty for days on end.**

チワワが死んでから、ジョイスの心は何日も空っぽだった [空虚な気持ちが続いた]。

\* on end「続けて」

💡 文字通りの an empty room「空室、人がいない部屋」だけでなく、feel empty「むなしい、空虚な気持ちだ」でも使えます。

## 272 ■■■ **difficulty**
 [dífikÀlti]

名 困難、苦労
▶ difficult 形 難しい

**Due to a weak internet connection, Randall had difficulty uploading the video file.**

インターネット接続が弱かったため、ランダルは動画ファイルをアップロードするのに苦労した。

\* due to ~「〜が原因で、〜のため」

💡 have difficulty (in) –ing「〜することにおいて (in) 苦労 (difficulty) を持つ (have)」→「〜するのに苦労する」という形で使ってみてください (inは省略するのが普通)。

130　　　　　　　　　　　　Chapter 1

## 273 ■■■  **wrong**

[rɔ́:ŋ]

形 正常でない、間違った

## There's something wrong with this fan. It's not moving from side to side.

この扇風機はどこかおかしい。左右に動かないよ。

＊ fan「ファン、扇風機」／ side to side「左右に」

💡 There is something wrong with ～ は、直訳「～に関して（with）何か悪いところ（something wrong）がある（There is）」→「何か～の調子がおかしい」です。機械や設備の不具合を伝える便利な表現です。

## 274 ■■■  **work**

[wə́:rk]

動 機能する、作動する／（計画・方法などが）うまくいく／（薬が）効く／働く
名 仕事、勉強／作品

## The touchscreen on my tablet no longer works properly.

タブレットのタッチスクリーンが正常に動作しなくなった。

＊ no longer ～「もはや～ではない」／ properly「適切に、正常に」

💡 work は本来「がんばる」という意味が根底にあり、「機械ががんばる」→「機能する」や「計画ががんばる」→「うまくいく」など、会話で大活躍する単語です。

## 275 ■■■ **weird** [wíərd]

形 変な、奇妙な、不気味な
▶ weirdo 名 変わった人、変なやつ

### Sea urchin looks weird, but it tastes good.

ウニは見た目は奇妙だけど、味はおいしいよ。

\* sea urchin「ウニ」

💡 入試では習わないのですが、日常会話・映画・マンガなどで超頻出です（strange に近い意味）。a weird guy は「変なやつ」です。

## 276 ■■■ **ugly** [ʌ́gli]

形 ダサい、醜い

### A: What do you think of this cardigan?
### B: I think it's pretty ugly. You should pick out another.

A: このカーディガン、どう思う?
B: けっこうダサいと思うなあ。他のを選んだほうがいいよ。

\* pretty「まあまあ、かなり」（241番）／ pick out「選ぶ」

💡 「醜い」という訳語で教わりますが、実際の会話では「ダサい、変な」といった意味で使えます。

■» 277〜278

### 277 ■■■ impression
[impréʃən]

名 印象
▶ impress 動 良い印象を与える、感動させる
▶ impressive 形 印象的な、感動的な

**My first impression of the new art director was that he was cold, but actually he's just quiet.**

新しいアートディレクターの第一印象は冷たい人だと思ったが、実際はただ無口なだけだった。

💡 My first impression of 〜 was that … 「〜の最初の印象は…だった」の形を意識して使ってみてください。

### 278 ■■■ feeling
[fíːliŋ]

名 感情、印象
▶ feel 動 感じる

**A: I have a feeling that Edie and Jace want some privacy.**
**B: Me too. Let's take a walk and leave them be.**

A: イーディとジェイスは2人きりになりたいんじゃないかな。
B: 僕もそう思う。散歩でもして、そっとしておこうよ。

＊ want some privacy「プライバシーが欲しい」→「2人きりになりたい」

💡 I have a feeling that 〜 「〜という気がする、〜という感じがする」という形を意識して使ってみてください。

## 279 ■■■ **list**
[lÍst]

名 表、リスト
動 リストに入れる、上場する

**A: Have you ever climbed Mount Fuji?**
**B: No, but it's on my bucket list.**

A: 富士山に登ったことはある？
B: ないけど、死ぬまでには絶対にやりたいなあ。

💡 bucket listは「死ぬまでにやりたいこと（リスト）」です。ちなみに、『最高の人生の見つけ方』という映画の原題はThe Bucket Listでした。

## 280 ■■■ **gut**
[gÁt]

名 直感／根性、ガッツ、勇気

**My gut feeling is that Grayson is a better fit for the position than the other candidates.**

私の直感では、グレイソンは他のどの候補者よりもそのポジションに適していると思う。
＊ fit「ピッタリ合うこと」／candidate「候補者」

💡 gut feeling「直感」という表現で、My gut feeling is that 〜「私の直感では〜だ」の形も便利です。

## 281 ■■■ **mood**
[mú:d]

名 気分

**A: Do you want to go for a run with me?**
**B: Nah, I'm not in the mood for that.**

A: 一緒に走りに行かない？
B: いや、そんな気分じゃないんだ。
＊ nah「いや（noの砕けた言い方）」

💡 「ムード（雰囲気）」の意味では会話では使わないと思ったほうがいいです。「気分」の意味が大事で、I'm in the mood for[to] 〜「〜の［〜する］気分だ」で使ってください。

## 282 ■■■ habit

[hǽbit]

名 習慣、癖

A: I want to start eating healthier.
B: Try getting into the habit of having a salad for lunch.

A: もっと健康的な食生活を始めたいなあ。
B: ランチにサラダを食べるようにしてみたら[習慣を身につけてみたら]？

💡 have a habit of -ing「〜する習慣がある」、get into a habit of -ing「〜する習慣を身につける」、break a habit of -ing「〜する習慣をやめる」で使ってみてください。

## 283 ■■■ suppose

[səpóuz]

動 思う、仮定する
接 もし〜なら

A: When is the repairperson coming to fix the air conditioner?
B: He's supposed to come at three.

A: 修理の人はいつエアコンを直しに来るの？
B: 3時に来る予定だよ。

* repairperson「修理工」

💡 be supposed to 〜 は直訳「〜すると思われている」で使うときもありますが、「世間・周りから〜すると思われている」→「〜する予定だ、〜しなければならない」の意味が大切です。

## 284 ■■■ **sigh**
[sái]

動 ため息をつく
名 ため息

## Carol sighed with relief when her friend forgave her for the insult.

侮辱したのを友達が許してくれて、キャロルは安堵のため息をついた。

\* forgive 人 for 〜「人 の〜を許す」／ insult「侮辱」

💡音から生まれた単語で、ため息をつくとき、日本語では「ハァ〜」ですが、英語では「サ〜イ」という感じになります。sigh with relief「安堵のため息をつく、ホッとする」です。

## 285 ■■■ **laugh**
[lǽf]

動 笑う
▶ laughter 名 笑い

## I almost died laughing.

笑い死ぬかと思ったよ。

\* almost「もう少しで〜するところ」(244番)／ laughing は分詞構文で「〜しながら」という意味

💡SNSで "lol" とあれば、laugh out loud「大笑いする」で、(笑)や(爆笑)に相当します。例文の直訳は「私はもう少しで笑いながら死ぬところだった」です。

## 286 ■■■ **scream**
[skrí:m]

動 叫び声を上げる
名 叫び声

## As the roller coaster took a sudden drop, she screamed with fear.

ジェットコースターが急降下すると、彼女は恐怖で悲鳴を上げた。

\* take a sudden drop「突然の落下をとる」→「突然落下する、急降下する」

💡日本語の「キャー、ギャー」が、英語では「スクリーム」と聞こえることから生まれた単語です("scr" の部分が「鋭い音」のイメージ)。shout「叫ぶ」に対して、scream は「痛み・恐怖・怒り・興奮でキャーと叫ぶ」感じです。

## 287 ■■■ shrug　　動 肩をすくめる
[ʃrʌ́g]

**"Who is that girl?" Daiki asked.**
**"I don't know," said his sister, shrugging.**

「あの子、誰?」とダイキは聞いた。
「さあ、知らない」と、妹は肩をすくめながら答えた。
＊ shruggingは分詞構文で「〜しながら」という意味

💡アメリカ人が困ったときや知らないとアピールするときに
　よくやる、肩をすくめて手のひらを上にあげる、あのポー
　ズです。とりあえず今やりながら覚えちゃいましょう。

## 288 ■■■ blush　　動 赤面する
[blʌ́ʃ]

**When John slipped and fell on the ice, he blushed**
**with embarrassment.**

氷の上で滑って転んだジョンは、恥ずかしさのあまり顔を赤らめた。
＊ embarrassment「恥ずかしさ」

💡本来「赤く輝く」で、そこから「(恥ずかしさで)顔を赤らめる、赤面する」でよく使われます。

◀)) 289〜293

### amuse

[əmjúːz]

🔵動 面白がらせる、楽しませる
▸ amusement 🔵名 楽しみ、娯楽
▸ amusing 🔵形 楽しませるような
▸ amused 🔵形 面白い、楽しい

## Watch this music video with me. You'll be amused, I'm sure.

このミュージックビデオを一緒に見よう。きっと面白いはずだよ。

💡「思わずニコッとさせる」ような意味での「楽しませる」です。お洒落なレストランで「（見栄えが良い）前菜」を「アミューズ」と言うことがありますが、それを見たときの表情になるイメージです。

### excite

[iksáit]

🔵動 ワクワクさせる
▸ exciting 🔵形 ワクワクさせるような
▸ excited 🔵形 ワクワクして

## I don't like to gamble, but every time I enter a casino, the buzzes and bells excite me.

ギャンブルは好きではないが、カジノに入るたびに、ざわめきやベルの音にワクワクする。
* gamble「ギャンブルをする」／ every time 〜「〜するたびに」／ buzz「ざわめき」

💡「興奮させる」と訳されがちですが、「ワクワクさせる、テンション上げる」イメージを持ってください。I'm so excited! は「超楽しみ！」という感じです。

## 291 ■■■ thrill

[θríl]

動 ワクワクさせる
▸ thrilling 形 ワクワクさせるような
▸ thrilled 形 ワクワクして

**I was thrilled to shake hands with the pop idol at the meet-and-greet event.**

握手会イベントでそのアイドルと握手できて、めっちゃドキドキした。

\* meet-and-greet event「交流イベント」

💡 「スリル満点」と使われますが、必ずしも「怖い」わけではありません。thrillは「テンションMAXにさせる」と考えてください。「ワクワク・ドキドキして震えさせる」感じです。

## 292 ■■■ delight

[diláit]

動 喜ばせる、喜ぶ
名 喜び
▸ delightful 形 喜ばせるような、楽しい
▸ delighted 形 喜んで

**My daughter was delighted with the shoes she got for her birthday.**

娘は、誕生日にもらった靴に大喜びだった。

💡 「表情にパッとライト（light）が照らされる」イメージです。be delighted with ～「～に大喜びする、大満足だ」となります。

## 293 ■■■ please

[plíːz]

動 喜ばせる
▸ pleasure 名 喜び、満足
▸ pleasing 形 楽しい、満足な
▸ pleased 形 喜んで、満足した

**Philip tried to please his supervisor by working later than he needed to.**

フィリップは必要以上に遅くまで働くことで、上司を喜ばせようとした。

\* supervisor「上司」

💡 命令文につけるpleaseが有名ですが、動詞の用法（please 人「人を喜ばせる」／be pleased with ～「～に喜んでいる」）もぜひ使ってみましょう。

## 294 ■■■ **satisfy**

[sǽtisfài]

**動** 満足させる
- satisfaction **名** 満足
- satisfying **形** 満足な
- satisfied **形** 満足して

### Were you satisfied with your test results?

テストの結果に満足しましたか?

💡 be satisfied with 〜「〜に満足させられている」→「〜に満足している」の形でよく使います。

## 295 ■■■ **relieve**

[rilíːv]

**動** 安心させる、取り除く
- relief **名** 安心、除去
- relieved **形** ホッとして

### I feel relieved that I don't have to give a speech after all.

結局スピーチしなくてもよくなって、ホッとしてるよ。

\* after all「結局」

💡 本来「取り除く」で、「不安・モヤモヤを取り除いて、ホッとさせる」でよく使います。be[feel] relieved that 〜は「安心させられる[ように感じる]」→「〜して安心する」です（このthatは「感情の原因」を表す用法）。

## 296 ■■■ **refresh**

[rifréʃ]

**動** 元気にする、再読み込みする
- refreshment **名**（複数形で）軽食

### I feel refreshed after taking a nap.

昼寝してすっきりしたよ。

\* take a nap「昼寝する」（850番）

💡「ゲームのHPを全回復させる」イメージです。be[feel] refreshed「気分を爽やかにさせられる[ように感じる]」→「気分が爽やかになる」です。

## 297 ■■■ move

[múːv]

動 感動させる、動かす、引っ越す
▸ moving 形 感動的な
▸ moved 形 感動して

### You should've seen the movie with us yesterday. We were all moved to tears!

昨日、私たちと一緒に映画を見るべきだったね。みんな感動して泣いたよ!

\* should have p.p. 「~すべきだったのに」

💡 「心を動かす」→「感動させる」と考えればOKです。be moved to tearsの直訳は「感動させられて涙に行き着く」です。

## 298 ■■■ impress

[imprés]

動 良い印象を与える、感動させる
▸ impression 名 印象
▸ impressive 形 印象的な、感動的な
▸ impressed 形 感動して、感銘を受けて

### I was impressed with his singing voice.

私は彼の歌声に心を打たれました。

💡 (涙を流すような感動ではなく)「すげえ!」と思わせるような感動に使われます。be impressed with ~「~に感心する、感銘を受ける」です。

## 299 ■■■ strike

[stráik]

動 印象を与える、(考えが)浮かぶ、打つ、襲う

### While reading the book, it suddenly struck me that the main character was just like me.

本を読みながら、主人公が自分と同じだとふと思った。

💡 本来「打つ」で、野球の「ストライク」は「(良いコースだから)打て」の意味に由来するとの説があります。「心を打つ」→「印象を与える、(考えが)浮かぶ」で、It strikes 人 that ~「~ということが 人 の心に浮かぶ」です。

■))  300〜305

## 300　attract

[ətrǽkt]

動 引き付ける
▶ attraction 名 魅力、呼び物、（観光の）名所
▶ attractive 形 魅力的な

## I want to apply to ABC. I'm attracted to the idea of working remotely.

ABC（会社名）に応募したいと思ってるよ。リモートワーク（という考え）に魅力を感じているんだ。

\* apply to 〜「〜に応募する」／ work remotely「リモートワークする」（371番）

💡「〜に向けて（at）引っ張る（tract）」→「興味を引く」で、人の心をビッと引き付けるイメージです。be attracted to 〜「〜に向かって興味を引き付けられる」→「〜に魅力を感じる」です。

## 301　fascinate

[fǽsənèit]

動 魅了する
▶ fascinating 形 魅力的な
▶ fascinated 形 魅了されて

## I was fascinated by the stained-glass windows.

私はステンドグラスの窓に魅了されました。

💡 本来「魔法にかける」で、「魔法にかけたかのように虜にする」→「不思議な雰囲気を醸しながら『すごい！』『へぇぇ！』と思わせる」イメージです。

## 302　charm

[tʃɑːrm]

動 魅了する
▶ charming 形 魅力的な
▶ charmed 形 魅了されて

## I was charmed by the voice of Kana in the anime.

アニメでのカナの声にうっとりした。

💡「チャーミング」で浸透していますが、charmは本来「呪文を唱えて魔法で好きにさせる」→「魅了する」です。「魔法感＋かわいい感」という、言ってみれば「小悪魔的なイメージ」を持つ単語です。

142　　　　　Chapter 1

## 303 ■■■ **absorb**
[æbsɔ́ːrb]

**動 夢中にさせる、吸収する**
▸ absorbing 形 夢中にさせる
▸ absorbed 形 夢中になって

# Hana was so absorbed in her work that she didn't hear the phone ringing.

ハナは仕事に没頭していたため、電話が鳴っているのも聞こえなかった。

\* so ～ that … 「とても～なので…」／ hear O -ing 「Oが～しているのが聞こえる」

💡 本来「吸収する」で、「(人の心を) 吸い込む」→「夢中にさせる」となります。be absorbed in ～「～に夢中だ」の形でよく使います。

---

## 304 ■■■ **surprise**
[sərpráiz]

**動 驚かせる**
▸ surprising 形 驚かせる、驚くべき
▸ surprised 形 驚いて

# A: Cindy is wearing contact lenses today.
# B: That surprises me. She always wears glasses.

A: シンディは今日、コンタクトをしてる。
B: それは驚きだね。いつもメガネをかけてるから。

💡 be surprised at ～「～に驚く」でおなじみですが、本来の形 (能動態) で、That surprises me.「それは私を驚かせる」→「それは驚きだ」も使ってみましょう。

---

## 305 ■■■ **amaze**
[əméiz]

**動 驚かせる**
▸ amazing 形 驚くべき、素晴らしい
▸ amazed 形 驚いて、驚嘆して
▸ amazement 名 驚き

# You finished the marathon in under four hours? That's amazing!

マラソンを4時間以内で完走したの？　すごいね!

💡 プラスイメージで、「すげえ!、おお!」と驚かせる感じです。That's amazing! は「それは人を驚かせ、感動させるようなことだ!」→「それはすごいね!」です。相手を褒めるときに使ってみましょう。

### 306 ■■■ **bore**
[bɔ́ːr]

🔗

動 退屈させる
▶ boring 形 退屈な
▶ bored 形 退屈して、うんざりして

**A: Hey, Lars! How's your weekend so far?**
**B: I'm bored to death. Do you want to go out?**

A: やあ、ラース！ 週末は今のところどう？
B: 死ぬほど退屈だよ。出かける？

💡「つんね〜、マジ暇」といった、あくびが出るイメージです。せっかくなので、be bored to death「死ぬほど退屈して」という形で使ってみてください。

### 307 ■■■ **tire**
[táiər]

🔗

動 疲れさせる
▶ tiring 形 疲れさせるような、退屈な
▶ tired 形 疲れて

**Addison is tired of hearing about her boyfriend's dream.**

アディソンは彼氏の夢を聞くのにうんざりしている。

💡「疲れる」はおなじみなので、be tired of 〜「〜に飽きる、〜にうんざりしている」をマスターしておきましょう。

### 308 ■■■ **exhaust**
[igzɔ́ːst]

動 (とても) 疲れさせる
▶ exhausting 形 (とても) 疲れさせるような
▶ exhausted 形 疲れ果てた
▶ exhaustive 形 徹底的な

**After dealing with all the paperwork and red tape, I'm exhausted.**

書類や面倒な手続きをすべてやって、もうくたくただよ。
* deal with 〜「〜に対処する」／paperwork「書類」／red tape「お役所仕事」

💡「外に (ex) エネルギーを出す」→「どっと疲れさせる」です。be exhaustedは、たとえば帰宅後にソファでそのまま寝てしまうほど疲れ切ったイメージです（be tiredよりも疲労感が強い）。

# embarrass

[imbǽrəs]

動 恥ずかしい思いをさせる
▶ embarrassing 形 恥ずかしい思いをさせるような
▶ embarrassed 形 恥ずかしく思って

## I was embarrassed because I forgot her name.

彼女の名前を忘れて、私は気まずい思いをしました。

💡 「顔が赤くなるような恥ずかしさ」や「気まずさ」を表す単語です。

# confuse

[kənfjúːz]

動 混乱させる
▶ confusing 形 紛らわしい
▶ confused 形 混乱して、困惑して
▶ confusion 名 混乱、混同

## Even with a map, I find Shinjuku Station confusing.

地図があっても、新宿駅はわかりにくい。

* find OC「OがCだと感じる」

💡 「ごちゃごちゃで混乱させる」イメージです。例文は「新宿駅が（人を）混乱させる」という関係なので、-ing形のconfusingを使っています。

# disappoint

[dìsəpɔ́int]

動 がっかりさせる
▶ disappointing 形 がっかりさせる
▶ disappointed 形 がっかりして
▶ disappointment 名 失望

## The fans were disappointed when they heard the concert was canceled at the last minute.

コンサートが直前で中止になったと聞いて、ファンはがっかりした。

* at the last minute「直前で」（376番）

💡 「約束（appoint）を否定する・ディスる（dis）」→「約束をすっぽかす」→「がっかりさせる」と考えてください。「あ～あ…残念」という気持ちです。

## 312 ■■■ depress
[diprés]

**動** 落胆させる
- ▶ depressing **形** 落胆させる
- ▶ depressed **形** 落胆して、不景気の
- ▶ depression **名** うつ病、不況

## Why are his novels so depressing?

なんで彼の小説はあんなに憂鬱にさせるものなんだろう?

> 💡 「気持ちを下・マイナス方向へ(de)押す(press)」で、「はあ…」と意気消沈させるイメージです(disappointよりもシリアス)。

## 313 ■■■ disgust
[disgʌ́st]

**動** うんざりさせる、むかつかせる
**名** 反感
- ▶ disgusting **形** うんざりさせる、不愉快な
- ▶ disgusted **形** うんざりして

## Some people find the smell of *natto* disgusting, but I love it.

納豆の匂いを嫌だと思う人もいるが、私は大好きだ。

> 💡 「マイナスな(dis)味(gust)」→「(マズいものを食べて)気持ち悪くさせる」で、本来は「吐き気を引き起こす」ような気持ちを表します。

## 314 ■■■ irritate
[írətèit]

**動** イライラさせる
- ▶ irritating **形** イライラさせる
- ▶ irritated **形** イライラして
- ▶ irritation **名** いらだたせること、いらだち

## Excuse me, Craig. Could you stop tapping your foot? The sound irritates me.

すみません、クレイグ。貧乏ゆすりをやめてもらえませんか? 音がイライラするんです。
\* tap one's foot[feet] 「足で音を立てる、貧乏ゆすりをする」

> 💡 irritateと「イライラさせる」の音が似ているので、関連付けて覚えるといいでしょう。

## 315 ■■■ **annoy** [ənɔ́i]

動 イライラさせる
▸ annoying 形 イライラさせる
▸ annoyed 形 イライラして

### She's always talking about her achievements. It is really annoying.

彼女はいつも自分の実績について話してばかりだよ。マジでウザい。

\* achievement「達成、業績」

💡 irritateとほぼ同じ意味ですが、annoyのほうがイライラがほんのちょっと強めです。annoyingは「ウザいと思わせるような」→「ウザい!」という感覚で使えます。

## 316 ■■■ **upset** [ʌpsét]

動 心をかき乱す(動揺させる、うろたえさせる、イライラさせる)／ひっくり返す

### A: What happened? You look upset.
### B: Someone stole my umbrella.

A: どうしたの?　なんか落ち着かないように見えるけど。
B: 傘を盗まれたんだ。

\* 活用は、upset-upset-upset

💡 ズバリ日本語にするのは不可能な単語ですが(翻訳家も苦労しています)、「マジかよ!?どうしよう?ちっくしょう―!」とオロオロ・イライラする気持ちを表します。

## 317 ■■■ **shock** [ʃɑ́k]

動 衝撃を与える、すごく驚かせる
名 衝撃、ショック

### Employees were shocked at the company's sudden announcement of layoffs.

会社による突然の解雇の知らせに従業員はショックを受けた。

\* announcement「知らせ」／layoff「解雇」

💡 surpriseが激しくなって、「え、うそ!?」「そんな!」というイメージです。be shocked at ～「～に衝撃を受ける」の形が重要です(be surprised at ～「～に驚く」同様にatをとる)。

■))318

**318** ■■■ **frighten**
[fráitn]

動 怖がらせる、ぞっとさせる
▶ frightening 形 恐ろしい、ぞっとするような
▶ frightened 形 おびえて、ぞっとして

# I'm frightened of spiders.

私、クモが怖くって。

💡「恐怖・驚き（fright）を中にこめる（en）」→「怖がらせる」です。語尾の-enがきちんと言えない（frightを使ってしまう）ことが多いので注意してください。

## 感情形容詞、感情名詞で伝える

🔊 319〜321

### 319 ■■■ **mad**
[mǽd]

形 怒って、狂って

## My sister got mad at me for stealing her ice cream.

妹のアイスをこっそり食べたらキレられちゃったよ。

💡「気が狂って」が有名ですが、日常会話では「(怒り)狂って、キレて」の意味で使うことが圧倒的に多いです(特にアメリカ英語)。be[get] mad at 〜「〜に怒っている[怒る]」です。

### 320 ■■■ **pleasant**
[plézənt]

形 心地良い、感じの良い
▶ please 動 喜ばせる

## There isn't much to see in this town, but it's a pleasant place to live.

この町はあまり見るもの(観光スポット)がありませんが、住むには良い場所ですよ。

💡「ワクワクして楽しい」というより、「落ち着いて心地良い」感じで使います。発音は「プレズント」です(pleaseに引きずられないように)。

### 321 ■■■ **jealous**
[dʒéləs]

形 嫉妬して
▶ jealousy 名 嫉妬

## I felt a little jealous when I ran into my ex with her new partner.

新しいパートナーと一緒にいる元カノに遭遇したとき、ちょっと嫉妬しちゃったよ。

\* run into 〜「〜に偶然会う」／ex「昔の恋人」(419番)

💡 jealousyは名詞で、beやfeelの後には形容詞jealousを使ってください。feel jealous「嫉妬して」やHe is jealous of you.「彼は君に嫉妬しているんだよ」と使います。

## 322 ■■■ **nervous**

[nə́ːrvəs]

形 緊張して、神経質な

### I'll be giving a presentation soon, so I'm a little nervous.

もうすぐプレゼンだから、ちょっと緊張してるんだ。

💡「神経質な」という性格に対してだけでなく、「緊張して、不安で」という一時的な気持ちも表すこともできます（この意味であれば誰でも使うでしょう）。

## 323 ■■■ **anxious**

[ǽŋkʃəs]

形 心配な、切望する
▶ anxiety 名 心配、切望

### I'm anxious about my first day of work at my new job.

新しい職場での初出勤が不安です。

💡 本来「ドキドキして」という意味で、be anxious for 〜「〜を切望している（プラスのドキドキ）」、be anxious about 〜「〜を心配している（マイナスのドキドキ）」と使えます。

## 324 ■■■ **uneasy**

[ʌníːzi]

形 不安な、落ち着かない

### I felt a little uneasy about being alone in the elevator with a stranger.

エレベーターで知らない人と2人きりで、少し落ち着かなかった。

💡「心が楽（easy）ではない」→「不安な、落ち着かない」と考えてください（「易しくない」という意味ではありません）。

## 325 ■■■ grumpy

[grΛmpi]

形 機嫌の悪い、気難しい
- grump 名 機嫌の悪い人、気難しい人
- irritable 形 怒りっぽい、短気な
- morose 形 不機嫌な

**My boss tends to be <u>grumpy</u> in the morning.**

ウチの上司は、朝は不機嫌なことが多い。

💡「文句をブツブツ言う」音から生まれたという説があります。英語の音では「グラン、グラン」という感じなのです。

## 326 ■■■ lonely

[lóunli]

形 孤独な、寂しい
- lonliness 名 孤独

**I moved to Okinawa a week ago, and I don't have any friends here, so I'm <u>lonely</u>.**

1週間前に沖縄に引っ越してきて、ここには友だちがいないので、寂しいです。

💡 発音は「ロンリー」ではなく「ロウンリー」です。寂しくなったときに、feel lonely「孤独を感じる」という形で使ってみてください。

## 327 ■■■ self-conscious

[sélf-kɑnʃəs]

形 自意識過剰な、気にして
- conscious 形 意識している、気づいて

**She's always been <u>self-conscious</u> about her weight, even though she's thin.**

彼女はいつも自分の体重を気にしてばかりいる。痩せてるのに。

＊1つ目のShe's＝She has／2つ目のshe's＝she is／thin「痩せた」（659番）

💡「自分（self）を強く意識した（conscious）」→「自意識過剰な」です。ちなみに、fashion-consciousは「流行に敏感な、おしゃれに関心がある」です。

**328** ■■■ **awkward**
[ɔ́ːkwərd]

形 ぎこちない、不器用な、気まずい

**Everyone in the elevator avoided eye contact, and the silence was awkward.**

エレベーターの中では誰もが目を合わせないようにしていて、沈黙は気まずいものだった。

💡「ぎこちない」イメージで、「手先がぎこちない」→「不器用な」、「空気がぎこちない」→「気まずい」です。an awkward silence「気まずい沈黙」のようにも使えます。

 **329** ■■■ **terrible**
[térəbl]

形 ひどい、とても下手な／恐ろしい
▶ terribly 副 非常に、大変

**My boyfriend and I are both terrible at cooking, so we usually order takeout.**

私も彼氏も料理が本当に苦手だから、普段はテイクアウトを頼む。

💡単に「恐ろしい」だと思われがちな単語ですが、「ひどい、とても悪い、とても下手な」で使えます。be terrible at 〜「〜がとても下手だ」は便利な表現です。

 **330** ■■■ **miserable**
[mízərəbl]

形 惨めな、悲惨な
▶ misery 名 悲惨、苦難

**After forgetting his umbrella, Ryan felt absolutely miserable as he walked home soaking wet.**

ライアンは傘を忘れて、ずぶ濡れになりながら家まで歩いて帰り、まったく惨めな気分になった。
\* soaking wet「ずぶ濡れで」

💡「なんかグズグズで悲惨なとき」の気持ちを表す単語です。例文の状況をイメージして、同じ気持ちになったときに使ってみましょう。

## 331 ■■■ emotion

[imóuʃən]

名 感情
▶ emotional 形 感情的な
▶ emotionally 副 感情的に

### The singer's voice was full of emotion.

その歌手の歌声にはすごく感情がこもっていた。

💡 be full of emotion は「感情がこもって、胸がいっぱいで」といった感じで使えます。

## 332 ■■■ temper

[témpər]

名 機嫌、かんしゃく

### When dealing with a difficult customer, make sure to never lose your temper.

気難しい客に対応するときは、決してキレてしまわないように注意して。

\* deal with ～「～に対応する」

💡 lose one's temper「平静を失う」→「キレる」、keep[hold] one's temper「冷静さを保つ」となります。

## 333 ■■■ loss

[lɔ́ːs]

名 失うこと
▶ lose 動 失う

### Having no idea what to do next, I was at a loss.

次に何をすればいいのかわからず、私は途方に暮れた。

💡 be at a loss は、直訳「道を失った (loss) 状態で (at)」→「途方に暮れて」です。「もうどうしていいかわからなかった」という感じで使えます。be at a loss for words「言葉を失って」も便利です。

## 334 ■■■ relief
[rilíːf]

名 安心、除去
▶ relieve 動 安心させる、取り除く

**A: Our math test has been postponed.**
**B: What a relief! I haven't studied for it yet.**

A: 数学のテストは延期になったよ。
B: よかった!　まだ勉強してないんだ。

relieve（295番）の名詞形で、「除去」→「不安の除去」→「安心」です。That's a relief!「（それを聞いて）安心した、ホッとした」、What a relief!「よかった!」と使ってみてください。

## 335 ■■■ sympathy
[símpəθi]

名 同情、共感
▶ sympathize 動 共感する
▶ sympathetic 形 思いやりのある
▶ antipathy 名 反感

**A: I don't like that character in the manga series.**
**B: I have some sympathy for him. His backstory explains his cruelty.**

A: マンガシリーズのあのキャラクターは好きじゃないよ。
B: 彼には少し共感（同情）するなあ。彼の過去が、なぜ残酷なのかを教えてくれるから。

＊ backstory「（登場人物の）背景、過去の出来事」／cruelty「残酷さ」

have sympathy for 〜「〜に共感する」の形で使ってください（for は「気持ちが向かう方向性」を表す）。

◀)) 336〜337

**character**

[kǽriktər]

名 キャラの強い人、個性の強い人／性格、個性、特徴／登場人物／文字

▶ characteristic 形 特徴的な

## A: Leon wears such strange hats, doesn't he?
## B: Yes, he's quite a character, isn't he?

A: レオンって、変な帽子かぶってるよね。

B: うん、アイツは本当にクセ強いよね。

💡 日本語では「キャラが強い」という言い方ですが、英語のa characterはそれだけで使えます（例文のようにquiteをつけてもOK）。

**attention**

[əténʃən]

名 注意、世話

## He's a real attention-seeker.

彼はすごく目立ちたがり屋だ。

💡 空港などで流れるAttention, please. は「注意して聴いてください」です。attention seekerは「注目（attention）を追い求める人（seeker）」→「目立ちたがり屋、かまってちゃん」です。

## 338 ■■■ center 名中心
[séntər]

**Connie is always seeking likes, comments and shares on social media. She loves to be the center of attention.**

コニーはSNSで、常に「いいね」やコメント、シェアを求めている。彼女は注目の的になるのが大好きだ。

\* like「（SNSの）いいね」

💡 center of attention は「注目（attention）の中心（center）」→「注目の的」です。このご時世、例文のように使えます。

## 339 ■■■ athletic 形 運動神経がいい、運動競技の
[æθlétik]

**I don't consider myself to be athletic.**

自分のことを運動神経がいいとは思っていません。

\* consider 人 to be 〜「人 を〜だと思う」

💡 athletic shoes「運動靴」やan athletic field「競技場」は難しくないのですが、「（人の）運動神経がいい、健康で活発な」といった意味でも使えます。

## 340 ■■■ pushy 形 押しつけがましい、強引な
[púʃi]
▶ bossy 形 偉そうな、横柄な

**Taylor's pushy sales approach puts off many potential customers.**

テイラーの押しの強い営業手法は、多くの潜在顧客を遠ざけている。

\* put off「意欲・興味を失わせる」

💡「グイグイ押す（push）ような」という意味です。

## 341 ■■■ snob

[snáb]

名 俗物、偉そうな人、
（○○snobで）○○ぶる人

**He's a sushi snob – he would never eat sushi from a supermarket.**

彼は寿司にうるさい人だ。スーパーの寿司なんぞは絶対に食べようとしない。

💡 「俗物」を本書なりに解説するなら「地位・財産・学歴でマウントをとる人」です。○○ snob「○○通、○○にうるさい人」の形でも使えます。


## 342 ■■■ particular

[pərtíkjulər]

形 好みにうるさい、特定の

**She's very particular about what goes into her salads. For example, she only eats locally grown organic vegetables.**

彼女はサラダに入れるものにとてもこだわっている。たとえば、彼女は地元産の有機野菜しか食べない。

💡 「部分的な（part）」→「特定の」→「（特定のことに）こだわる、口うるさい」と覚えましょう。in particular「特に」やbe particular about ～「～にこだわる（好みにうるさい）」が便利です。


## 343 ■■■ talkative

[tɔ́ːkətiv]

形 おしゃべりな

**He becomes really talkative after a couple of drinks.**

彼は、お酒を2、3杯飲むと本当におしゃべりになる。

💡 「しゃべり（talk）がち（ative）」→「おしゃべりな」です。

## 344 ■■■ **shy**
[ʃái]

形 内気な

**Since Luna is shy, she was reluctant to take a job in sales.**

ルナは内気な性格なので、営業職に就くことに消極的だった。

\* be reluctant to 〜「〜したがらない」

💡 意味は簡単ですが、使い勝手がいいので、ぜひ口からパッと出るようにしておきましょう。応用として、camera-shy「カメラが恥ずかしい」→「写真嫌いの」のようにも使えます。

## 345 ■■■ **reserved**
[rizə́ːrvd]

形 控えめな、**予約してある**
▶ reserve 動 取っておく、予約する

**Declan is reserved. He never reveals his true feelings.**

デクランは控えめだ。決して本心を明かさない。

\* reveal「明らかにする」

💡 「予約する」で有名なreserveは本来「取っておく」で、reservedは「心の奥に本音を取っておかれるような性格」→「控えめな、無口な、内気の」です。

## 346 ■■■ **introverted**
[ìntrəvə́ːrtid]

形 内向的な
▶ extroverted 形 外向的な、社交的な

**While Emilia may seem introverted, she's actually into partying and meeting new people.**

エミリアは内向的に見えるかもしれないが、実はパーティーに出て新しい人と出会うのが大好きだ。

\* be into 〜「気持ちが〜の中に入っている」→「〜に夢中だ」／party「パーティーに出る」

💡 「内側に (intro) 向けられた (verted)」→「内向的な、引っ込み思案な」です。その逆はextroverted「外向的な、社交的な」です (exは「外」)。

## 347 ■■■ **outgoing**
[áutgòuiŋ]

形 外向的な／**去っていく、退職する**

▶ incoming 形 入ってくる

## I want a relationship with someone who is outgoing.

外向的な人と付き合いたいと思っています。

💡「性格が外に (out) 向いている (going)」→「外向的な、社交的な」、「会社の外に (out) 行く (going)」→「去っていく、退職する」です。

## 348 ■■■ **naïve**
[nɑːíːv]

形 世間知らずな、未熟な

＊ 本来フランス語なのでnaïveと表記されることが多い。

## A: I'll start my own business and become a millionaire next year.
## B: Don't be naïve. Succeeding in business takes time.

A: 来年は起業して億万長者になるんだ。
B: そんなに甘く考えちゃダメだよ。ビジネスで成功するには時間がかかるからね。
＊ start one's own business「起業する」／ millionaire「億万長者、大金持ち」

💡 日本語「ナイーブ」と違って、英語では「甘いなあ」という感じのマイナスイメージです。

## 349 ■■■ **sensitive**
[sénsətiv]

形 敏感な、影響を受けやすい

## My boyfriend is sensitive to criticism.

私の彼氏、批判に弱いの。
＊ criticism「批判」

💡 sense は「感覚」で、sensitive は「ビビッと色々な感覚のアンテナが立っている」イメージです。a sensitive girl「傷つきやすい少女」、sensitive skin「敏感肌」です。

**sentimental**
[sèntəméntl]

形 感情に影響されやすい、涙もろい
▶ sentiment 名 感情

## My older sister gets sentimental and often tears up when looking through family photo albums.

私の姉は家族のフォトアルバムを見ると感傷的になり、よく涙ぐむ。

＊ tear up「涙ぐむ」

💡「センチメンタル」と知っていても、いざ使うとなるとどんな場面で使うべきかわからないものです。「感傷的な気持ち」や「涙もろい」と言いたいときに使ってみてください。

 **coward**
[káuərd]

名 臆病者

## Clara, you're such a coward!

クララの意気地なし！

💡 実際に口にすることはないかもしれませんが、海外ドラマやマンガで、You're such a coward!／What a coward!「この臆病者！」と頻繁に出てきます。

 **indecisive**
[ìndisáisiv]

形 優柔不断な
▶ decisive 形 決定的な、決断力のある

## When deciding on what to order, Evelyn is always indecisive.

注文を決めるとき、エヴリンはいつも優柔不断だ。

💡 日本語で「あの人は優柔不断だ」というときはすべての面でそういう印象を与えますが、英語では例文のように、When -ing, S is indecisive.「〜するとき（においては）、Sは優柔不断だ」の形で使ってみてください。

## 353 ■■■  open-minded
[óupən-máindid]

形 新しい考えに柔軟な、偏見のない

**Sakura is <u>open-minded</u> about trying new foods when she travels abroad.**

サクラは海外旅行をしているとき、新しい食べ物に挑戦することに前向きだ。

💡「広い（open）心を持たされた（minded）」→「新しい考えに柔軟な、他の人の考えを進んで受け入れる」といった感じです。

## 354 ■■■  optimistic
[àptəmístik]

形 楽観的な
▶ pessimistic 形 悲観的な

**Despite the project's many challenges, our team remains <u>optimistic</u> about its success.**

そのプロジェクトには多くの課題があるが、私たちのチームは成功に向けてポジティブなままだ。
\* challenge「課題」

💡 opti- は「前を見る」で（<u>opt</u>ion「選択」は「前向きに選ぶ」）、「前向き」→「楽観的」と考えてください。

## 355 ■■■ hard-working
[háːrd-wə́ːkɪŋ]

形 勤勉な

**Every year, the company gives awards to its most <u>hard-working</u> employees.**

毎年、その会社は最も勤勉な従業員を表彰している。

💡 一応、辞書的な訳語としては「勤勉な」なのですが、「（仕事で）まじめな」と言いたいときに hard-working がしっくりくることが多いので、ぜひ知っておいてください。

## 356 ■■■ **punctual**
[pʌ́ŋktʃuəl]

形 時間を守る

**Azul Brazilian Airlines is known for its punctual departures and arrivals.**

アズール・ブラジル航空は出発と到着の時刻が正確なことで知られている。

💡 "punc"は針と関係があり、punctualは「時計の針がピシッと時刻を刺す（punc）ように正確に時間を守る」ということです。

## 357 ■■■ **rude**

[rúːd]

形 無礼な、無作法な

**It's rude of him to say such a thing.**

そんなことを言うなんてアイツは無礼な奴だ。

💡 It's rude of 人 to 〜「人が〜するなんて無礼だ」の形を意識しておきましょう。

## 358 ■■■ **stubborn**

[stʌ́bərn]

形 頑固な
▶ stubbornness 名 頑固さ

**Don't be so stubborn, Nathan. Ask someone for directions.**

そう頑固になるなって、ネイサン。誰かに道を聞いて。

💡 「切り株（stub）のように動かせない」イメージです。a stubborn old manは「頑固おやじ」です。

## 359 ■■■ selfish

[sélfiʃ]

形 自分勝手な

**Maeve took a whole week off when the office was busy, and her coworkers called her selfish.**

メーヴはオフィスが忙しいときに1週間まるまる休みを取り、同僚たちから自分勝手だと言われた。

\* take ~ off「～の間休む」／coworker「同僚」

💡 よく「わがまま」と訳されますが、「自分勝手な、周りのことを考えない、自己中心的な」というイメージのほうがネイティブの使い方に近くなります。

## 360 ■■■ mature

[mətʃúər]

形 成熟した、大人っぽい
動 成熟する
▶ immature 形 未熟な
▶ childish 形 子どもっぽい

**My niece is quite mature for her age.**

ウチの姪っ子は年の割にかなり大人びている。

\* for one's age「年齢の割には」

💡 植物から動物、人間、市場など色々な「成熟した、成長しきった」ものに使えます。

**361** ■■■ **smart**
[smáːrt]

形 賢い
▶ clever 形 賢い
▶ intellectual 形 知的な

## Ms. White learned everything about computer programming in just a few months. She's so smart!

ホワイトさんは、わずか数ヵ月でコンピューター・プログラミングのすべてを学んだ。彼女はとても賢い!

💡 smartwatchは「賢い時計」であって、「スマートな(細い)時計」ではありません。smartは「やせ体型」ではなく「頭の良さ」に使います。

**362** ■■■ **stupid**
[stjúːpid]

形 バカな
▶ foolish 形 愚かな

## It was stupid of me to believe what she said.

彼女が言ったことを信じるなんて、私はバカだった。

💡 It's stupid of 人 to 〜 「人が〜するなんてバカだ」の形でおさえておきましょう。

**363** ■■■ **cunning**
[kʌ́niŋ]

形 ずるがしこい

## He's as cunning as a fox.

彼はすごく狡猾だ。

💡「(試験の)カンニング」ではなく、「ずるがしこい」です。as cunning as a foxは、直訳「狐のようにずるがしこい」→「非常にずるい、狡猾な」という表現です。

## 364 ■■■ talented

[tǽləntid]

形 才能のある
▶ talent 名 才能

**Ella is talented at spotting new trends, so she's integral to our market research team.**

エラは新しいトレンドを見抜く才能があり、私たちの市場調査チームに欠かせない存在です。

＊ spot「見抜く、発見する」／ be integral to ～「～に欠かせない」

💡 神から「才能（talent）を与えられた」→「才能ある」です。a talented cook「才能ある料理人」、be talented at[in] ～「～の才能がある」と使えます。

# 英会話攻略のための"覚悟・戦略・展望"

「日常会話くらいはできるようになりたい」とよく言われるように、どうも「英会話は軽いもの」という思い込みが蔓延しています。でも現実には挫折する人が多い英会話（スピーキング）というものは、非常に難しい作業であり、決して「軽い」ものではありません。会話ができるようになるためには、多少なりとも「お勉強感」が必要なのです。一度しっかりと腹をくくり、腰を据えて取り組まないと結果は出ないものなのです。

ただ、みなさんにはすでにこの"覚悟"があるはずです。そうでなければ、英会話のために単語帳を手にすることなんてないからです。そしてこの単語帳で「英会話の一歩を踏み出すための"戦略"」も手にしています。

あとは続けるための"展望"を持ってください。「単語帳」と聞くと、単語テストの前に必死に詰め込んだ苦しい経験、英文の中で知らない単語が出てくるたびに感じたイヤな思い、単語帳をサボった後悔などが浮かぶかもしれません。でもこの本は「英会話のための単語帳」です。試験用の単語帳と違って、少しくらい抜けがあってもいいのです。「せっかく覚えたのに試験に出てこない」なんてこともありません。自分で口にすれば、その瞬間、英単語に命が吹き込まれます。パラパラと眺めながら、「あ、この単語、便利そう」「こんなことを言ってみたかった」と思うものから覚えてもいいのです。単語を1つ覚えるたびに、会話の力が少しずつ伸びていくという事実を前向きに捉えて、今日も確実に前へ進みましょう。そしていつの日か会話を楽しめる英語力を獲得してくださいね。

# Chapter 2

# 場面別で活躍する「頻出単語」

◀)) 365〜370

## 365 ■■■ small talk　名 雑談

[smɔːl tɔːk]

### He's good at **making** small talk.

彼は雑談をするのが上手だ。

💡 英語圏でのビジネスや日常生活では「雑談」の機会が多く、かつ重視されます。日本の
ビジネス書でも「スモールトーク」の重要性について語られることが増えています。

## 366 ■■■ what　疑 何

[hwʌt]

### A: What do you do?
### B: I'm a YouTuber.

A: ご職業は（何ですか）？
B: YouTuberをやっています。

💡 What do you do? で、直訳「あなたは（昨日も今日も明日も）何をするの？」→「普段、
何をするの？」→「お仕事は何を？／ご職業は？」となります（下線部doは現在形で、現
在形は「昨日も今日も明日も繰り返しする」ことを表す）。

## 367 ■■■ self-employed　形 自営業の　名 自営業者

[sélf-implɔ́id]
▶ employ 動 雇う
▶ employer 名 雇用者
▶ employee 名 従業員

### Jayden **has been** self-employed as a freelance graphic designer for about a decade.

ジェイデンはフリーランスのグラフィックデザイナーとして、10年ほど自営業を営んでいる。
\* decade「10年」

💡 教科書などに出てくる職業名はteacherやdoctorばかりですよね。self-employedで
「自分に（self）雇われた（employed）」→「自営業の」を表せます。

## 368 ■■■ run
[rʌ́n]

動 経営する／走る／作動する／掲載する／（映画などが）続演される、続く

**She runs a bar on Milner Street.**

彼女はミルナー通りでバーを経営してます。

💡 「走る」より「流れる／グルグルまわる」イメージを持ってください。「お店をグルグルまわす」→「経営する」という意味が大事です。

## 369 ■■■ entrepreneur
[ɑ̀:ntrəprənə́:r]

名 起業家

**A: What are you up to this weekend, Jason?**

**B: I'll be attending a seminar for aspiring entrepreneurs.**

A: 今週末の予定は、ジェイソン?
B: 起業家を目指している人向けのセミナーに参加します。
* be up to ～「～の予定がある」／aspiring「～志望の」

💡 最近は日本でも「アントレプレナー」と使われる機会が増えてきました。きっちり発音できるようにしておきましょう。

## 370 ■■■ retired
[ritáiərd]

形 退職した
▶ retire 動 退職する
▶ retirement 名 退職
▶ retiree 名 退職者

**A: What do you do, Calvin?**

**B: I'm retired, but I was a chiropractor.**

A: お仕事は何をされていますか、カルヴィン?
B: もう退職していますが、カイロプラクターでした。
* chiropractor「カイロプラクター」

💡 retireではなくretiredの形で使いましょう(直訳は「退職させられた」ですが、普通に「退職した」ということです)。その後で以前の仕事を話すと会話が広がります。

## 371 ■■■ remotely
[rimóutli]

副 リモートで、遠くで
▶ remote 形 遠い
▶ telecommute 動 在宅勤務する

### These days it is common for us to work remotely, which means we have fewer opportunities to meet coworkers in person.

最近はリモートワークが一般的になり、同僚と直接会う機会が減っている。

\* common「一般的な、よくある」／coworker「同僚」／in person「直接、対面で」

💡 work remotely「リモートワークする」となります。ちなみに、「在宅勤務する」は telecommute や work from[at] home です。

## 372 ■■■ multitask
[mʌ́ltitæsk]

動 同時に複数のことをする
▶ multitasking 名 同時に複数のことをすること

### I'm not good at multitasking.

私は同時に複数のことをやるのが苦手だ。

💡 日本語でもそのまま「マルチタスク」で使われますが、英語 multitask は「動詞」で使えるようにしておきましょう。

## 373 ■■■ part-time
[pάːrt-tàim]

副 非常勤で、アルバイトで
形 非常勤の、アルバイトの
▶ full-time 副 常勤で、フルタイムで
　　　　　　形 常勤の、フルタイムの

### I'm currently working part-time.

今はバイトで生計を立てています。

💡 full-time「フルタイムで」に対して、「部分的（part）な時間で働く」ときに使います。日本語の「パートで働く」のイメージにとらわれることなく、英語は幅広く誰に対して使ってもOKです。

## 374 ■■■ career

[kəríər]

名 経歴、(生涯の)仕事、職業
形 職業の

**Laurie wants to change careers. She likes her office job but wants to become a teacher.**

ローリーは転職したいと思っている。事務の仕事は好きだが、教師になりたいと思っているのだ。

💡 change careers[jobs]「仕事・職業を変える(転職する)」です。転職のためには「辞める仕事」と「これから始める新しい仕事」の2つが必要なので、複数形careers・jobsを使います。

## 375 ■■■ ladder

[lǽdər]

名 (出世への)はしご

**Career-wise, Finley is fast climbing the corporate ladder.**

キャリアの面では、フィンリーは急速に出世の階段を上っている。
\* ○○wise「○○に関して、○○の点で」(205番) ／ corporate「企業」

💡 「出世する」というときによく使われるのが、climb the (corporate) ladderで、「はしごをのぼる」が比喩的に使われるわけです。

## 376 ■■■ last-minute

[lǽst-mìnit]

形 直前の
▶ at the last minute　直前で

**Listen up, staff! I want to go over some last-minute changes to the schedule.**

スタッフの皆さん、聞いてください！ スケジュールに関して直前に変更になった点をいくつか確認したいと思います。
\* go over「確認する」

💡 「最後の1分の」→「直前の、土壇場の、急な」です。ハイフンで結んで、last-minuteが形容詞の働きをします。

## 377 ■■■ horizon
[həráizn]

名 水平線、地平線／視野、展望

### The project deadline is on the horizon.

プロジェクトの締切は目前に迫っている。

💡 on the horizonは「水平線・地平線にあって」という文字通りの意味から、「兆しが見えて、今にも起こりそうで」と使えます。グイグイと迫ってきている様子をイメージしながら使ってみてください。

## 378 ■■■ inform
[infɔ́ːrm]

動 知らせる
▶ information 名 情報

### Please keep me informed of any changes to the schedule.

スケジュールに何か変更があれば、随時教えてください。

💡 keep 人 informed of[about/that] 〜「人が〜について知らされた状態のままにする」→「人に〜について逐次教える」となります。

## 379 ■■■ achieve
[ətʃíːv]

動 達成する
▶ achievement 名 達成

### What's the sales team hoping to achieve this month?

営業チームは今月何を達成したいと思っているのですか?

💡 以前、有名企業で働くインド人と話したとき、彼女は「毎日achieveとかばかりを使っていて…」と言っていました。仕事ばかりで心のゆとりが足りないという意図でしたが、それだけachieveが大事な単語とも言えますね。

# Plan B

[plǽn bí]

名 代替案
▶ backup plan 名 代替案

**A: We missed our last train home, Jarrod.**
**B: Time for Plan B, then. I'll hail a taxi.**

A: 家に帰る終電を逃しちゃったね、ジャロッド。
B: じゃあ、代わりの案の時間だね。タクシーを呼びましょう。

* hail「（タクシーなどを）呼び止める」

💡「元々の計画」をPlan Aと考えて、「代替案」をPlan Bと表します。ビジネスで使うイメージがありますが、実際には日常会話で使ってもカッコいいものですよ。

◀)) 381〜386

### 381 ■■■ sibling 名 きょうだい

[síbliŋ]

## Do you have any siblings, or are you an only child?

兄弟姉妹はいますか、それとも一人っ子ですか?

\* only child「一人っ子」

💡 a brother or sister「兄弟姉妹」のことで、男女の区別をつけない単語です(日本語では「きょうだい」と表記されます)。

### 382 ■■■ childhood 名 子どものころ

[tʃáildhùd]

## A: How do you know Daisy and Ethan?
## B: We're all childhood friends.

A: 君はデイジーとイーサンとはどうやって知り合ったの?
B: 幼なじみだよ。

💡 in one's childhood「子どものときに」という使い方が有名なのですが、a childhood friend「幼なじみ」(形容詞的に使う)も会話で便利です。

### 383 ■■■ countryside 名 田舎

[kʌ́ntrisàid]

## Would you rather live in the city or the countryside?

都会と田舎、どちらに住みたいですか?

💡 countryにも「田舎」の意味があるのですが、countrysideと言うことで「田舎」の意味がハッキリします。例文のようにthe city「都会」とセットでよく使います。

## 384 ■■■ urban

[ə́ːrbən]

形 都市の、都会的な
▶ rural 形 田舎の

### Are you accustomed to <u>urban</u> life, Bryn?

都会の生活には慣れた、ブリン?

\* be accustomed to 名詞 「名詞 に慣れる」

💡 昔よく使われた「アーバンライフ」は「都会の生活」という意味です。urban life「都会暮らし、都会の生活」⇔ rural life「田舎暮らし、田舎の生活」です。

## 385 ■■■ suburb

[sʌ́bəːrb]

名 郊外

### A: Where do you live, Doreen?
### B: In the <u>suburbs</u> of Barnet. You?

A: どこに住んでるの、ドリーン?
B: バーネットの郊外だよ。あなたは?

💡 「都会 (urb = urban) の下の (sub)」→「郊外」で、live in the suburbs of ～「～の郊外に住む」の形でよく使います。the suburbsと複数形で使うことが多いです（郊外一帯を表すため）。

## 386 ■■■ downtown

[dàuntáun]

副 町の中心部に、繁華街で
名 中心部、繁華街
形 中心部の、繁華街の
▶ uptown 副 山の手に、住宅地区に

### A: Where are you off to, Tina?
### B: <u>Downtown</u>. I want to check out a new clothing store.

A: どこへ行くの、ティナ?
B: 街に。新しい洋服屋をチェックしたいの。

\* be off to ～「～に行く」

💡 「下町」ではありません。uptown「山の手、住宅地区」という単語に対して、downtownが「繁華街」となったためです。「繁華街に行く」はgo downtownです（副詞の直前に前置詞toは不要）。

**surround**
[səráund]

動 囲む
▶ surroundings 名 環境

## I like living a slow-paced life in the countryside surrounded by nature.

私は自然に囲まれた田舎でのんびり暮らすのが好きだ。

＊ slow-paced「のんびりした」

💡 東京に住むネイティブは、やたらと自然への憧れを語る人が多く、そういったときに聞いたり使ったりする単語です。

 **stress**
[strés]

動 ストレスを加える、強調する
名 ストレス、強調

## In modern society, it's easy to get stressed out, so it's a good idea to have your own way to relieve stress.

現代社会ではストレスを感じやすいので、自分なりのストレス解消法を持っておくとよい。

＊ relieve「取り除く」(295番)

💡 名詞は relieve[get rid of] stress「ストレスを取り除く（解消する）」のように使い、動詞は be stressed (out)「(強く) ストレスを加えられて」→「(強く) ストレスを感じて」となります (out は強調)。

 **stressful**
[strésfəl]

形 ストレスのたまる
▶ stressed 形 ストレスがたまって

## Planning a wedding is equally exciting and stressful.

結婚式の準備は、ワクワクすると同時に、同じくらいストレスもある。

＊ equally「同じように」

💡「人にストレスを与えるもの」には stressful、「ストレスを与えられた人」には stressed を使います (exciting と excited の関係と同じ)。

## 390 ■■■ **rent**
[rént]

名 家賃、貸し家
動 賃借りする、賃貸しする
▸ rental 名 賃貸[賃借] (料)
　　　　形 賃貸[賃借] の

**A: Can I ask what your rent is?**
**B: Sure. It's about $1,200 per month.**

A: 家賃がいくらか聞いてもいい?
B: もちろん。月1200ドルくらいだよ。

💡 例文は名詞「家賃」です。動詞は「貸す、借りる」という両方の意味がある珍しい単語ですが、文脈で簡単に判断でき、たとえばrent an apartment from ～「～からアパートを借りる」となります。

## 391 ■■■ **relocate**
[rìːloukéit]

動 移転する、移転させる
▸ relocation 名 移転

**A: I thought you worked near Yotsuya.**
**B: I used to, but our office relocated to Toranomon.**

A: 四谷の近くにお勤めだと思っていました。
B: 以前はそうでしたが、オフィスが虎ノ門に移転したんです。

💡 「再び (re) 別の場所に置く (locate)」→「移転する、移転させる」で、relocate to[from] ～「～に[から]移転する」/relocate A to B「AをBに移転させる」です。move to ～「～に引っ越す」よりフォーマルな感じです。

## 392 ■■■ **vacant**
[véikənt]

形 空いている
▸ vacancy 名 空の状態、空室
▸ vacate 動 空ける、立ち退く

**After Mr. Olson moved out of his apartment, it remained vacant for several weeks.**

オルソン氏がアパートを引き払った後、そこは数週間、空室のままだった。
* move out of ～「～から出ていく」

💡 "vac"は「空っぽ」という意味です (vacation「休憩」は「仕事が空っぽ」)。飛行機のトイレでvacantの表示が光っていれば「空いている」を表します (反対はoccupied「使用中」)。

◀)) 393〜398

## 393 ■■■ hang

[hǽŋ]

動 ぶらぶら過ごす／掛かる、掛ける

**A: Are you free to hang out this weekend?**
**B: Well, let me check my schedule and get back to you.**

A: 今週末、遊びに行く時間ある?
B: え〜と、スケジュールを確認してからまた連絡させて。

\* get back to 〜「〜に折り返し連絡する」

💡「遊ぶ」を表すときにplayを使うと子どもっぽい印象になってしまいます。大人が「遊ぶ」ときにはhang out (with 人)「(人 と) 遊ぶ、ぶらぶら過ごす」を使いましょう。

## 394 ■■■ chat

[tʃǽt]

動 おしゃべりする
名 雑談
▶ chatty 形 おしゃべりな、噂好きの

**Every time we meet up, we chat over coffee about the latest movies.**

私たちは会うたびに、コーヒーを飲みながら最新の映画について語り合うんだ。

\* over coffee「会話がコーヒーの上を覆って」→「コーヒーを飲みながら」

💡 chatの「チャ」と「ぺちゃくちゃしゃべる」が同じような音ですね。

## 395 ■■■ gossip

[gɑ́sip]

動 噂話をする
名 噂話
▶ gossipy 形 噂話好きの

**A: Did you hear what Keith did in New Orleans?**
**B: Yeah, but let's not gossip about him, OK?**

A: キースがニューオーリンズで何をしたか聞いた?
B: うん、でも彼の噂話ははやめようよ。

💡 日本語では「ゴシップ」という名詞で使われますが、英語gossipは動詞でもよく使います。例文はgossip about 〜「〜について噂話をする」です。

## 396 ■■■ dis/diss
**?**
[dís]
動 ディスる

**Some people use social media to diss others and spread negativity.**

人をディスるためやネガティブなことを拡散するためにSNSを使う人もいる。

* negativity「ネガティブなこと」

💡 元々disrespect「尊敬（respect）しない（dis）」→「失礼をする」で、それがdis/dissと短縮されました。

---

## 397 ■■■ touch

[tʌ́tʃ]

名 接触
動 触れる、感動させる
▶ touching 形 感動的な
▶ touched 形 感動した

**A: I'll be moving to Sendai next week.**
**B: Well, good luck with your studies, and keep in touch.**

A: 来週から仙台に引っ越すんだ。
B: じゃあ、勉強頑張ってね、また連絡してね。

💡 keep in touch (with) 〜「（〜と）タッチの状態をキープする」→「（〜との）連絡を（途絶えさせずに）取り続ける」という、よく使われる決まり文句です。

---

## 398 ■■■ stranger

[stréindʒər]

名 見知らぬ人
▶ strange 形 見知らぬ、奇妙な
▶ strangely 副 不思議なことに、奇妙に、珍しく

**A: I'm moving to another ward in February.**
**B: Well, don't be a stranger. Keep in touch.**

A: 2月から他の区に引っ越すんだ。
B: そうなんだ、でも気軽に連絡してね。これからもよろしく。

* ward「区」

💡 Don't be a stranger. で、直訳「見知らぬ人にならないで」→「気軽に連絡してね／また会おうね」です。

## 399 ■■■ exaggerate

[igzǽdʒərèit]

**動** 誇張する
▶ exaggeration **名** 誇張

**He's not as rich as he says he is. He's always**
**exaggerating.**

彼は自分が言うほど金持ちじゃない。いつも話を盛ってるんだよ。

💡「イグザジャレイト！」と大げさに発音して覚えてください。「誇張する」という訳語にとらわれず、「おおげさに言う、話を盛る」という感じで使えます。

## 400 ■■■ busy

[bízi]

**形** 忙しい／にぎやかな、人や
車が多い／（電話が）話し
中で

**Martha has been so busy with her new job that I**
**haven't seen her for weeks.**

マーサは新しい仕事でとても忙しく、何週間も会っていない。

💡単にbusyだけを言うのではなく、具体的に何で忙しいのかを言えるようにしておきましょう。便利なのが、be busy with 〜「〜で忙しい」や、be busy -ing「〜するのに忙しい」です。

## 401 ■■■ chill

[tʃíl]

**動** くつろぐ、リラックスする／**冷やす**
**名** 冷たさ、寒気
▶ chilly **形** 肌寒い

**A: Hey, Bernadette. It's Jim calling. What's up?**
**B: Just chilling on the patio with friends.**

A: やあ、バーナデット。（電話しているのは）ジムだよ。どうしてる？
B: ただ、友達と中庭でくつろいでるよ。
\* patio「中庭」

💡「チルド食品（chilled food）」でchillの過去分詞が使われています。会話では「冷静になる」→「くつろぐ」で使われます（chill out「くつろぐ」でもOK）。

## 402 ■■■ relax

[rilǽks]

動 くつろぐ、くつろがせる
▶ relaxation 名 くつろぎ、息抜き

**A: Did you go anywhere on the weekend?**
**B: No, I just relaxed at home.**

A: 週末はどこかに出かけた?
B: いや、家でゴロゴロしてただけだよ。

💡 日本語「リラックス」より圧倒的に使い勝手の良い単語で、「家でゴロゴロする」といった感じで「特に何もしなかった」ときにもぜひ使ってみてください。

## 403 ■■■ unwind

[ʌ̀nwáind]

動 くつろぐ、ほどく

**Her favorite way to unwind after a stressful day at work is by soaking in a hot bath.**

仕事でストレスのたまる一日を過ごした後にリラックスする彼女のお気に入りの方法は、熱いお風呂に浸かることだ。

* stressful「ストレスのたまる」(389番)／soak in ~「~に浸かる」

💡 「きつく巻かれたバネを緩める」イメージで、「緊張・疲労の後にリラックスする」際に使えます。windは「巻く」なので発音は「ワインド」という点に注意を。

## 404 ■■■ slack

[slǽk]

動 ゆるめる、サボる
形 ゆるい、たるんだ

**A: Have you seen Billy's grades?**
**B: Yes. He's really slacking off this semester.**

A: ビリーの成績、見た?
B: うん。今学期は本当にサボってるね。

* semester「学期」

💡 本来「ひもが緩んだ」で、それが人に使われて「ゆるい、ダラッとした」でも使えます。動詞slack offは「だらだらする、サボる」です。

■)) 405〜409

## 405 ■■■ **procrastinate**
[proukrǽstənèit]

動 先延ばしする
▶ procrastination 名 先延ばし

## I need to stop procrastinating on practicing my English speaking skills.

英会話の練習を先延ばしにするのはやめなきゃ。

💡 難しく硬めの単語とされていますが、実際には「(やるべきだけどやりたくないことを) 先延ばしにする」感じで日常会話でも頻繁に使われます。

## 406 ■■■ **author**
[ɔ́ːθər]

名 作者、作家
動 書く

## Who is your favorite author?

一番好きな作家は誰ですか?

💡 「本を読むのが好き」という話になれば、この文の出番です。相手が知らなそうな日本の作家でも、その後にアツく語れば相手は聞いてくれます (有名作家なら英語版が出ていることも多々あります)。

## 407 ■■■ **binge-watch**
[bíndʒ-wátʃ]

動 一気見する
▶ binge-watching 名 一気見

## I binge-watched all 12 episodes in one day.

1日で全12話を一気見したよ。

\* episode「(アニメなどの) 話」

💡 binge は「やりすぎる」イメージで、binge-eat「ドカ食いする」などと使われます。binge-watch はドラマ・アニメの一気見によく使われる、最近急激に使用頻度が増えた単語です。

## 408 ■■■ spoiler
[spɔ́ilər]

名 ネタバレ
▶ spoil 動 台無しにする、腐る、甘やかす

**Please, no spoilers! I haven't had a chance to watch the season finale yet.**

ネタバレはやめて！ まだファイナルシーズンを見れてないんだ。

💡「作品の楽しみを台無しにする（spoil）もの」です。ネットでは、アニメの ネタバレを含む内容の前にSPOILER ALERT!「ネタバレ注意！」とよく書かれています。

## 409 ■■■ sequel
[síːkwəl]

名 続編、結果
▶ prequel 名 前編、前日譚

**The highly anticipated sequel to the film will be released in June.**

その映画の待望の続編が6月に公開される。

\* highly anticipated「大いに期待された」

💡 sequel to ～「～に対しての続編」→「～の続編」の形で使ってみてください。

雑談

## (3) 言葉

◀)) 410〜415

 **cliché**
[kliːʃéi]

名 陳腐な決まり文句、
ありふれたもの
形 陳腐な、ありふれた

### Make sure not to use clichés in your speech.

スピーチでは使い古された決まり文句を使わないように。

💡「昔から何度も使われてきて、もはや効果的でない・あまり意味を持たない表現」を指します（元々はフランス語なのでéという表記）。

410 **foreign**
[fɔ́ːrən]

形 外国の

### Learning a foreign language can open up new job opportunities.

外国語を学ぶことで、新たな仕事のチャンスも広げられる。
＊ open up「（可能性・機会などを）生む、広げる」

💡foreign languageは英会話で多用するでしょう。ちなみに、逆にforeignを使わないほうがいいのはforeign people・foreigner「外国人」で、排他的な響きを嫌う人もいるので、people from other countriesなどが無難です。

412 **pronounce**
[prənáuns]

動 発音する
▸ pronunciation 名 発音

### Shamar, how do you pronounce this word?

シャマール、この言葉はどう発音するの？

💡例文のHow do you pronounce this word? をパッと使ってみて、会話中に発音を教えてもらうといいでしょう。

## 413 ■■■  fluent

[flúːənt]

 形 流暢な
▶ fluently 副 流暢に

### He is fluent in Japanese, and his pronunciation is very good.

彼は日本語がペラペラで、発音もとてもきれいだ。

💡 fluentは「流れる（flu = flow）ような」→「流暢な」です。be fluent in 言語 で、直訳「言語 において流暢な」→「言語 が流暢な、ペラペラな」です（inは「範囲、分野」を表す）。

## 414 ■■■  grammar

[grǽmər]

名 文法

### A: In terms of grammar, what's difficult for you?
### B: I find irregular verb tenses most difficult.

A: 文法で何が難しいですか？
B: 不規則動詞の時制が一番難しいですね。
* in terms of ～「～の点で、～に関して」／ irregular verb「不規則動詞」／ tense「時制」

💡 本来は「グラマラス（glamorous）」の名詞glamour「うっとりさせる魅力」と同じ語源で、文法が使えるのは魔法に思われたことに由来しています。

## 415 ■■■  vocabulary

[voukǽbjulèri]

名 語彙

### How can I increase my vocabulary?

どうやって語彙を増やせばいいの？

💡 vocabularyは1つひとつの単語（word）ではなく、その人が持つ「単語の総量」を指します。have a large vocabulary「語彙が豊富だ」、increase one's vocabulary「語彙を増やす」です。

◀)) 416

**416** ■■■ **accent**
[ǽksent]

名 アクセント、なまり
▸ dialect 名 方言

## Nicole speaks English <u>with a rather strong</u> French <u>accent</u>.

ニコールはかなり強いフランス語なまりの英語を話す。

💡 「単語を強く読む場所」としての「アクセント」は有名ですが、「（地方独特の強弱がある）なまり」の意味でよく使われます。ちなみに、例文のratherは「かなり」という意味です（217番では「それどころかむしろ」）。

🔊 417〜419

### 417 ■■■ **popular**
[pápjulər]

形 モテる、人気がある
▶ popularity 名 人気

**Angela is such a sweetheart. She's so popular with the boys.**

アンジェラはとても優しい。男の子たちに本当にモテるよ。

\* sweetheart「素敵な人、親切な人」

💡「人気がある」とばかり訳されますが、「モテる」にも使えます。「〜にモテる」はbe popular with 〜 で、この形で覚えておきましょう。

### 418 ■■■ **chemistry**
[kéməstri]

名 相性、化学（反応）
▶ chemist 名 化学者

**Jonas felt he had chemistry with Anika, so he asked her out on a date.**

ジョナスはアニカとの相性が良いと感じたので、デートに誘った。

\* ask 人 out on a date「人 をデートに誘う」

💡「人との化学反応」→「（良い）相性、つながり、魅力」という意味があります。have (good) chemistry with 〜「〜と相性が良い」で使ってみてください。

### 419 ■■■ **ex**
[éks]

名 昔の恋人

**I told my ex not to contact me anymore.**

昔の恋人に、もう連絡しないように言った。

💡 exは「外」を表し、ex-boyfriend「彼氏の外に出た人」→「元カレ」、ex-girlfriend「彼女の外に出た人」→「元カノ」です。それが短縮されて、exだけでも使われます。

**420** ■■■ **girlfriend**
[gə́ːrlfrènd]

名 彼女 (恋人)
▶ boyfriend 名 彼氏 (恋人)

## Mikey is between girlfriends at the moment and just playing the field.

マイキーは 今彼女がいなくて、いろんな人と付き合ってるよ。

\* at the moment「今」／ play the field「多くの異性と付き合う」

💡 girlfriendは基本的には「女性の恋人」を指します（アメリカでは「女友達」にも使われます）。between girlfriendsで「彼女がいる状態の間にいる」→「彼女がいない」という表現です。

**421** ■■■ **crush**
[kráʃ]

名 片思い、押しつぶす (こと)

## Logan has a crush on you, you know?

ローガンはあなたのことが好きって気づいてた?

💡「心がクラッシュするほど（押しつぶされるほど）夢中」→「夢中、好き、片思い」の意味があり、have a crush on 〜「〜に片思いしている」とよく使われます。

**422** ■■■ **expecting**
[ɪkspéktɪŋ]

形 おめでたの (妊娠中の)

## Did you hear the news? Gracie is expecting!

あの知らせ、聞いた? グレイシーがおめでただって!

💡 pregnant「妊娠した」という単語は直接的すぎるので、会話では遠回しにexpecting a baby「赤ちゃんを待つ」となり、ここからexpectingだけでも使われます（電車のアナウンスでも使われています）。

**423** ■■■ **affair**
[əféər]

名情事、浮気／事柄、問題
／情勢／事情

## There is a rumor that Wesley and Thea are having an affair, but I don't believe it's true.

ウェズリーとテアが不倫しているという噂があるが、私は本当だとは思わない。

\* rumor「噂」

💡「ゴチャゴチャした物事」というイメージで、current affairs「時事問題」から、「浮気」を遠回しに表現する使い方まであります。haven an affair (with 〜)「(〜と) 色々ある (浮気する)」です。

**424** ■■■ **cheat**
[tʃíːt]

動浮気する、だます、カンニングする

## Malinda was heartbroken when she found out her partner had been cheating on her.

マリンダはパートナーが浮気をしていたことを知って、心を痛めていた。

\* heartbroken「胸が張り裂けるような、悲しみに満ちた」

💡本来「だます」で、「先生をだます」→「カンニングする」、「恋人をだます」→「浮気する」です。cheat on 恋人 (with 浮気相手)「恋人 を裏切って (浮気相手 と) 浮気する」の形でよく使われます。

## 425 ■■■ dump
[dʌ́mp]

動 （恋人を）ふる／**投棄する、落とす**
名 **ごみ捨て場**
▶ ditch 動 （恋人を）ふる、溝を掘る、見捨てる
　　　 名 溝、水路

**A: Jaxon dumped you, but you don't seem upset.**
**B: Yeah, I was planning to dump him anyway.**

A: ジャクソンにふられたけど、別にどうってことなさそうだね。
B: うん、どうせふるつもりだったから。

\* be upset「動揺して」（316番）

💡「ダンプカー（dump truck）」とは「土や荷物をどさっと落として捨てる車」です。dump 恋人「 恋人 を捨てる」→「 恋人 をふる」でも使えます。

## 426 ■■■ marry

[mǽri]

動 結婚する
▶ marriage 名 結婚

**He decided to marry her, although his parents were against it.**

彼は、両親が反対していたにもかかわらず、彼女と結婚することにした。

💡 marry Mary「メアリーと結婚する」の形で使います（不用意にwithを入れたりしないように）。"marry 人 "以外には、get[be] married to 人 「 人 と結婚する[している]」もあります。

## 427 ■■■ divorce

[divɔ́ːrs]

動 離婚する
名 **離婚**

**Did Laura divorce her husband?**

ローラは夫と離婚したのですか？

💡 動詞でdivorce 人 ／get divorced from 人 「 人 と離婚する」と使います。ちなみに名詞は、get a divorce from 〜「〜からの離婚を得る」→「〜と離婚する」で使います。

## 428 ■■■ single
[síŋgl]

**形 独身の、たった1つの**

## Heidi has been happily single for years.

ハイジは何年も幸せな独身生活を送っている。

💡 形容詞だということを意識して使ってください。例文のようにbe singleの形や、stay[remain] single「独身のままでいる」といった形で使えます。

雑談

## (5) 夢、人生

◀)) 429〜434

| 429 ■■■ | **realize** | 動 実現する／気づく、認識する |
| | [ríːəlàiz] | ▶ realization 名 実現／理解、認識 |

### Jonah worked hard to realize his dream of owning a beauty salon.

ジョナは美容院を持つという夢を実現するために懸命に働いた。

\* beauty salon「美容院」

💡「夢をリアル（real）にする（ize）」→「実現する」、「頭の中でリアルにする」→「気づく」です。realize one's dream「夢を実現する」 やwithout realizing[knowing] it「気づかずに、いつの間にか」は便利です。

| 430 ■■■ | **fruit** | 名 成果、果物 |
| | [frúːt] | |

### During the piano recital, it was clear that all of Jessica's practice was finally bearing fruit.

ピアノの発表会では、ジェシカの練習の成果がようやく実を結んできたことがはっきりした。

\* bear「生む、実らせる」

💡 日本語の「実を結ぶ」同様、bear fruitと言えます。英語学習に限らず、色々なことでぜひ使いたい表現ですね。

| 431 ■■■ | **remember** | 動 覚えている、思い出す |
| | [rimémbər] | |

### I don't remember saying that.

そんなことを言った覚えはありません。

💡 remember -ing「〜したことを覚えている」という形で使えると、「自分の記憶・思い出」などを語るときに重宝します。ちなみにremember to 〜 は「（これから）〜するのを覚えている」です。

Chapter 2

**432** ■■■ # experience
[ikspíəriəns]

名 経験
動 経験する
▶ experienced 形 経験豊かな

## My experience performing in front of an audience has made me less shy.

観客の前で演技をした経験のおかげで、恥ずかしがり屋が直ってきたんだ。

\* 直訳「観客の前で演技をした私の経験が、私をよりシャイでなくした」

💡 experience -ing「〜したという経験」は文法的に特殊なので（名詞の直後に -ing が続く）、受験で習うことがないのですが、実際の会話では頻繁に使われるのでぜひ使えるようにしておきましょう。

---

**433** ■■■ # memory
[méməri]

名 記憶、思い出
▶ memorize 動 記憶する

## A: Can you smell the samosas?
## B: Yes. It brings back memories of my stay in Kolkata.

A: サモサ（インド料理の名前）の香りがしない？
B: うん。コルカタに滞在していたときの思い出がよみがえるよ。

\* bring back「思い出させる」

💡「懐かしい」と言いたいときは、○○ brings back memories of 〜 を使ってみましょう。直訳「○○が〜の記憶を持って帰ってくる」→「○○で〜の記憶がよみがえる、懐かしい」となります。

---

**434** ■■■ # memorable
[mémərəbl]

形 思い出に残る、忘れられない

## The most memorable experience was the trip to Hakone last year.

最も思い出に残る経験は、昨年の箱根旅行です。

💡「思い出に残る、忘れられない」は memorable という1つの単語で表してみましょう。

435 ■■■ **lesson**
[lésn]

名 教訓、練習

## The accident taught me an important lesson.

その事故は私に重要な教訓を与えてくれた。

💡「人生で学ぶべきレッスン」→「教訓」で、「苦い経験」などに使われます。teach 人 a lesson「人 に教訓を与える」→「人 にとって良い教訓となる」です。

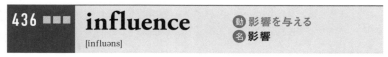

436 ■■■ **influence**
[ínfluəns]

動 影響を与える
名 影響

## A: Why did Nicole change her hair color like Jenn did?
## B: I guess she is easily influenced by her friends.

A: なんでニコールはジェンと同じように髪の色を変えたの?
B: 友達に流されやすいんだろうね。

💡「他人に流される」は、be easily[overly] influenced by others（直訳：他人によって簡単に[過度に]影響される）と表せます。

437 ■■■ **miss**
[mís]

動 寂しく思う、逃す、乗り遅れる
▶ missing 形 なくなって、行方不明の

## I miss playing games with my friends every day.

友だちと毎日ゲームをしてた頃が懐かしいなあ。

💡 miss the last train「終電を逃す」という使い方以外に、miss -ing「〜できないのを寂しく思う、懐かしく思う」も使ってみましょう（I miss you. は「君がいなくて寂しく思う」です）。

🔊》 438〜440

 **weather**
[wéðər]

📛 天気
▶ climate 📛 気候、風潮

## What's the weather like?

天気はどんな感じですか?

💡 What's the weather like? の like は前置詞「〜のような」で、直訳は「天気はどのようなものですか?」となります(How's the weather? でも同じ意味)。

 **forecast**
[fɔ́ːrkæst]

📛 予想、予報
🎬 予想する、(天気を) 予報する

## The weather forecast says that there is a 30 percent chance of rain.

天気予報によれば、降水確率は30%です。

＊ chance of rain「降水確率」

💡 「前もって (fore) 考えを投げる (cast)」→「予想する、予報する」です。The weather forecast says that 〜／According to the weather forecast, 〜「天気予報によると〜」をサッと言えるようにしておきましょう。

 **inclement**
❓
[inklémənt]

🔶 荒れ模様の

## Due to the inclement weather, the picnic has been canceled.

悪天候のため、ピクニックは中止となりました。

💡 bad weather「悪い天気、悪天候」でもOKですが、inclement weather「悪天候」もよく使います(TOEICテストで頻出します)。

### 441 ■■■ sunny
[sʌ́ni]

形 晴れた
▶ sun 名 太陽

**A: What's the weather going to be like tomorrow?**
**B: It'll be sunny and warm all day.**

A: 明日の天気はどう?
B: 1日中、晴れて暖かくなるよ。

💡 形容詞なので、be sunny の形が基本です（会話では be を落としやすいので注意）。また、sunny and warm「晴れて暖かい」のようにセットで使えるとより英語らしくなりますよ。

### 442 ■■■ cloudy
[kláudi]

形 曇りの
▶ cloud 名 雲

**It's pretty cloudy now.**

今はけっこう曇ってるね。
\* pretty「まあまあ、かなり」（241番）

💡 cloud は名詞「雲」なので、天気の様子には cloudy を使いましょう。pretty cloudy「けっこう曇っている」、partly cloudy「ところによって曇りで、曇りがちで」と言えると、表現の幅が広がりますよ。

### 443 ■■■ rain
[réin]

動 雨が降る
名 雨
▶ rainy 形 雨の、雨が降っている

**It might rain.**

ひょっとすると雨が降るかもしれないね。

💡 名詞「雨」だけでなく、動詞「雨が降る」も使いこなしてみましょう。might「ひょっとすると～かも」（128番）と組み合わせた文が便利です。

## 444 ■■■ shower

[ʃáuər]

名 にわか雨、シャワー

### I got caught in a shower the day before yesterday.

一昨日、にわか雨にあった。

> 💡 本来が「にわか雨」という意味なんです（「にわか雨のように降る装置」→「シャワー」となった）。get caught in a showerで、直訳「にわか雨の中に捕まえられる」→「にわか雨にあう」です。

## 445 ■■■ pour

[pɔ́ːr]

動 （雨が）激しく降る、注ぐ
▶ downpour 名 土砂降り

### It started pouring 10 minutes ago.

10分前から土砂降りになったよ。

> 💡 「飲み物を注ぐ」→「雨が降り注ぐ」となり、It's pouring.「土砂降りだ」のように使えます（≒ It's raining heavily.）。発音は「ポア」または「ポー」です。

## 446 ■■■ drizzle

[drízl]

動 小雨が降る
名 小雨

### A: The back patio is wet, but it's sunny.
### B: It must have drizzled a little while ago.

A: 裏の中庭は濡れてるけど、晴れてるね。
B: ちょっと前に小雨が降ったんだろう。
\* patio「中庭」／must have p.p.「きっと〜した、〜したに違いない」／a little while ago「少し前に、つい先ほど」

> 💡 実はものすごく会話で便利な単語です（ただ、次に出てくるsprinkleも同じ意味で使えるので、どちらか好きなほうを使いこなせるようにしておけばいいでしょう）。

## 447 ■■■ **sprinkle**

[spríŋkl]

動 小雨が降る、まき散らす

**A: Aren't you going to bring an umbrella?**
**B: Nah, it's just sprinkling, so I'll be fine.**

A: 傘は持っていかないの?
B: うん、パラパラ降ってるだけだから大丈夫だよ。

＊ Nah は No のカジュアルな言い方（ここでは「傘を持って行かない」ことを表す）

💡 "sp" は「拡散」の意味で、「スプリンクラー（sprinkler）」は「水をまき散らす器具」です。sprinkle は「まく、まき散らす、ふりかける」→「小雨がパラパラと降る」となります。

## 448 ■■■ **partly**

[pá:rtli]

副 部分的に
▶ part 名 一部

**A: Has the sky cleared up?**
**B: It's partly cloudy, but the rain has stopped.**

A: 空は晴れましたか?
B: 一部曇っていますが、雨は止んでいます。

＊ clear up「晴れる」

💡 「部分（part）的に」ということで、天気予報では be partly sunny[cloudy]「ところにより晴れ[曇り]」とよく使います。また、理由の1つを示すときは partly because 〜「一部には〜だから」が便利です。

## 449 ■■■ **humid**

[hjú:mid]

形 湿気のある
▶ humidity 名 湿気、湿度
▶ damp 形 湿った

**Japan is extremely hot and humid in August.**

日本は8月になると、とても蒸し暑い。

💡 日本で外国人と話すと、日本の湿気はかなりキツいらしく、humid がよく使われます。hot and humid「高温多湿の、蒸し暑い」は両方とも h で始まるリズムが良い表現です。

## 450  temperature 名温度、気温、体温

[témpərətʃər]

**The high temperature for today is expected to be 44 degrees.**

今日の最高気温は44度と予想されている。

\* be expected to ～「～と予想される」／degree「度」

💡「外の温度」→「気温」、「体の温度」→「体温」です。What's the temperature now?「今の気温は?」、take one's temperature「体温を測る」のようにも使えます。

---

## 451  freezing 形 凍るような

▶ freeze 動 凍る、フリーズする

[frí:ziŋ]

**It was freezing cold in Cheryl's flat this morning, so she turned on a gas heater.**

今朝、シェリルのアパートは凍えるほど寒かったので、彼女はガスストーブをつけた。

\* flat「アパート」／turn on ～「～の電源をつける」

💡 freezing が会話で使えるだけでもなかなかのレベルなのですが、ここで freezing cold「凍えるほど寒い」まで使えるとかなり良いです（実際、ネイティブはよく使います）。

---

## 452  storm 名 嵐、暴風（雨）／（感情などの）爆発

▶ stormy 形 嵐の（ような）

[stɔ́ːrm]

**Have you prepared for the big storm?**

大きな嵐への備えはできた?

💡 災害に関する単語は話題になりやすいだけでなく、実際に大事な情報を得るためにもマスターしておくことが非常に大切です。The storm has passed. で「嵐が過ぎ去った」です。

### 453 ■■■ typhoon 名 台風
[taifúːn]

**A major typhoon hit Tokyo, causing a lot of damage.**

大型台風が東京を襲い、大きな被害を与えた。

💡 中国語の「大風」が、日本語では「台風」に、英語では typhoon になったという説があります。災害 hits[strikes] 場所「災害（台風・地震など）が 場所 を襲う」の使い方もチェックを。

### 454 ■■■ earthquake 名 地震
[ə́ːrθkwèik]

**Did you feel the earthquake last night?**

昨夜の地震は感じた？

💡「地震があった・起こった」を表すには、There was an earthquake.「地震があった」のように There is 構文も便利です。

455〜456

### 455 ■■■ transportation 名 輸送、乗り物
[trænspərtéiʃən]
▶ transport 動 輸送する、運ぶ

**A: Have you arranged for transportation to the airport?**
**B: I'll be taking the shuttle bus.**

A: 空港までの乗り物は手配しましたか?
B: 私はシャトルバスに乗ります。

\* arrange for 〜「〜を手配する」(496番)

 「港（port）から移動させる（trans）」→「輸送、乗り物」となりました。What is the cheapest means of transportation?「最も安い交通手段は何?」など、旅行でも使う単語です。

### 456 ■■■ passenger 名 乗客
[pǽsəndʒər]

**All passengers must board the plane immediately.**

乗客の皆様は直ちにご搭乗ください。

\* board「乗る」／immediately「すぐに」

 自分で発する例文ではありませんが、確実に聞き取れる必要があります。Ladies and gentlemen. を使っていた以前とは違って、All passengers. と呼びかけるのが普通になっています。

 457〜462

## 457 ■■■ delay
[diléi]

動 遅らせる
名 遅れ

## The train was delayed due to the heavy rains.
大雨のため電車が遅れました。

💡 受動態で、be delayed「遅らせられている」→「遅延している」とよく使います。さらに
due to 〜「〜が原因で」とセットになることもよくあります。

## 458 ■■■ fare
[féər]

名 運賃

## A: How much is the fare to Po Lam Station?
## B: It's 12 Hong Kong dollars, sir.
A: ポーラム駅までの運賃はいくらですか?
B: 12香港ドルです。

💡 「遠くへ（far）行くのにかかるお金」→「運賃」です（ferry「フェリー」と関連があるとい
う説も）。海外では事前に運賃を確認することが大切です。

## 459 ■■■ commute
[kəmjúːt]

名 通勤、通学
動 通勤する、通学する
▶ commuter 名 通勤者、通学者

## A: How do you pass the time during your commute?
## B: I listen to music and read manga.
A: 通勤時間はどうやって時間をつぶしてる?
B: 音楽を聴いたり、マンガを読んだりしてるよ。
* pass the time「時間を過ごす」

💡 暮らし方、働き方は雑談でよく話題になります。動詞はcommute by train「電車で通勤
〔通学〕する」と使います。

## 460 ■■■ bike
[báik]

動 自転車に乗る
名 自転車

## How about biking to the beach this weekend?

今週末、ビーチまで自転車で行くのはどうだろう？

💡「オートバイ」ではなく「自転車」だと頭でわかっていても、いざ英会話をしているときに相手からbikeと言われると勘違いしてしまう人は多いです。また、動詞でも使いこなせるようにしておきましょう。

## 461 ■■■ hurry
[hə́ːri]

動 急いで行く
名 急ぐこと

## I hurried to the station to catch the last train.

終電に乗ろうと駅まで急いだ。

💡 Hurry up!「急げ！」で有名ですが、hurry単独で「急いで行く」という動詞として使えます。日本語では「急いで行く」のように「行く」に言葉を付け加えますが、英語では動詞そのものを変えてしまうのです。

## 462 ■■■ rush
[rʌ́ʃ]

動 焦る、急いで行く
名 急ぐこと

## You don't have to rush.

焦らなくて大丈夫だよ。

💡 動詞の用法をマスターしましょう。例文は「焦らなくてもいいよ」と相手に伝える文です（No need to rush. でもOK）。もちろん文字通りに「急ぐ」という意味でrush onto a train「急いで電車に乗る、電車に飛び乗る」のようにも使えます。

## 463 ■■■ bullet train 名新幹線

[búlɪt trèɪn]

**A: How are we getting from Osaka to Tokyo?**
**B: We'll take the bullet train. It's fast and convenient.**

A: 大阪から東京にどうやって行く?
B: 新幹線で行こう。速くて便利だし。

💡 日本の「新幹線」はshinkansenと言うこともありますが、日本に詳しくない外国人には bullet trainが手っ取り早いです。「弾丸(bullet)のように速い列車(train)」ということ です。

## 464 ■■■ transfer 動乗り換える/移す、移る

[trænsfə́ːr]

**You'll need to transfer from the express train to the**
**local train at the next stop.**

次の停車駅で、急行列車から各駅列車に乗り換える必要がありますよ。

* express train「急行列車」/local train「各駅列車」

💡 「移動して(trans)運ぶ(fer)」で、transfer from A to B「AからBに乗り換える」や transfer at Tokyo Station「東京駅で乗り換える」と使います。

## 465 ■■■ alternative

形 代わりの
名 代わりのもの[人]

[ɔːltə́ːrnətiv]

▸ alternatively 副 代わりに、あるいは
▸ alternate 形 代わりの 動 交互に代わる

**To avoid the traffic around the concert hall, I took**
**an alternative route.**

コンサートホール周辺の渋滞を避けるため、私は別ルートで行きました。

💡 辞書では「どちらか1つを選ぶべきの」と載っていることが多いのですが、「代わりの」と 覚えたほうがラクです。an alternative route「代わりのルート、迂回路」でよく使います (alternativeの代わりに形容詞のalternateもOK)。

## 466 ■■■ carsick

[ká:rsìk]

**形** 乗り物に酔った
▶ carsickness **名** 乗り物酔い

### I sometimes get carsick when I'm sitting in the back seat.

後部座席に座っていると、車酔いをすることがあるんです。

> 💡「車 (car) に乗って気分が悪い (sick)」→「車・乗り物に酔った」です。sickだけでも通じるのですが、get carsickを使うことで「乗り物酔い」だと明確に伝えることができます。

## 467 ■■■ traffic

[trǽfik]

**名** 交通（量）

### I got caught in heavy traffic, so I arrived late.

大渋滞につかまったので、到着が遅れちゃった。

> 💡trafficは実は「交通量」という意味なので、量が「重い・軽い」にheavy・lightを使います。get caught in heavy trafficは、直訳「重い渋滞の中につかまえられる」→「大渋滞につかまる」です。

## 468 ■■■ jam

[dʒǽm]

**名** 混雑、紙詰まり
**動** 動かなくする、（紙を）詰まらせる

### I missed my flight due to a traffic jam.

交通渋滞のせいで、フライトに乗り遅れちゃったよ。

> 💡ジャムがフルーツや砂糖などを「グチャッと混ぜて」作ったものだとイメージして、traffic jamは「（車がグチャッと混ざった）交通渋滞」と考えてみてください。

### 469 ■■■ stick

[stík]

動 動けなくする、渋滞にはまらせる／突き刺す、くっつける／固執する　名 棒

**I got stuck in traffic on my way here.**

ここに来る途中、渋滞に巻き込まれたんだ。

＊ on one's way「途中で」

💡「（スティック・棒で）突き刺して動けなくする」→「渋滞にはまらせる」イメージで、get stuck in traffic[a traffic jam]「渋滞で動けなくさせられる」→「渋滞にハマる」です（stick-stuck-stuckという変化）。

### 470 ■■■ local

[lóukəl]

形 地元の、その地方の
名 地元の人
▶ locally 副 地元で、その地方で

**A: When will we arrive in Cairo?**
**B: At 8:50 a.m. local time.**

A: カイロにはいつ到着しますか？
B: 現地時間で午前8時50分です。

💡「ローカル＝田舎」というのは完全な誤解です。海外に向かう飛行機内でlocal time「現地時間」と表示されますが、大都市にもlocalが使われます。

### 471 ■■■ domestic

[dəméstik]

形 国内の、家庭の
▶ international 形 国際的な

**After taking an international flight to Uzbekistan, I will take a domestic flight to Qarshi.**

国際線でウズベキスタンに向かった後、国内線でカルシに向かう予定です。

💡 フライトアテンダントが「国内線」を「ドメ（domestic）」と言っているのを聞いたことがあります。a domestic flight「国内線」とan international flight「国際線」をセットでおさえましょう。

**472** ■■■ **direct**
[dərékt] [daɪrékt]

形 直接の、まっすぐな、直行の
動 方向を示す、指揮する、監督する
▶ direction 名 方向、道順、指揮
▶ director 名 監督　▶ directly 副 直接、すぐに

## A: Did you take a direct flight to Belize?
## B: No, we took a connecting flight in Cuba.

A: ベリーズへの直行便に乗った?
B: いや、キューバで乗り継ぎ便に乗ったよ。

💡「ダイレクト」で浸透していますが、アメリカでは「ディレクト」と発音する人が多いので反応できるようにしておきましょう。a direct flight「直行便」とa connecting flight「乗り継ぎ便」もセットでチェックを。

**473** ■■■ **aisle**
[áɪl]

名 通路

## A: Would you prefer an aisle seat or a window seat?
## B: I'd like an aisle seat.

A: 通路側と窓側のどちらをご希望ですか?
B: 通路側の席をお願いします。

💡「アイル」と読みます。この単語を使いたいがために通路側に座ったこともあります。また、スーパーで商品の場所を伝えるときに、It's on Aisle 7.「7番通路にありますよ」と使われることもあります。

### 474 ■■■  baggage

[bǽgidʒ]

名 荷物 (一式)
▶ luggage 名 荷物 (一式)

## When her luggage didn't turn up in the baggage claim area, Christine went to the help desk.

手荷物受取所で荷物が出てこなかったので、クリスティンはヘルプデスクに行った。

＊ turn up「出てくる」

💡 baggageもluggageも「手荷物類、荷物一式」を表すので (bags+suitcasesのこと)、aや複数のsはつけません。baggage claim (area) は空港の「手荷物受取所」です。(claimは「自分のものと主張する」)。

### 475 ■■■  carry-on

[kǽri-àn]

形 機内持ち込みの
名 機内持ち込み手荷物

## A: How many carry-on bags am I allowed to bring on this flight?
## B: Just one, sir.

A: このフライトには、機内持ち込み手荷物はいくつまで持ち込めますか？
B: 1つだけとなっております。

💡 日本でも「機内持ち込み手荷物」を「キャリーオンバッグ (carry-on bag)」と呼ぶことがあります。例文 (A) は"How many 複数名詞"の形です。

### 476 ■■■ boarding

[bɔ́ːrdiŋ]

名 搭乗
▶ board 名 板、黒板／役員 (会)／舞台／参加
動 乗る

## This is the final boarding call for XYZ Airlines flight 123 to San Jose.

こちらはXYZ航空のサンノゼ行123便の最終搭乗案内でございます。

💡 「板 (board) の上に乗ること」→「乗り物に乗ること」です。この例文が聞こえたら急がないといけません。また、boarding pass「搭乗券」、boarding gate「搭乗口」、boarding time「搭乗時刻」も大事です。

## 477 ■■■ **custom**
[kʌ́stəm]

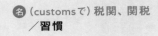

名（customsで）税関、関税
／習慣

# Passengers are required to clear immigration and customs before exiting the airport.

乗客は空港を出る前に、入国審査と税関を通過する必要がある。

\* clear「クリアする」→「通過する」／immigration「入国審査」／exit「出る」

💡「習慣的にチェックする場所」→「税関」、「習慣的に払うお金・税金」→「関税」という紛らわしい意味を持つ単語です。海外旅行では最初の難関である「税関」の意味で使えるようにしておきましょう。

## 478 ■■■ **duty**
[djúːti]

名関税、**義務、職務**

# I bought some chocolates from the duty-free shop before boarding the flight.

飛行機に乗る前に、私は免税店でチョコを買いました。

\* board「乗る」

💡本来は「義務」で、「仕事の義務」→「職務」、「義務として支払うもの」→「関税」となりました。duty-freeは「関税がかからない」→「免税の」で、duty-free shop「免税店」となります（freeは本来「ない」）。

## 479 ■■■ **declare**
[dikléər]

動申告する、宣言する
▶ declaration 名申告、宣言

# A: Do you have anything to declare?
# B: No, nothing to declare.

A: 申告するもの（課税品）をお持ちですか?
B: いいえ何もありません。

💡海外の税関では課税品を明らかにする（申告する）必要があり、上の会話が典型パターンです。また、コロナ禍ではdeclare a state of emergency「緊急事態宣言を発令する」も使われました。

## 480 ■■■ **event**
[ivént]

名 出来事、イベント
▶ in the event that 〜 圏 万一〜する場合
▶ in the event of 〜 圏 万一〜の場合

## In the event that Flight 802 is delayed, passengers will be provided with complimentary refreshments.

802便が遅延した場合、乗客には無料の軽食が提供されます。

\* complimentary「無料の」（506番）／refreshments「軽食」

💡 日本語の「イベント」は楽しいイメージですが、英語のeventは良いこと・悪いことの両方に使えます。in the event that 〜 は「〜という出来事・場合において」→「〜する場合は」です。

## 481 ■■■ **fasten**
[fǽsn]

動 しっかり固定する、締める

## Please keep your seatbelt fastened while seated.

着席中はシートベルトをお締めください。

\* while (you are) seated「（あなたが）座っている間は」

💡「ファスナー（fastener）」から「しっかり締めるもの」と連想すればOKです（厳密には日本語の「ファスナー」はzipperを使うのが基本ですが）。例文はkeep OC「OをCのままにする」の形です。

## 482 ■■■ **arrival**
[əráivəl]

名 到着
▶ arrive 動 到着する
▶ departure 名 出発
▶ depart 動 出発する

## A: Have you checked the arrival time for your flight?
## B: Yes, it's scheduled to arrive at 3:30 p.m.

A: フライトの到着時刻を確認しましたか?
B: はい、午後3時半に到着予定です。

\* be scheduled to 〜「〜する予定だ」

💡 いざ会話になると、動詞arriveと名詞arrivalをきちんと使い分けられる人は少なくなります。機内ではestimated time of arrival「推定される到着時刻」→「到着予定時刻」が使われます。

## 483 ■■■ via
[váiə]

前 ～経由で、～によって

### I booked a flight to New York via Chicago to save on airfare.

航空料金を節約するため、シカゴ経由でニューヨークへのフライトを予約した。

\* book「予約する」（492番）／ save on ～「～を節約する」／ airfare「航空料金」

💡 本来は「道（を通って）」→「～経由で、～によって」となりました。ちなみに「トリビア（trivia）」は「旅人が3つの（tri：トリオ）道（via）で交わした情報」→「雑学」です。

## 484 ■■■ lag
[lǽg]

名 遅れ
動 遅れる
▶ laggy 形 （ネットやパソコンが）遅い

### I always struggle with jet lag when I fly from Tokyo to New York.

東京からニューヨークに飛ぶと、私はいつも時差ボケに悩まされる。

💡 jet lag は「ジェット機（jet）による体内時計の遅れ（lag）」→「時差ボケ」です。struggle with jet lag「時差ボケと戦う」、recover from jet lag「時差ボケから回復する」と使います。

## 485 ■■■ familiar
[fəmíljər]

形 よく知っている

### A: Pardon me. Is the opera house on this street?
### B: I'm sorry, but I'm not familiar with this area.

A: すみません。オペラハウスはこの通りにありますか？
B: 申し訳ありませんが、この辺りには詳しくないんです。

💡 本来「家族（family）のように知っている」です。「この辺りには詳しくない」には、日本でよく教わるI'm a stranger here. よりも、例文のようにI'm not familiar with this area. のほうがよく使われます。

## distance
[dístəns]

名 距離
▶ distant 形 遠い

**The hotel is within walking distance of the train station.**

ホテルは駅から徒歩圏内です。

💡 within walking distance of 〜「〜から徒歩圏内で」や、What is the distance from A to B?「AからBまでの距離はどれくらい？」という表現が便利です。

## locate
[lóukeit]

動 置く、見つける
▶ location 名 位置、場所

**Ms. Ramirez's new restaurant is conveniently located in the shopping district of Monterrey.**

ラミレスさんの新しいレストランは、モンテレイのショッピング街という便利な場所にある。
＊ district「地域、区」

💡 locate は本来「（建物を）置く」で、受動態 be located「（建物が）置かれる」→「位置する、ある」が大事です。be conveniently located は直訳「便利に位置している」です。

## intersection
[ìntərsékʃən]

名 交差点
▶ crosswalk 名 横断歩道

**A: What's the quickest way to the zoo?**
**B: You'll want to turn right at the next intersection.**

A: 動物園への一番早い行き方は？
B: 次の交差点を右に曲がるといいでしょう。

💡「道の間で（inter）切ったもの（section）」→「人や車が横切る場所」→「交差点」と考えてください。

## 489 ■■■ **stairs**

[stéərz]

名 階段
- steps 名 階段
- upstairs 副 上の階に
- downstairs 副 下の階に

**A: Where's your apartment in this building?**
**B: It's on the second floor. We'll take the stairs.**

A: あなたの部屋はこの建物のどこ?
B: 2階だよ。階段を使おう。

💡 stairは「(階段の)1段」で、複数形stairs「階段」で使うのが普通です。「階段を使う」は、「階段を(交通手段として)とる」と考えてtake the stairsと言います。

## 490 ■■■ **slippery**

[slípəri]

形 滑りやすい
- slip 動 滑る、忘れる
  名 滑ること

**Those stairs are slippery. Watch your step.**

あの階段は滑りやすい。足元に気をつけて。
* watch one's step「足元に気をつける」

💡 スコールの後に濡れた階段で滑らないように注意を促す看板を、シンガポールで頻繁に見かけましたが、必ずslipperyが使われていました。

## 491 ■■■ **hall**

[hɔ́ːl]

名 廊下、ホール
- hallway 名 玄関、廊下

**A: Where's the conference room?**
**B: Down the hall and on your left.**

A: 会議室はどこですか?
B: 廊下を進んで、左手にあります。

💡 日本語の「ホール」は「講堂、広間」のイメージですが、英語のhallは「廊下」でも使います。down the hall「廊下の先」は頻繁に使う表現です(downは「今いる場所から離れて」)。

🔊 492〜496

## 492 ■■■ **book**

⬤動 予約する
⬤名 本
▶ booking 名 予約

[búk]

### I have to book a flight to Paris for my summer vacation.

夏休みのパリ行きのフライトを予約しないと。

> 💡「ダブルブッキング（double-booking）」とは「予約が重なること」です。book a flight「航空便を予約する」、book a hotel「ホテルを予約する」などは海外旅行で欠かせない表現です。

## 493 ■■■ **reserve**

⬤動 予約する、取っておく
⬤名 蓄え
▶ reservation 名 予約

[rizə́ːrv]

### A: Did Marco make a reservation at Via Carota?
### B: Yes, he reserved a table for four for tonight.

A: マルコはビア・カロタ（店名）の予約をした？
B: うん、今夜、4人で予約してくれたよ。

> 💡日本語では「席を予約する」と言いますが、英語ではreserve a tableです。例文のfor four for tonightはリズムよく口にしてください（2つのforは軽く、fourはハッキリと）。

# 494 ■■■

## appointment
[əpɔ́intmənt]

名 (人と会う) 約束、
(病院の) 予約／任命
▶ appoint 動 任命する

### I have stiff shoulders, so I'll make an appointment for a massage.

肩が凝っているので、マッサージの予約をするつもりです。

\* stiff「凝った」（716番）

💡 appointmentは「仕事のアポ」のイメージが浸透していますが、病院など「人と会う約束」にも使います。have a dental appointmentは「歯医者に予約している」です。

# 495 ■■■

## occupy
[ɑ́kjupài]

動 占める、占領する
▶ occupation 名 職業
▶ unoccupied 形 空いている

### A: Do you have any tables at the moment?
### B: I'm sorry, but all our tables are occupied.

A: 現在空いているテーブルはありますか?
B: 申し訳ありませんが、テーブルはすべて埋まっております。

💡 飛行機のトイレは使用中の時に、"Occupied"という表示が光ります。「トイレが占領されている」→「使用中」ということです。be occupied「空いていない、満席の、使用中の」です。

# 496 ■■■

## arrange
[əréindʒ]

動 取り決める、手配する／
きちんと並べる、整える
▶ arrangement 名 取り決め、手配／配置
▶ rearrange 動 改めて取り決める／配置を変える

### A: How can I arrange a guided tour of the heritage district?
### B: You should contact the local tourism office.

A: 遺産地区のガイドツアーはどのように手配できますか?
B: 現地の観光局に問い合わせてみてください。

\* guided tour「ガイドツアー」（513番）／heritage「遺産」／district「地区」

💡 「アレンジ（変化）を加える」印象が強いのですが、本来は「きちんと並べる」→「（いろいろな事柄を）きちんと並べる、整える」→「取り決める、手配する」です。

497〜502

[rìːskédʒuːl]

動 予定を変更する
▶ schedule 名 予定
動 予定を入れる

**A: I'd like to reschedule my appointment.**
**B: That's fine. How about Friday instead?**

A: 予約を変更したいのですが。
B: 構いませんよ。代わりに金曜日はどうですか?

💡 今や日本語でも使われる「リスケ」は「再び (re) スケジュールを組む (schedule)」ことです。reschedule an appointment「予約を変更する」、reschedule a meeting「会議の予定を変更する」です。

498 ■■■ **postpone**

[poʊstpóʊn]

動 延期する

**We had to postpone our trip because my husband got sick.**

夫が病気になったので、旅行を延期しなければなりませんでした。

💡 delay (457番) は「スタート時間を遅らせる」、postpone は「イベント・活動の日程を遅らせる」と区別してください。ちなみに、同じ意味で put off「延期する」という熟語もあります。

499 ■■■ **round-trip**

[ráʊnd-tríp]

形 往復旅行の
▶ one-way 形 一方向の、片道の

**A: Will you buy a round-trip ticket?**
**B: No — a one-way ticket. I'm not sure if I'll be back.**

A: 往復券を買う?
B: いや、片道切符だよ。帰ってくるかどうかわからないから。

💡 「グルっと回ってくる (round) 旅行 (trip)」→「往復旅行の」です。a round-trip ticket「往復切符」とa one-way ticket「片道切符」をセットでおさえておくといいでしょう。

Chapter 2

**500** ■■■ **renovation**
[rènəvéiʃən]

- 名 改装、修理
- ▶ renovate 動 改装する
- ▶ remodel 動 改修する
- ▶ redecorate 動 改修する

## That diner is under renovation.

あのダイナーは改装中だよ。

\* diner「食堂、高級バー」（dinnerと読み間違えないように）

💡 日本語でも「リノベ」と使われます。under renovation「改装中で」は重要熟語です。ちなみにreformは「政治などを改革する」の意味で使うので注意しましょう。

 **501** ■■■ **accommodation**
❗
[əkàmədéiʃən]

- 名 宿泊施設、収容力
- ▶ accommodate 動 宿泊させる、収容できる／適応させる、（要求を）受け入れる、対応する

## How do you book accommodation overseas?

海外での宿泊施設はどうやって予約してる？

💡 動詞accommodateにはたくさんの意味がありますが、どれも「詰め込む」イメージです。accommodationは「人を詰め込む場所」→「宿泊施設」の意味で使われます。

 **502** ■■■ **lock**
[lák]

- 動 カギをかける
- 名 カギ

## I've locked myself out of the room.

（部屋のカギを持たずに）部屋から出てしまいました。

💡 lock oneself out of ～ は難しいですが、「自分自身に対してカギをかけて、～から外に出る」と考えてください。ホテルがオートロックであるにもかかわらず、カギを持たずに出てしまったときフロントに伝える表現です。

## 503 ■■■ flush
[flʌ́ʃ]

**動** 水で流す、(顔が) 赤くなる

### I can't flush the toilet.

トイレが流せないのですが。

💡 海外のホテルでは、部屋に入ったらまずはトイレの確認をしてみて、不備があればフロントに電話してこの文を使ってみてください。flushという単語は日本のトイレでも見かけます。

## 504 ■■■ belongings
[bilɔ́ːŋiŋz]

**名** 所有物
▶ belong **動** 所属している、〜のものだ

### Before checking out, Yuka double-checked the room to make sure she had all her belongings.

チェックアウトする前に、ユカは自分の持ち物がすべて揃っているか部屋を再確認した。
* double-check「再確認する」

💡 「人に属している (belong) もの」→「所有物」です (所有物はいくつもあるので複数形)。ホテル、空港、タクシーの中でもよく使われる単語です。

## 505 ■■■ valuable
[vǽljuəbl]

**名** (valuablesで) 貴重品
**形** 貴重な、価値のある
▶ value **名** 価値 **動** 評価する、査定する、大切にする
▶ invaluable **形** (価値をつけられないほど) 貴重な

### Where should I keep my valuables while we're out?

外出中、貴重品はどこに保管すればいいですか?

💡 名詞の用法を使えるようにしておきましょう。「(財布、時計など) 貴重品はいくつかある」のが普通なので、複数形valuablesで使います。

# complimentary 形無料の、賞賛する
[kàmpləméntəri]
▸ compliment 名褒め言葉

## Did the hotel provide complimentary breakfast?

ホテルの朝食は無料でしたか?

💡free「無料の」でもいいのですが、お店では丁寧なcomplimentaryをよく使います。例文の直訳は「そのホテルは無料の朝食を提供しましたか?」です。

# humidifier 名加湿器
[hjuːmídəfàiər]
▸ dehumidifier 名除湿器
▸ humid 形湿気のある

## It's been so dry lately. Let's turn on the humidifier to add some moisture to the air.

最近とても乾燥してるね。加湿器をつけて、空気に少しうるおいを与えよう。
* add A to B「AをBに加える」／moisture「湿気、水分」

💡humid「湿気のある」(449番)を使ったのが、humidifier「湿気のある状態にするもの」→「加湿器」です。僕は海外のホテルで必ず使う単語ですし、TOEICテストで出たこともあります。

# trip 名旅行、外出
[tríp]
▸ travel 名旅行、移動
  動旅行する、移動する

## I took three days off last week and took a trip to Hakone.

先週は3日間休暇を取って、箱根に旅行に行った。

💡take a trip to ～ は、直訳「～への旅行(a trip to ～)をとる(take)」→「～に旅行する」(≒ go on a trip to ～)です。動詞tripは「つまずく、転ぶ」なので、(×)I tripped to Hakone. はNGです。

## 509 ■■■ **abroad**
[əbrɔ́ːd]

(副) 外国へ
▶ overseas (副) 海外へ

### I heard you're going abroad to study.

海外に留学するって聞いたよ。

💡 go abroad「海外へ行く」、travel abroad「海外旅行をする」となります（副詞の用法なので、abroadの直前に前置詞toは不要です）。

## 510 ■■■ **sightseeing**
[sáitsìːiŋ]

(名) 観光

### I planned to go sightseeing in Rome, but my flight got canceled due to bad weather.

ローマに観光に行く予定だったが、悪天候でフライトがキャンセルされた。

\* get canceled「キャンセルされる、中止になる」

💡 go sightseeing in [場所]「[場所]に観光に行く」では、あくまで「[場所]の中で観光する」ということで、inを使います（日本語「に」につられてtoを使うミスがとても多い）。

## 511 ■■■ **attraction**
[ətrǽkʃən]

(名) 魅力、呼び物、（観光の）名所
▶ attract (動) 引き付ける
▶ attractive (形) 魅力的な

### This summer, I'm planning to go sightseeing in Kyoto and visit many tourist attractions.

今年の夏は京都へ観光に行き、たくさんの名所を訪れる予定だ。

💡「遊園地のアトラクション」は「お客の興味を引く魅力ある呼び物」です。a tourist attractionで「旅行客（tourist）を引き付けるもの（attraction）」→「観光名所」となります。

## 512 ■■■ souvenir  名記念品、おみやげ

[sùːvəníər]

### Did you get your niece a souvenir?

姪っ子さんにはおみやげを買いましたか？

* get 人 物「人 に 物 を買ってあげる」

💡 日本の遊園地でも「おみやげ売り場」に「スーベニア」と書かれることがあります。「人にあげるおみやげ」や「自分への記念品」にも使えます。

## 513 ■■■ tour  名 旅行、見学
動 旅行する、見学する

[túər]
▶ tourist 名旅行客
▶ tourism 名観光（事業）

### During our vacation, we took a guided tour of some ancient ruins in Italy.

休暇中、私たちはイタリアの古代遺跡のガイドツアーに参加しました。

* ruins「遺跡」（527番）

💡 日本語は「ツアー」ですが、英語では「トゥア」や「トー」と発音します。take a guided tour of 〜 で、直訳「〜のガイドされるツアーをとる」→「〜のガイドツアーに参加する」となります。

## 514 ■■■ exhibition  名展示（品）、展覧会
▶ exhibit 動展示する
名展示（品）、展覧会

[èksəbíʃən]

### Have you seen the new exhibition at the dinosaur museum?

恐竜博物館の新しい展示はご覧になりましたか？

💡 フィギュアスケートやサッカーの「エキシビションマッチ」は「（公式戦ではなく）観客に見せる（展示する）ための試合」です。

## 515 lost and found
[lɔ́ːst ən(d) fáund]
名 遺失物取扱所、忘れ物センター ＊主にアメリカ
▶ lost property (office) 名 遺失物取扱所、忘れ物センター ＊主にイギリス

**I reported my missing wallet at the lost and found.**

遺失物取扱所で財布がなくなったことを届け出ました。

＊ missing「なくなった」

💡「失われて（lost）発見される（found）場所」→「遺失物取扱所、忘れ物センター」です。日本の駅でもこの英語を見かけることが増えています。

## 516 destination
[dèstənéiʃən]
名 目的地

**The travel magazine features articles on popular travel destinations.**

その旅行雑誌では、人気の旅行先に関する記事を特集している。

＊ feature「特集する」／ article on ~「～に関する記事」

💡「運命（destiny）として向かう場所」というカッコいい語源です。travel destination は「旅行の目的地」→「旅行先」という意味で会話で重宝します。

## 517 change
[tʃéindʒ]
名 釣り銭、小銭／変化／気分転換
動 変える

**A: The fare is $18.20.**
**B: Here's a 20. Keep the change.**

A: 運賃は18ドル20セントです。
B: 20ドルです。おつりはとっておいてください。

＊ fare「運賃」（458番）／ a 20 は a twenty-dollar bill「20ドル紙幣」のこと

💡「お札を出して小銭に変化する」→「小銭、釣り銭」と考えてください。海外のタクシーで、Keep the change.「お釣りはとっておいてください」と使えます。

## 518 ■■■ admission

[ædmíʃən]

名 入場（料）、入学
▶ admit 動 認める

**If we get admission tickets for the planetarium online, we won't have to stand in line there.**

プラネタリウムの入場券をオンラインで手に入れれば、現地で並ぶ必要はない。

\* stand in line「（列に）並ぶ」（591番）

💡「入るのを認める（admit）こと」です。admission ticket「入場券」やadmission fee[charge]「入場料」、さらにapply for admission to college「大学入学を志願する」のようにも使えます。

## 519 ■■■ picturesque

[pìktʃərésk]

形 絵のように美しい

**Have you been to that picturesque lighthouse in Miyakojima Island?**

宮古島にある、絵のように美しいあの灯台に行ったことはある？

\* lighthouse「灯台」

💡「（景色が）pictureのように美しい」ということです。beautifulだけでなく、こういった単語を使って、よりリアルな感想を伝えられるようになるといいですね。

## 520 ■■■ breathtaking

[bréθtèikiŋ]

形 息をのむような、驚くべき
▶ breathtakingly 副 息をのむほどに、驚くほど

**The sunset, painting the sky with fiery colors, was truly breathtaking.**

夕日は燃えるような赤い色で空を染めていて、本当に息をのむほど美しかった。

\* fiery「燃えるように赤い」

💡「思わず息（breath）をとる（take）ような」→「息をのむような、驚くべき」です。絶景の描写で重宝する単語です。

**521** ■■■

# command
[kəmǽnd]

動 見渡せる、命令する、自由に使う
名 見晴らし、命令、自由に使える力

## The island's resort is undeniably pricey, but it commands breathtaking views of the sea.

その島のリゾートは値段が高いのは否めないが、息をのむような海の眺めが見渡せる。

\* undeniably「否定できないほど」／pricey「高価な」

💡 commandは本来「上から見下ろす」で、人に対して使えば「命令する」、 場所 command 〜 なら「 場所 が〜を見下ろす」となります。例文では「島のリゾートが景色を見下ろす」ということです。

**522** ■■■

# spectacular
[spektǽkjulər]

形 壮観な　名 見世物
▶ magnificent 形 壮大な
▶ splendid 形 壮大な、優れた
▶ majestic 形 壮大な、威厳のある

## A: Did you see the fireworks over Okazaki Castle?
## B: Yes, they were spectacular!

A: 岡崎城の花火、見た?
B: うん、壮観だったよ!

\* firework「花火」（630番）

💡 「光景（spectacle）のような」→「見世物の」→「（見世物のように）壮観な」です。「壮観だ、華々しい」と思うときに使ってみてください。

**523** ■■■

# eye-opening
[ái-òupəniŋ]

形 目を見張るような
▶ eye-opener 名 目を見張らせるもの、驚きの発見

## Traveling to a remote village in Ethiopia was an eye-opening experience for us.

エチオピアの人里離れた村への旅は、僕らにとって目を見開かされるような体験だった。

💡 「目を見開かせる、目から鱗が落ちる、素晴らしい」という「新たな発見・経験」には、ぜひeye-openingを使ってみてください。

**524** ■■■ **landmark** 名目印、名所／ **画期的な出来事** 形**重要な**

[lǽndmɑ̀ːrk]

## During your trip to Córdoba, make sure to visit our historic landmarks.

コルドバへの旅では、ぜひ歴史的な名所（史跡）を訪れてみてください。

💡「土地（land）にある旅行者の目印（mark）」→「目印、名所」です。historic landmark で「長い歴史のある（historic）名所（landmark）」となります。

 **525** ■■■ **cave** 名洞穴

[kéiv]

## The cave's most impressive feature was a beautifully preserved mural.

その洞窟で最も心に残る特徴は、美しく保存された壁画だった。

\* impressive「印象的な」（138番）／preserve「保存する」／mural「壁画」

💡 海外旅行での洞窟探検や、日本紹介として鍾乳洞に使える、意外と便利な単語です。また、例文にあるmural「壁画」もよく名所になっています（発音は「ミューロゥ」という感じ）。

 **526** ■■■ **waterfall** 名滝

[wɔ́ːtərfɔ̀ːl]

## A rainbow appeared in the mist from the waterfall.

滝の霧に虹がかかった。

\* mist「霧」

💡「水（water）が落ちる（fall）」→「滝」です。fallだけでも「滝」の意味がありますが、waterfallを使うことで「滝」だとハッキリ伝えられます。

## ruin
[rú:in]

名 (ruinsで) 遺跡、破滅
動 台無しにする、破滅させる

### We visited ancient ruins when we traveled through Greece last summer.

昨年の夏、私たちはギリシャ中を旅行した際に古代遺跡を訪れた。

\* Greece「ギリシャ」

💡 動詞の「崩壊する」から、名詞は「崩壊した場所」→「遺跡」です。ancient ruins「古代遺跡」、Roman ruins「ローマ文明の遺跡」など、海外旅行で頻出の単語です。

---

## sunset
[sʌ́nsèt]

名 日没、夕日
▶ sunrise 名 日の出

### Want to catch the sunset with me on the pier?

桟橋で一緒に夕日を見ない?

\* pier「桟橋、埠頭」

💡 catch the sunset「夕日 (の景色) をキャッチする」→「夕日を見る」という粋な表現です。例文はDo you want to 〜? のDo youが省略されています (会話では頻繁に起きる)。

---

## snatch
[snǽtʃ]

動 ひったくる
名 ひったくり

### Someone just snatched my phone!

スマホがひったくられた!

\* 直訳「誰かがちょうど私のスマホをひったくった!」

💡 筋トレで「スナッチ (snatch)」という「バーベルを掴んで、床から一気に頭上に挙げる」トレーニングがあります。「さっと掴む」→「(掴んで) ひったくる」です。

## 530 ■■■

# pickpocket 名スリ

[píkpὰkit]

## Watch out for pickpockets in the train cars.

電車内ではスリに気をつけてください。

*watch out for 〜「〜に気をつける」／train car「車両」

💡「ポケット（pocket）の中の物をつまみ取る・抜き取る（pick）人」→「スリ」です。BEWARE PICKPOCKETS「スリに注意」という注意書きも海外で見かけます。

## 531 ■■■

# rip-off

[ríp-ɔ̀:f]

名 ぼったくり
▶ rip off 〜 人 〜 からぼったくる
▶ rip 動 引き裂く、はぎとる

## A: I can't believe this bottle of water costs 15 euros.
## B: Yeah, that's a total rip-off, isn't it?

A: この水のボトルが1本15ユーロだなんて信じられない。
B: ああ、それは完全なぼったくりだね。

💡「人からお金をはぎとって（rip）分離させる（off）」イメージです。自分では使いたくない単語ですが、そういう場面になったら知っておかないといけません。

場面別で活躍する「頻出単語」　　　227

## 飲食、レストラン

🔊 532〜537

### 532 ■■■ meal
[míːl]

名 食事

## My doctor suggested that I stop eating between meals.

医者は私に間食するのをやめるよう提案した。

> 💡 meal は「（特定の時間に食べる1回の）食事」です。「間食する」は「食事の間に食べる」と考えて、eat between meals です。また、「食事を飛ばす・抜く」は skip a meal です。

### 533 ■■■ snack
[snǽk]

動 軽食をとる、間食する
名 軽食

## A: I don't have much of an appetite now.
## B: Well, you shouldn't snack before dinner.

A: 今はあまり食欲がないんだ。
B: あのさ、夕食の前に間食しちゃだめだよ。
\* appetite「食欲」（538番）

> 💡 日本語の「スナック」と違って、必ずしも「お菓子」とは限らず、「軽食」を表します（飲み屋の一形態としての「スナック」は軽食を出すという意味なのでしょう）。「軽食をとる」→「間食する」でも使えます。

### 534 ■■■ bite
[báit]

名 軽い食事、噛むこと
動 噛む

## Would you like to join us for a bite after work?

仕事の後、一緒に軽く食べに行きませんか？

> 💡 英会話の本には Can I have a bite?「一口食べていい？」がよく載っていますが、個人的には一生使わないので、「（一口噛むくらいの）軽い食事」をしっかりと覚えてほしいなあと思います。

## 535 ■■■ grab

[grǽb]

動 素早く食べる・飲む／
つかむ

**Let's grab a quick bite there before the movie starts.**

映画が始まる前に、あそこで軽く食事をとろうよ。

💡「(ガッと) つかむ」というイメージで、「食事をガッとつかむ」→「素早く食べる・飲む」の意味もあります。grab a quick bite[snack]「軽い食事をとる、さっと食事を済ませる」がよく使われます。

## 536 ■■■ skip

[skíp]

動 飛ばす、スキップする、
サボる
名 省略、スキップ

**I'm not hungry right now. I'll skip lunch.**

今はお腹が空いていない。ランチは抜きます。

💡「スキップするように飛び越す」ということです。YouTube の skip ad「広告を飛ばす・スキップする」で使われています。skip breakfast「朝食を抜く」、skip class「授業をサボる」と使います。

## 537 ■■■ sample

[sǽmpl]

動 試食する
名 見本、サンプル

**The manager of the cheese shop encourages passersby to sample his products on a cracker.**

チーズ店の店長は、通りすがりの人にクラッカーと一緒に商品を試食するよう勧めている。

＊ encourage 人 to 〜「人 に〜するよう勧める」／passerby「通行人」（複数形は passersby）

💡 名詞「サンプル、見本」は簡単ですが、動詞「サンプルを試す」→「試食する」でも使えます。シンガポールのスタバで試食用に並んでいたケーキの横に Sample me! と書いてありました。

## 538 ■■■ **appetite**
[ǽpətàit]

（名）食欲、欲求

### How's your appetite now, Owen?

今、お腹は空いてる、オーウェン?

> 💡 How's your appetite? の直訳は「食欲はどう?」です。「食欲が旺盛だ」は have a good appetite、「食欲がない[あまりない]」は have no[a poor] appetite です。

## 539 ■■■ **starve**
[stάːrv]

（動）腹ペコだ、**餓死する**
▶ starvation（名）餓死、飢餓

### A: I'm starving.
### B: Oh, that reminds me that we need groceries.

A: すごくお腹が空いたよ。
B: あ、それで思い出したんだけど、食料が必要だね。

＊ That reminds me that 〜「それで〜を思い出した」（236番）／ grocery「食料品」（585番）

> 💡 本来は「餓死する」ですが、例文のように「お腹が空いているときの誇張表現」として使えます。very hungry の代わりに starving「（餓死しそうなほど）お腹が空いている、腹ペコだ」を使ってみてください。

## 540 ■■■ **full**
[fúl]

（形）いっぱいの

### Thank you for a wonderful dinner, but I'm so full that I'll have to skip dessert.

素敵なディナーをありがとう。でもお腹がいっぱいだから、デザートは遠慮しておきます。

> 💡 a full train「満員電車」など色々な場面で使えますが、レストランで使えるのが、I'm so full (that 〜).「本当にお腹いっぱい（なので〜）」です。

## 541 ■■■ chew（動）噛む

[tʃúː]

**A: How was the pork chop?**
**B: It tasted fine but wasn't easy to chew.**

A: ポークチョップ（豚の骨付きロース肉を焼いた物）はどうだった?
B: 味は良かったけど、噛みやすくはなかったなあ。

💡「チューインガム（chewing gum）」は「噛み続けて味わうガム」のことです。bite（534番）は単に「一口噛む」で、chewは「何度も噛む、咀嚼する」というニュアンスになります。

## 542 ■■■ hydrate

[háidreit]

（動）水を与える、水分補給をする
▶ dehydrate（動）脱水する

**On hot summer days, make sure to stay hydrated to avoid heatstroke.**

夏の暑い日には、熱中症にならないように定期的な水分補給を忘れずに。

\* heatstroke「熱中症」

💡hydroは「水」で、hydrogen「水素」やcarbohydrate「炭水化物」で使われています。stay hydrated「水を与えられた状態を保つ」→「常に水分補給をする」です。

## 543 ■■■ gulp

[gʌ́lp]

（動）ごくごく飲む
（名）ぐっと飲むこと[音]、
一口の分量

**He gulped his beer.**

彼はビールを一気飲みした。

💡水を飲む音から生まれた単語で、日本語の「ごくごく、がぶがぶ」が、英語では「ガルプ」と聞こえたわけです。gulp one's beerで「ビールをがぶ飲みする、グビグビ飲む、一気に飲む」となります。

## 544 ■■■ **alcohol**
[ǽlkəhɔ̀ːl]
名 アルコール、酒

**A: Are you a heavy drinker, Jeff?**
**B: Not at all. In fact I stay away from alcohol.**

A: 君はかなり飲むほう、ジェフ?
B: 全然。実は、アルコールは控えているんだ。

💡 発音・アクセントともに日本語とはまったく違い、「アルコホール」という感じです。avoid alcohol / stay away from[stay off] alcohol で、「アルコールを避ける・控える」です。

## 545 ■■■ **toast**
[tóust]
名 乾杯、祝杯
動 乾杯する、祝して乾杯する

**I'd like to raise a toast to another successful year at the company.**

また1年間の会社での成功を祝して乾杯したいと思います。

💡 「乾杯!」という掛け声ではCheers! が有名ですが、Toast! もあります。raise[propose] a toast to 〜「〜を祝して乾杯する」です。語源には、ワインにパンのトーストを入れて毒味をしたという説があります。

## 546 ■■■ **drunk**
[dráŋk]
形 酔った

**You're drunk.**

君、酔ってるね。

💡 動詞drink はdrink-drank-drunkと変化します。過去分詞drunk「酔わされた」→「酔った」がこのように使えると考えてください。

## 547 ■■■ sober
[sóubər]

形 しらふの、節度のある

**It's Amanda's turn to stay sober tonight and be the designated driver.**

今夜はアマンダが酒を飲まずにしらふでいて、運転手を務める番だ。

\* turn「番」

💡 stay sober「しらふの状態を保つ」です。ちなみに、例文のdesignated driverは「指定ドライバー」→「酒を飲まずに、飲んだ人を車で送る役に指定された人」を表します（このまま辞書に載っています）。

## 548 ■■■ tipsy
[típsi]

形 ほろ酔いの
▶ buzzing 形 ほろ酔いの

**After only a few sips of white wine, Meredith started feeling tipsy.**

白ワインを数口飲んだだけで、メレディスはほろ酔い気分になってきた。

\* sip「一口」

💡 tipには「傾く」という意味があり、tipsyは「体が傾きがち」→「千鳥足の、ほろ酔いの」となりました。feel tipsy「ほろ酔い気分で」、go tipsy「ほろ酔いになる」と使います。

## 549 ■■■ hangover
[hǽŋòuvər]

名 二日酔い

**A: How's Zach doing after last night's party?**
**B: He has a hangover, but he'll be fine.**

A: 昨夜のパーティーの後、ザックはどうしてる？
B: 彼は二日酔いだけど、大丈夫だよ。

💡 hangの「ぶら下がる」イメージから、「酒がいつまでも頭全体に（over）ぶら下がって残る」と考えてください。『ハングオーバー！ 消えた花ムコと史上最悪の二日酔い』（原題 *The Hangover*）という映画もありました。

## 550 ■■■ **tasty**
[téisti]

形 おいしい
▶ taste 動 味がする、味見する
名 味／趣味、センス

**A: How are the canapés?**
**B: Tasty. Try one.**

A:カナッペ (パンやクラッカーにチーズや野菜を載せた料理) はどうですか?
B:おいしいよ。食べてみて。

💡 delicious 「とてもおいしい」ばかりを使いがちになってしまうときや、delicious では少し
オーバーかなというときは tasty を使ってください (特に 「風味が良い」 ものに使います)。

## 551 ■■■ **yummy**
[jʌmi]

形 (とても) おいしい

**This mushroom risotto is yummy.**

このキノコのリゾットはおいしいよ。

💡 本来は子どもが使う言葉なのでかわいいイメージがありますが、最近は大人が使うこと
もあります。「おいしいよ」 と相手に勧めるときや、自分で 「おいしい!」 と言うときに、It's
yummy!「うま!」と使えます。

## 552 ■■■ **fluffy**
[flʌfi]

形 ふわふわした

**The chef turned the eggs into a delicious, fluffy omelet.**

シェフは卵を、ふわふわのおいしいオムレツに仕上げた。

\* turn A into B 「A を B に変える」

💡 「フラフィ」 という発音が 「軽くてふわふわした」 イメージがありませんか。「食べ物」 に限
らず、fluffy towel 「ふわふわのタオル」、fluffy pillow 「ふわふわの枕」、fluffy kitten 「も
ふもふの子猫」 などと使えます。

## 553 ■■■ bland

[blǽnd]

形 薄味の、面白味のない

**Hospital food is too bland for me.**

病院食は私には薄味すぎるなあ。

💡 難しい単語ですが、知っていると重宝するはずです。「ブランド、銘柄」は違う単語 （brand）です。

## 554 ■■■ ripe

[ráip]

形 熟した

**The avocados aren't ripe yet.**

そのアボカドはまだ熟していません。

💡 海外旅行の際はスーパーマーケットに行くと、日本と違う食べ物・陳列・量など驚くこと が色々とたくさんあります。店員と話すときなどに重宝するかもしれませんよ。

## 555 ■■■ flavor

[fléivər]

名 味
動 味付けをする

**A: What's your favorite flavor of soup?**
**B: I've only ever tried corn.**

A: 一番好きなスープの味は何?
B: コーンしか食べたことがないんだ。

💡 日本でもアイスの種類で「フレーバー」と使われるだけに、発音には注意してください。 lの音を意識して「フレイヴァ」という感じになります。

◀)) 556〜561

## 556 ■■■ seasonal
[síːzənl]

形 季節の、季節ごとの
▶ season 名 季節、時期　動 味付けする
▶ seasoned 形 味付けした、経験豊かな

**A: What season do you like best?**
**B: Autumn for its seasonal foods.**

A: どの季節が一番好き?
B: 旬の食べ物があるから、秋が一番好き。

💡「そのシーズンに合った」→「旬の」ということです。食事の話でseasonal foods「季節の食べ物、旬の食べ物」、seasonal vegetables「季節の野菜、旬の野菜」と使えます。

## 557 ■■■ seasoning
[síːzəniŋ]

名 調味料、味付け
▶ flavoring 名 味付け
▶ condiment 名 調味料

**In Japan people eat *Zoni* at the new year, but the color and seasoning vary from region to region.**

日本では正月に雑煮を食べるが、色や味付けは地域ことに異なる。
* vary「異なる」／from region to region「地域によって」

💡「季節の、旬の」→「旬で味がのった」という意味から、日本でも調味料を「シーズニング」と呼ぶことがあります。具体的な「調味料」と、調理としての「味付け」の2つの意味をチェックしてください。

## 558 ■■■ spoil
[spɔ́il]

動 台無しにする、腐る／
甘やかす
▶ spoiler 名 ネタバレ

**You shouldn't leave the sausages on the counter. They'll spoil at room temperature.**

ソーセージをカウンターの上に置きっぱなしにしないで。常温では腐ってしまうから。
* room temperature「常温」

💡「甘やかしてダメにする」と覚えましょう。育児や教育の話ではspoil a child「子どもを甘やかす」と使いますが、例文のように「食べ物をダメにする、腐る」の意味でも使える単語です。

## 559 ■■■ room

[rú:m]

名 空間、スペース／部屋／余地、可能性

### A: Would you like room for some milk?
### B: Yes, please.

A: ミルクを入れるスペースは必要ですか？
B: はい、お願いします。

💡 本来は「空間、余地」という意味で、a room「1つの空間」→「部屋」となっただけです。例文はカフェでの会話で、もしBがNoと言えば、店員はカップのギリギリまでコーヒーを入れてくれます。

## 560 ■■■ dessert

[dizə́:rt]

名 デザート

### A: The steak and potatoes were so filling.
### B: Yeah, but there's always room for dessert.

A: ステーキとポテトは、すごく食べ応えがあったね。
B: うん、でもデザートはいつも別腹だよ。

\* filling「食べ応えのある」

💡 room for dessert で「デザートのためのお腹のスペース」→「デザートは別腹」を表せます。入試では dessert「デザート」と desert「砂漠」の違いが強調されますが、普段の会話で混同することはないでしょう。

## 561 ■■■ recommend

[rèkəménd]

動 勧める
▶ recommendation 名 推薦、オススメ

### Could you recommend something on the menu?

メニューでオススメのものを教えていただけますか？

💡 レストランでオススメを聞くときは、例文や What do you recommend? ／ What's your recommendation?「オススメは何ですか？」と言えば OK です。

## 562 ■■■ specialty

名 （店などの）名物、専門

[spéʃəlti]

**A: What cocktails do you recommend here?**
**B: You should try the Moscow Mule. It's our specialty.**

A: ここではどんなカクテルがお勧めですか?
B: モスコミュールをぜひ飲んでみてください。うちの名物ですよ。

> 💡 「スペシャルな（special）もの」→「名物、得意料理、自慢料理、特産」で、レストランでWhat's your specialty?「店の自慢料理は何?」などと使います。

## 563 ■■■ all-you-can-eat

形 食べ放題の、バイキング形式の

[ɔ́ːl-juː-kæn-íːt]

**Many hotels on the island offer their guests an all-you-can-eat breakfast buffet.**

その島の多くのホテルでは、宿泊客に食べ放題の朝食ビュッフェを提供している。
* offer 人 物「人 に 物 を提供する」

> 💡 「あなたが食べることができるすべての」→「食べ放題の」です。「バイキング形式」は和製英語で（Vikingは「北欧の海賊」）、英語ではall-you-can-eatやbuffet（「バフェイ」と読む）を使います。

## 564 ■■■ check

名 伝票、（レストランの）請求書、小切手
動 確認する、預ける

[tʃék]

**Can I have the check, please?**

お会計をお願いします。

> 💡 have the check「伝票を持つ」→「会計をする」以外に、check one's baggage「手荷物を預ける」、check in[out]「チェックイン[チェックアウト]する」など、旅行で使いまくります。

## 565 ■■■ bill

[bíl]

名 請求書、勘定書／**法案**
動 請求書を送る
▶ billing 名 請求書（の作成、送付）

## A: Shall we ask for the bill now?
## B: Yes, I'll call the waiter.

A: もうお会計にしようか？
B: うん、ウェイターを呼ぶよ。

💡 本来「紙切れ」で、billがなまって「ビラ」という日本語が生まれたという説もあります。「代金が書かれた紙切れ」→「請求書」で、ask for the bill「請求書を頼む」→「お会計にする」となります。

## 566 ■■■ split

[splít]

動 分割する、割れる

## A: Shall we split the bill for lunch?
## B: No, I'd like to treat you this time.

A: ランチ代は割り勘にしましょうか？
B: いや、今回は私がおごりますよ。
* treat「おごる」（567番）

💡 split the billで、直訳「勘定書を割る」→「割り勘にする」となります。

## 567 ■■■ treat

[trí:t]

名 おごり、楽しみ、ごちそう
動 おごる、扱う、治療する
▶ treatment 名 取り扱い、治療

## A: Shall we split the cost evenly?
## B: No, it's my treat this time.

A: 割り勘にしましょうか？
B: いえ、今回は私がおごりますよ。
* evenly「平等に」

💡 本来「取り扱う」で、「患者を取り扱う」→「治療する」、「良い扱いをする」→「おごる、おごり、ごちそう、楽しみ」です。It's my treat.「私のおごりです」です（同じ意味のIt's on me.も便利）。

場面別で活躍する「頻出単語」　　　239

## refill

名[ríːfil], 動[riːfíl]

名(飲み物の)おかわり、(薬の)再調剤、詰め替え品
動再び満たす、再調剤する、補充する

**A: Would you like a refill on your iced tea?**
**B: Yes, please. Thank you.**

A: アイスティーのおかわりはいかがですか?
B: はい、お願いします。ありがとうございます。

💡「再び (re) 満たす (fill)」→「補充 (する)」、「飲み物を再び満たす」→「おかわり」です。offer free refills on coffeeなら「無料のコーヒーおかわりを提供する」です。

## extra

[ékstrə]

形追加の、余分の
名余分なもの

**Could I have my coffee with extra milk?**

コーヒーにミルクを追加してもらえますか?

＊「通常のミルクに加えて、さらにミルクを入れてもらえる?」という意味

💡カフェで多めのクリームを「エキストラホイップ」と言います。「余分の」という訳語だけで覚えるとなかなか会話でパッと出てこないので、「追加の」を意識してください。

## piece

[píːs]

名1つ、かけら

**A: Can I have another piece of pecan pie?**
**B: Sure, Emmett. Help yourself.**

A: ビーカンパイ (ペカンパイ) をもう一切れ食べてもいい?
B: もちろん、エメット。お好きにどうぞ。

＊ help oneself「自由に飲食する」

💡「かけら、一片」といった訳語だけで習うことが多いのですが、あくまで「(全体の中の) 1つ」というイメージを持ってください。パイの一切れ、ケーキ1人分などもa pieceだからです。

## 571 ■■■ authentic

[ɔ:θéntik]

形 本物の、本格的な

**Mr. Gutierrez's restaurant is known for its authentic Mexican burritos.**

グティエレス氏のレストランは、本格的なメキシカンブリトーで知られている。

💡 海外旅行のガイドブックでよく見かける単語です。authentic Indian food「本格的な（本場の）インド料理」、an authentic Renoir「ルノワールの真作」などと幅広く使えます。

## 572 ■■■ smoke

[smóuk]

名 煙
動 タバコを吸う
▶ smoking 名 タバコを吸うこと

**A: Does this bar allow smoking?**
**B: No. It's a smoke-free establishment.**

A: このバーは喫煙できますか?
B: いいえ、ここは禁煙の場所です。

＊ establishment「施設、店」

💡 おなじみのsmokeでもいざ使おうと思うと難しいものです。smoke-freeは「自由に吸ってよい」ではなく、「煙がない」→「禁煙の」です（freeは本来「ない」）。

◀)) 573〜576

## 573 ■■■ **have** 🔵💥

[hǽv]

動 持っている

**A: Are you ready to order?**
**B: I'll have a caramel macchiato and a chocolate chip scone, please.**

A: ご注文はお決まりですか?
B: キャラメルマキアートとチョコチップスコーンをお願いします。

💡 海外旅行をすれば毎日使うのが、I'll have ○○.「○○をください」です。eatは直接的すぎるので、haveにすると丁寧な感じを出せます(日本語でも「食べる」ではなく「いただく」という感じ)。

## 574 ■■■ **browse** ❗

[bráuz]

動 (店内を) 見て回る、(本などを) ざっと読む、閲覧する
▶ browser 名 ブラウザ

**A: Do you need help finding anything?**
**B: No, thanks. I'm just browsing for now.**

A: 何かお探しですか?
B: いえ、結構です。今は見ているだけですので。

\* for now「今は、ひとまず」

💡 ネットの「ブラウザ (browser)」は「インターネットでホームページを閲覧するソフト」です。「ざっと見る」イメージで、例文のセリフはI'm just looking.と同じように使えます。

## 575 ■■■ **bulk**
[bʌ́lk]

名 容積、大きいもの、大部分
▶ bulky 形 かさばった

**A: I've been spending a lot on groceries lately.**
**B: You should buy stuff in bulk. That'll save you**
   **some money.**

A: 最近、食料にお金をたくさん使ってるよ。
B: まとめ買いしたほうがいいよ。節約になるから。
＊ grocery「食料」（585番）／ stuff「もの」

💡 「大っきな塊」のイメージで、「容積」→「大きな容積」→「大量、大部分」となりました。
in bulk「大量に、まとめて」です。

## 576 ■■■ **impulse**
[ímpʌls]

名 衝動、刺激

**I often find myself buying lots of things on impulse**
**from online stores.**

気づいたら、オンラインストアでたくさん衝動買いしてることがよくあるんだ。
＊ find OC「OがCするのに気づく」

💡 pulse は「脈拍」です（医療機器に書かれています）。impulse は「つい脈拍が動くような衝動」のイメージで、buy 〜 on impulse「〜を衝動買いする」で使えます。

| 577 ■■■ | **stock** [sták] | 名在庫、株式　動（商品を）補充する |
|---|---|---|

▶ restock 動 補充する、再び仕入れる
▶ stockroom 名（保管）倉庫
▶ stockholder／shareholder 名 株主

## A: Excuse me. Do you have whole-grain crackers?
## B: I'm sorry, ma'am, but they're out of stock.

A: すみません。全粒粉のクラッカーはありますか?
B: 申し訳ありません、お客様、品切れになっております。

\* whole-grain「全粒粉の」

💡 日本でも「ストック（在庫）が切れて」と言います。be out of stock で、「在庫がある状態
からすべて外に出てなくなって」→「在庫が切れて」です。反対は in stock「在庫があっ
て」です。

| 578 ■■■ | **carry** [kǽri] | 動（商品を）置いている、運ぶ、伝える |
|---|---|---|

## The library carries an extensive collection of classic literature.

その図書館には古典文学が豊富に揃っている。

\* extensive「広範囲の」／literature「文学」

💡「運ぶ」→「持っている」→「（店や施設が商品を）置いている、取り扱っている」と使わ
れます。

## range
[réindʒ]

名 範囲、幅
動 及ぶ

**Our store carries a wide range of toys for each age group.**

当店では、各年齢層向けに幅広い玩具を取り揃えております。

💡 サッカーの「シュートレンジ」は「シュートが打てる範囲」です（正確な発音は「レインジ」）。お店の幅広い品揃えを伝えるときに、a wide range of ～「幅広い～」とよく使われれます。

## selection
[silékʃən]

名 品揃え、選択、選考
▶ select 動 選ぶ

**A: I want to try some different kinds of tea.**
**B: There's a shop on Saunders Street with an amazing selection.**

A: いろいろな種類の紅茶を試してみたいんです。
B: サンダース通りに素晴らしい品揃えのお店がありますよ。

💡 「選択（select）された物」→「（お店の）品揃え」となりました。a selection of ～「～の品揃え」にwideがついて、a wide selection of ～「～の幅広い品揃え」でも使われます。

## purchase
[pə́ːrtʃəs]

名 購入（品）
動 購入する

**I got a new phone on sale, and I'm really satisfied with my purchase.**

セールで新しいスマホを買ったけど、本当に満足しているよ。

\* my purchase「私が買ったもの（＝新しいスマホ）」

💡 名詞は「購入品そのもの」と「購入する行為」の両方の意味を持ちます。例文のように「買ったもの」をpurchaseで言えると上級者っぽいです。

## 582 ■■■ goods

[gúdz]

名 商品

### What goods does that shop sell?

あの店ではどんな商品を売っていますか?

> 💡 日本語では記念品やアニメ・ゲームの「グッズ」で使われますが、英語のgoodsは「物全般」を指せます。designer goods「ブランド品」(有名デザイナーの作った商品)、frozen goods「冷凍食品」など幅広く使われます。

## 583 ■■■ fit

[fít]

動 (大きさが) 合う
名 ぴったり合うこと

### A: I wonder if this blouse would fit me.
### B: You should try it on in the fitting room.

A: このブラウスは私に合うかなぁ。
B: 試着室で着てみたら?

\* try 〜 on「〜を試着する」／fitting room「試着室」

> 💡 「ジャストフィット」という言葉が浸透していますが、英語では動詞の用法を意識してください。 衣服 fit 人「 衣服 が 人 にぴったり合う」で使います。

## 584 ■■■ alter

[ɔ́:ltər]

動 変える、(寸法を) 直す
▶ alteration 名 変更、(衣服の) 寸法直し
▶ alternative 形 代わりの 名 代わりのもの[人]
▶ alternate 形 代わりの 動 交互に起こる

### I like these shorts a lot, but they're too baggy. Can they be altered?

この短パンはとても気に入っているのですが、ぶかぶかすぎます。直せますか?

\* baggy「ぶかぶかの、だぶだぶの」

> 💡 キーボードのAltキーは「入力モードを変えるもの」と覚えるのもアリです。「衣服のサイズを人に合わせて変える」→「調整する、(寸法を) 直す」で使えます。

## 585 ■■■ grocery

名 食料雑貨（店）

[gróusəri]

### I'll go grocery shopping after work.

仕事が終わったら、食材の買い出しに行かなきゃ。

💡 「スーパーで売られている食品」のイメージです。「食料を買いに行く」はgo shopping for groceriesでいいのですが、ネイティブっぽくgo grocery shoppingという表現も使ってみましょう。

## 586 ■■■ dairy

形 乳製品の
名 乳製品

[déəri]

### Where's the dairy section?

乳製品売り場はどこですか？

💡 dairy products「乳製品」やdairy section「乳製品売り場」など、スーパーでよく使います（dairy「乳製品」の発音は「デアリィ」です。daily「毎日の」と混同しないように）。

## 587 ■■■ clerk

名 店員、事務員

[klə́ːrk]

### A: I wonder if this store gift-wraps items.
### B: Me too. Let's ask the clerk over there.

A: この店では商品をギフト包装してくれるのかなあ。
B: わからないわ。あそこの店員に聞いてみよう。

\* gift-wrap「ギフト包装する、贈り物用の包装をする」

💡 本来は「事務員」ですが、「（銀行・会社・ホテルなどの）事務員」に限らず、「店員」の意味でも使えることを知っていると便利です。sales[shop/store] clerk「店員」と言うこともあります。

**588** ■■■ # cashier

[kǽʃiər]

名 レジ係

**A: Do you think this top is also on sale?**
**B: I'm not sure. You should ask the cashier.**

A: このトップスもセール対象だと思う？
B: わからないなあ。レジの人に聞いてみたら？

\* on sale「セール中で」

> 💡「現金（cash）を扱う人（er）」→「レジ係」です。日本でも、デパートやスーパーのレジにはCASHIERと書いてあるのでチェックしてみてください。発音は「キャシア」です。

 **589** ■■■ # checkout

[tʃékàut]

名 （スーパーの）レジ、
（ホテルの）チェックアウト
▸ cash register 名レジ

**Is this a self-checkout machine?**

これってセルフレジですか？

> 💡 ホテルの「チェックアウト（勘定を済ませて出ること・場所）」だけでなく、「スーパーで買い物の勘定を済ませること・場所」→「精算、レジ」の意味もあります。self-checkout machine「セルフレジ」です。

 **590** ■■■ # plastic

[plǽstik]

名 プラスチック、ビニール／
クレジットカード
形 プラスチック製の、ビニールの

**A: Paper or plastic?**
**B: Plastic, please.**

A: 紙袋にしますか、ビニール袋にしますか？
B: ビニール袋でお願いします。

> 💡 日本語では「硬い合成樹脂」を「プラスチック」、「やわらかい合成樹脂」を「ビニール」と言いますが、英語ではどちらもplasticです。plastic bagは「ビニール袋」、plastic bottleは「ペットボトル」です。

## 591 ■■■ line
[láin]

名 列／電話線／手紙／職業／品揃え、ラインナップ
動 並ぶ、並ばせる

**A: Come to that ramen shop with me.**
**B: I'd rather not. I don't like standing in line.**

A: 一緒にあのラーメン屋に行こうよ。
B: やめておくよ。列に並ぶのが好きじゃないんで。

\* I'd rather not. 「私はあまりしたくありません／遠慮しておきます」

💡色々な意味がありますが、日本紹介や出かけるときに多用するのが「列」です。(stand) in line「列になって（並ぶ）」、cut in line「列に割り込む」のように使います（lineは、a lineやlinesでもOK）。

## 592 ■■■ 24/7
[twéntifɔːr sév(ə)n]

副 24時間365日ずっと

**Our security department uses cameras to monitor the shopping mall 24/7.**

私たちのセキュリティ部門は、カメラを使って24時間365日ショッピングモールを監視しています。

\* monitor「監視する」（746番）

💡直訳は「24時間、週7日」です。文字で見ればなんとなく想像できますが、会話やニュースで音だけ聞くと何のことかわからないので、しっかりチェックしておきましょう。

## return

[ritə́ːrn]

動 戻る、返す
名 戻ること、返すこと、
　（returnsで）返品

**A: Can I return this sweater? It's too small for my sister.**

**B: I'm sorry, sir, but we do not accept returns.**

A: このセーターは返品できますか? 妹には小さすぎて。
B: 誠に申し訳ありませんが、返品は受け付けておりません。

💡「戻る」だけでなく、「店に返す」→「返品（する）」でも使えます。例文のAは動詞「返品する」、Bは名詞「返品」です。

## defective

[diféktiv]

形 欠陥のある
▸ defect 名 欠陥
▸ faulty 形 欠陥のある、誤った

## The lawnmower was truly defective.

その芝刈り機は本当に欠陥品だった。

\* lawnmower「芝刈り機」

💡 defectは「パーフェクト（perfect = fect）から離れている（de）」→「欠陥」で、その形容詞がdefectiveです。return a defective item「不良品を返品する」のように使います。

## refund

名[ríːfʌnd], 動[rifʌ́nd]

名 返金
動 返金する

## Jerome wasn't satisfied with his purchase, so he returned it for a refund.

ジェロームは購入した商品に満足できなかったので、返金を求めて返品した。

\* purchase「購入品」（581番）

💡「再び（re）お金（fund）を払う」→「返金（する）」です。トラブルやお金関係の単語は、特に正確に使えるようにしておきましょう。

## 596 ■■■ discount

名 割引
動 割り引く

名[dískaunt], 動[dískaunt/diskáunt]

**If you present this coupon to the cashier, you will receive a 10 percent discount.**

レジの人にこのクーポンを提示すると、10%の割引が受けられます。

\* present「提示する」／ cashier「レジ係」（588番）

💡「反対に (dis) 数える (count)」→「割引」です。receive[get] a discount「割引してもらう」となります。

---

## 597 ■■■ voucher

名 引換券、クーポン券
▸ coupon 名 クーポン券

[váutʃər]

**This voucher cannot be used in combination with any other discounts.**

このクーポン券は他の割引と併用できません。

\* in combination with ～「～と併せて」

💡「商品・サービスを利用できる券（食事券、商品券、宿泊券、割引券など）」のことで、meal voucher なら「お食事券」となります。例文はクーポン券に注意書きとして書かれることもあります。

---

## 598 ■■■ valid

形 有効な、妥当な
▸ validate 動 有効にする
▸ invalid 形 無効な

[vælid]

**Are you sure that the warranty on your computer is still valid?**

あなたのパソコンの保証はまだ有効ですか?

\* warranty「保証」

💡 value「価値」と関連があり、「期限内なら価値がある」→「有効な」となりました。「（クーポン券・保証などが）有効な、使える」という意味でよく使います。

---

## 599 ■■■ expire
[ikspáiər]

動 期限が切れる
▶ expiration 名 終了、満期

**A: Can I still use this discount coupon?**
**B: Unfortunately, it expired yesterday, so it's no**
**longer valid.**

A: この割引クーポンはまだ使えますか?
B: 申し訳ありませんが、昨日に有効期限が切れておりますので、もうご利用いただけません。

💡 「外に (ex) 息を吐く (spire)」→「(息を吐き尽くして) 終わる」→「期限が切れる」です。
「(クーポン・保証などの) 有効期限が切れる」の意味でよく使います。

## 600 ■■■ value

[vǽljuː]

名 価値
動 評価する、査定する、大切にする
▶ valued 形 評価された、大切な
▶ valuable 形 貴重な、価値のある　名 貴重品

**Mr. Bell's TV has great picture quality. It wasn't**
**cheap, but it's good value for the price.**

ベルさんのテレビは画質がすごくいい。安くはなかったけど、値段相応の価値があるよ。

💡 be good value for the price[money]で、直訳「その値段 (the price) の割には (for)
良い価値だ (be good value)」→「値段に見合う価値がある」となります。

## 601 ■■■ reasonable

[ríːzənəbl]

形 理にかなった、
(値段が) 手頃な
▶ reasonably 副 理にかなって、ほどよく

**The admission charge for the show was reasonable.**

ショーの入場料はお手頃だった。
\* admission charge「入場料」(518番)

💡 「リーズナブルな値段」とは「激安」ではありません。本来「道理 (reason) にかなった」
→「その物に見合う納得いく値段」です。cheapは「安っぽい」イメージが出るので、代
わりにreasonableを使ってみてください。

## 602 ■■■ competitive

[kəmpétətɪv]

形 競争力がある、他に負けない
▶ compete 動 競争する、競う
▶ competition 名 競争
▶ competitor 名 競争相手、競合企業

## The company ensures that its products are sold at competitive prices.

その会社は自社製品を競争力のある（他社より安い）価格で販売することを保証している。

\* ensure「保証する」

💡「ライバルと張り合える・負けない」イメージで、広告で使われる competitive price は「他店に負けない（＝安い）値段」、求人で使われる competitive salary は「他社に負けない（＝高い）給料」となります。

## 603 ■■■ worth

[wə́ːrθ]

前 価値がある
▶ worthy 形 価値がある

## A: Shall we see if the dollar store sells coat hangers?
## B: It's worth a shot. Let's go.

A: 100円ショップでハンガー売ってるか見てみようか？
B: 試してみる価値はあるね。行こう。

\* dollar store「1ドルショップ」（主に1ドル以下の商品を売る安売り店）／ coat hanger「ハンガー」

💡 受験でよく出るのは、S is worth -ing「Sは〜の価値がある」で、たとえば be worth buying[visiting]「買う[訪れる]価値がある」です。後ろに単に名詞が来てもOKで、be worth a try[shot]「やってみる価値はある」は日常会話で便利ですよ。

## 604 ■■■

# must
[mʌ́st]

名 必須のもの
助 〜しなければならない、
〜にちがいない

**A: Have you seen the new art exhibit?**
**B: Not yet, but I heard it's a must-see.**

A: 新しい美術展は見た?
B: まだだけど、必見だって聞いたよ。

💡 名詞として、a must「必須のもの」や、a must-○○「○○すべきもの」で使えます。a must-see「必見（のもの）」／a must-visit「訪れるべき場所」／a must-buy「買わなきゃ損（のもの）」です。

## 605 ■■■

# fee
[fíː]

名 入場料、報酬、授業料、
公共料金、手数料

**What's the fee for entry to the gallery?**

ギャラリーへの入場料はいくらですか?

💡 「専門職・公共団体への支払い」で、additional fee「追加料金」／cancellation fee「キャンセル料」／membership fee「会費」／entry fee「入場料」のように使われます。

## 606 ■■■

# reward(s) card
[ríwɔːrd(z) kɑːrd]

名 ポイントカード
▶ loyalty card 名 ポイントカード

**A: Do you have a reward card for this store?**
**B: Yes. It's somewhere here in my wallet.**

A: 当店のポイントカードはお持ちですか?
B: はい。財布のどこかに入っています。

💡 「客に報酬を与える（reward）カード（card）」→「ポイントカード」で、海外でもよく使われます。loyalty cardとも表せます（loyalty「忠誠心」）。

## 607 ■■■ accept
[æksépt]

**動 受け入れる**
▶ acceptable 形 受け入れられる
▶ acceptance 名 受け入れ

### Do you know if they accept Apple Pay at that store?

あの店でApple Payが使えるかどうか知ってる?

💡 Do you accept credit cards? は、直訳「あなたのお店はクレジットカードを受け入れますか?」→「クレジットカードは使えますか?」で、支払い方法の確認に便利です。

## 608 ■■■ cash
[kǽʃ]

**名 現金**
▶ cashless 形 現金のいらない、
　　　　　　　キャッシュレスの

### Will you be paying by cash or by credit card?

お支払いは現金ですか、それともクレジットカードですか?

💡 「(銀行の) キャッシュカード」はあくまで「現金を扱うカード」で、cash自体は「現金」という意味です。pay by[in] cash「現金で支払う」、accept cash only「現金のみ対応」など海外旅行で必須の表現です。

## 609 ■■■ payment
[péimənt]

**名 支払い、返済**
▶ pay 動 支払う

### This gift shop offers various payment options, including Apple Pay.

このギフトショップでは、Apple Payを含む様々な支払い方法を用意している。

\* including「～を含めて」(611番)

💡 payment option「支払いの選択肢」、payment method「支払い方法」、make a cash payment「現金での支払いをする」などと使います。

## 610 ■■■ tip

[típ]

動 チップをあげる
名 チップ、助言、先端

**A: Did you remember to tip the waiter?**
**B: Yes, I left the tip on the table.**

A: ウェイターへのチップは忘れてない？
B: ええ、チップはテーブルに置いておきましたよ。

> 本来「もらってちょっと嬉しいもの」で、「お金」をもらえば「チップ」、「言葉」をもらえば「助言」です（日本でもtipsと使われる）。例文のAでは動詞「チップをあげる」、Bでは名詞「チップ」です。

## 611 ■■■ include

[inklúːd]

動 含む
▶ including 前 ～を含めて
▶ inclusion 名 包含、含まれているもの
▶ exclude 形 締め出す、排除する

**A: How much should we tip the waitress?**
**B: I believe the tip is included in the bill.**

A: ウェイトレスへのチップはいくら払うべきですか？
B: チップは請求書に含まれていると思います。

> 「中に（in）閉じる（clude = close）」→「含む」で、be included in ～「～に含まれている」の形でよく使います。including「～を含めて」は、the price including sales tax「消費税込みの値段」と使われます。

## 612 ■■■ withdraw

[wiðdrɔ́ː]

動 引き出す／引っ込める／
撤回する、撤退する

**Have you withdrawn cash for our trip?**

旅行に使うお金は引き出した？

> drawは本来「引く」で（「線を引く」→「描く」が有名）、withdrawは「引っ込める」→「お金を引き出す」となります。他に「発言を引っ込める」→「撤回する、撤退する」などの意味もあります。

## 613 ■■■ loan

[lóun]

名 貸し付け、ローン
動 貸す

**A: How did you buy your new sedan?**
**B: I took out a loan from a bank.**

A: 新しいセダンはどうやって買ったの?
B: 銀行からローンを組んだんだ。

💡 意味自体は有名ですが、take out a loan・get a loan「ローンを組む、融資を受ける」、pay back my student loans「学生ローン (返済が必要な奨学金) を返済する」などと使えるようにしましょう。

## 614 ■■■ deposit

[dipázit]

名 手付金、頭金、敷金
動 置く、預ける

**I paid a deposit equal to one month's rent.**

私は家賃の1ヵ月分の敷金を支払った。
＊ equal to ～「～と同じ」／rent「家賃」(390番)

💡 本来「置いたお金」→「預ける、預金、手付金、頭金」となります。例文のように「敷金 (家を借りる際に最初に払う保証金)」の意味でも使えます。

## 615 ■■■ insure

[inʃúər]

動 保険をかける
▶ insurance 名 保険 (料)

**A: Is your new smartphone insured?**
**B: Of course. I always get insurance for my phones.**

A: 新しいスマホは保険に入ってる?
B: もちろん。携帯電話にはいつも保険をかけているんだ。

💡「中に (in) 確実さ (sure) を込める」→「保険をかける」です。海外に行くときの保険で使うでしょう。

## 616 ■■■ utility
[ju:tíləti]

名 公共料金、実用性、公共事業

### Does the rent include utilities?

家賃に光熱費は含まれていますか?

💡 useと関連があり、「使える・役立つこと」→「実用性」、「社会全体に実用的なもの」→「公共事業」→「(電気・ガス・水道などの) 公共料金、光熱費」と考えてください。

## 617 ■■■ overcharge
[òuvərtʃɑ́:rdʒ]

動 過剰に請求する
▶ charge 動 請求する

### A: This water bill is higher than usual.
### B: Hmm... Maybe you've been overcharged.

A: この水道代、いつもより高いね。
B: うーん、もしかしたら、過剰請求されているかもね。

💡 「通常よりオーバーに (over) 請求する (charge)」→「過剰に請求する」で、be overcharged (for 〜)「(〜に対して) 過剰に請求される」の形でよく使います。海外旅行ではしっかり伝票をチェックしましょう。

## 618 ■■■ exchange
[ikstʃéindʒ]

名 両替(所)、交換
動 交換する

### Where's the nearest currency exchange?

一番近くの両替所はどこですか?

💡 海外の両替所でも日本の銀行での両替コーナーでも、看板などにはexchangeと表示されています。currency exchange「通貨の交換場所」→「両替所」です。

## 619 ■■■ delivery
[dilívəri]

名 配達

# I missed the delivery of my package this morning.

今朝、荷物を受け取り損ねました。

💡 オンラインショッピングや食品配達が急増した現代では欠かせない単語です。miss the delivery「配達を逃す・受け取り損ねる」、cash on delivery「代金引換払い」（C.O.Dと表記されることも）などと使います。

## 620 ■■■ deliver
[dilívər]

動 配達する／伝える、（発表などを）行う

# A: When are they going to deliver our new fridge?
# B: The delivery is scheduled for Monday.

A: 新しい冷蔵庫はいつ届くの?
B: 配達は月曜日の予定です。

＊ fridge「冷蔵庫」

💡 deliveryの動詞形です。deliver an order「注文品を配達する」、have a pizza delivered「ピザを配達してもらう、ピザのデリバリーを頼む」などと使います（have O p.p.「Oを〜してもらう」）。

## 621 ■■■ shipping
[ʃípiŋ]

名 発送、配送
▸ ship 名 船 動 発送する、配送する
▸ shipment 名 発送、配送（品）

## Is the shipping fee included in the price?

送料は料金に含まれていますか？

💡 shipは本来「船」→「船で運ぶ」ですが、現在では陸路・空路でも「発送する」で使えます。ネットショッピングで、shipping fee「配送料」の確認は欠かせませんね。

## 622 ■■■ express
[iksprés]

形 速達の、急行の
動 表現する
名 急行列車
▸ expression 名 表現、表情

## The secretary opted for express shipping so the company would receive the new uniforms quickly.

秘書は、会社がすぐに新しい制服を受け取れるように速達便を選んだ。

\* secretary「秘書」／opt for ～「～を選ぶ」／so (that) s would~「sが～するために」

💡 「外に（ex）考えを押し出す（press）」→「表現する」、「外に押し出すほど一気に走る」→「急行の、速達の」です。配送方法を選ぶとき、express delivery[shipping/mail]「速達便」と使います。

## 623 ■■■ manner
[mǽnər]

名 方法／態度／
（複数形で）行儀、風習

## The package arrived in a timely manner, just as the e-commerce store had promised.

通販サイトが約束していた通り、荷物はタイミング良く[迅速に]届いた。

\* e-commerce store「ECストア、通販サイト」

💡 「行儀」のときは複数形（manners）で使います。普段は「方法、態度」が大事で、in a timely mannerは「タイムリーな方法で」→「タイミング良く、早急に」です。

## 624 ■■■ fragile

[frǽdʒəl]

形 壊れやすい、もろい
▶ fragility 名 壊れやすさ、脆弱性

## Can you please handle that box with care? It contains several fragile items, like glassware.

その箱を丁寧に扱っていただけますか？　ガラス製品などの壊れやすいものがいくつか入っていますので。

＊ with care「注意して、慎重に」／glassware「ガラス製品」

💡空港で荷物を預ける際に「取り扱いに注意して」と伝えるとFRAGILEというステッカーが貼られます（「壊れ物注意」くらいの意味）。海外で生活する場合、引っ越しで使うかもしれません。

## 日本紹介
## 文化、自然、歴史

🔊)) 625〜630

**625** ■■■ **show** 動 見せる

[ʃóu]

## A: We're planning to visit Tokyo in April.
## B: That's nice. I'll show you around my favorite spots.

A: 4月に東京を訪れる予定です。
B: それはいいね。私のお気に入りの場所を案内するよ。

💡 show 人 around 〜 は、直訳「人 に〜の周りを見せる」→「人 に〜を案内する」です。外国人を案内するときに使いたい表現ですね。

**626** ■■■ **anime** 名 アニメ

▶ manga 名 マンガ

[ɑ́ːnimèi]

## Who's your favorite anime character?

一番好きなアニメのキャラクターは?

💡 日本のアニメは海外でも人気です。タイのホテルで、わざわざ支配人が日本のアニメの話をしにきたこともあるほどです。ちなみに「マンガ」もそのままmangaで通じることが多いです。

**627** ■■■ **geek** 名 オタク

[gíːk]

## Mandy is a total geek. She's obsessed with *DRAGON BALL* and other anime.

マンディは完全なオタクだ。『ドラゴンボール』などのアニメに夢中になっている。
\* be obsessed with 〜「〜に夢中だ」(823番)

💡 主にネット・アニメなどの「オタク」のイメージがあります。ちなみに、日本好きな人にはそのままotakuで通じることもあります。

## 628 ■■■ nerd

[名]オタク、ガリ勉

[nə́ːrd]

**Eloise is such a computer nerd. Can you believe she built herself a PC from scratch?**

エロイーズは本当にパソコンオタクなんだ。ゼロから自分でPCを作ったなんて信じられる？

* from scratch「最初から、ゼロから」

💡 geekと原則的に同じだと思ってOKですが、nerdは主に「ネット・数学・科学などにのめりこんで、ファッションなど他のことに興味がない」といったマイナスイメージで使われます。

## 629 ■■■ food stall

[名]屋台

[fúːd stɔ́ːl]

**Food stalls, offering a range of cuisines, were set up around the festival grounds.**

様々な料理を提供する屋台が祭りの会場のあちこちに出店した。

* a range of ～「様々な～」（579番）／ cuisine「料理」

💡 stallは「一仕切りの区画、売店、露店」の意味があり、food stall「屋台」です。

## 630 ■■■ firework

[名]花火

[fáiərwəːrk]

**I went to a firework display with my friends.**

友だちと花火大会に行ったよ。

💡「火の（fire）作品（work）」→「花火」です。気にしなくていいことですが、fireworks display・fireworks festivalのようにsがついた形で使われることもあります。

## 631 ■■■ **cherry blossoms**

[tʃéri blásəmz]

名桜の花
▶ blossom 名花
動開花する、発達する

### Many Japanese people enjoy cherry blossom viewing.

多くの日本人が花見を楽しんでいる。

💡 花は複数あるので、普段は cherry blossoms ですが、cherry blossom viewing「花見」のように cherry blossom を形容詞的に使う場合は単数形です。

## 632 ■■■ **bloom**

[blúːm]

名花、開花
動花が咲く

### Have you seen the cherry trees? They're in full bloom!

桜の木、見た？　満開だよ！

💡 桜・バラなど「観賞用の花」を表します。in bloom「開花状態」→「咲いている」で、これに full がつくと「満開で」になります。

## 633 ■■■ **hot spring**

[hάːt spríŋ]

名温泉

### We enjoyed soaking in a natural hot spring.

私たちは天然温泉に浸かって、とても気持ち良かった。

\* soak in 〜「〜に浸かる」

💡 spring は本来「バネが飛び出す」イメージで、「芽が飛び出す季節」→「春」の意味が有名です。「地面から水が飛び出す」→「泉」の意味もあり、hot spring は「温泉」です。

## 634 ■■■ prefecture 名 県
[príːfektʃər]

**In your opinion, which prefecture has the best hot springs?**

あなたの考えでは、最高の温泉がある県はどこですか?

> 💡「県」以外に「京都府、大阪府」にも使えます。TokyoとHokkaidoはそのままで (何もつけなくても) OKです。

## 635 ■■■ statue 名 像
▶ sculpture 名 彫刻
[stǽtʃuː]

**Tourists from all over the world come to see the famous Buddha statue in Kamakura.**

世界中の旅行者が鎌倉の有名な仏像を見に来ます。

> 💡 英語の教科書ではStatue of Liberty「自由の女神像」ばかりが使われがちですが、日本紹介ではBuddha statue「仏像」が必須です。

## 636 ■■■ island 名 島
[áilənd]

**Japan has four major islands: Honshu, Hokkaido, Kyushu and Shikoku.**

日本には、本州、北海道、九州、四国という4つの主な島があります。

> 💡「小さな島」の印象が強いかもしれませんが、例文の使い方をマスターしておきましょう。an island nation[country]は「島国」です。

## 637 ■■■ top
[táp]

動 上にのせる
名 頂上
▶ topping 名 トッピング

**My favorite meal in Otaru was a bowl of rice topped with red caviar and sea urchin.**

小樽で私が1番好きだった食事は、いくらとウニが載った丼（ウニいくら丼）だった。

\* red caviar「いくら」／ sea urchin「ウニ」

💡「トッピング（topping）」の由来はこの動詞なのです。A topped with B「Bをトッピングされた A」→「Bが載っている A」で、料理を紹介するときに大活躍する表現です。

## 638 ■■■ ferment
[fərmént]

動 発酵させる
▶ fermented 形 発酵した

***Natto* is fermented soybeans, and it has a unique flavor and texture.**

納豆は発酵大豆のことで、風味や食感が独特です。

\* soybean「大豆」／ texture「食感」

💡 納豆は fermented soybeans「発酵された大豆」と表します。日本料理には、発酵食品（fermented food）がたくさんありますね。

## 639 ■■■ raw
[rɔ́ː]

形 生の、加工していない

**Raw eggs can seem disgusting to non-Japanese people.**

生卵は外国人にとって気持ち悪いと思われることもあります。

\* can「ありえる」／ disgusting「気持ち悪い」（313番）

💡「むき出しの」イメージで、料理関係では raw fish「生魚」／ raw meat「生の肉」／ raw eggs「生卵」と使います。

**shrine**

(名) 神社
▸ temple (名) 寺

[ʃráin]

## I visit a shrine on New Year's Day every year.

私は毎年元旦に神社を訪れます。

💡 なぜかtemple「お寺」だけが有名で、shrineはないがしろにされています。日本紹介では必ず使えないといけない単語の1つですよね。

641 ■■■ **sacred**

(形) 神聖な

[séikrid]

## Itsukushima Shrine on Miyajima Island is regarded as a sacred place.

宮島の厳島神社は神聖な場所だと考えられている。

\* regard A as B「AをBとみなす」

💡 宗教や神社などの説明で重宝する単語です。ちなみに、「パワースポット」はsacred placeやspiritual placeなどと表現できます。

642 ■■■ **religious**

(形) 宗教的な
▸ religion (名) 宗教

[rilídʒəs]

## A: Is Enzo a religious person?
## B: Yes, he was born Catholic but later converted to
##    Judaism.

A: エンゾウって、何か宗教とか信じてる?
B: うん、カトリック教徒として生まれたんだけど、後になってユダヤ教徒に改宗したんだ。

\* Catholic「カトリック教徒」／convert A to B「AをBに改宗させる」／Judaism「ユダヤ教」

💡 a religious personは「宗教的な人」と訳されますが、かみ砕くと、たとえば例文の和訳例のようになります。

**643** ■■■ # Buddhism
[bú:dizm]

名仏教
▶ Buddhist 名仏教徒　形仏教徒の
▶ Buddha 名ブッダ

## Shinto and Buddhism are the most popular religions in Japan.

神道と仏教は日本で最も一般的な宗教です。

\* Shinto「神道」

💡「ブッダ（Buddha）の教え（ism）」→「仏教」です（"-ism"は「主義、信仰」）。例文はそのまま日本紹介で使えます。

 **644** ■■■ # Christianity
[kristʃiǽnəti]

名キリスト教
▶ Christian 名キリスト教徒
　　　　　　形キリスト教の
▶ Christ 名キリスト

## These novels explore themes related to Christianity in Japan's history.

これらの小説は、日本の歴史におけるキリスト教に関連するテーマを探求している。

\* explore「探求する」／ related to ～「～に関連する」

💡「クリスチャン、キリシタン（Christian）」は有名ですが、意外と言えないのが Christianity です。

 **645** ■■■ # pray
[préi]

動祈る
▶ prayer 名祈り、祈る人

## Every morning, my grandmother lights incense and prays to her ancestors.

毎朝、祖母はお香を焚いて、先祖へお祈りしている。

\* light「火をつける」／ incense「お香」／ ancestor「先祖」

💡 以前、一緒に仕事したアメリカ人が「prayという重要単語を知らない日本人が多すぎる」と嘆いていたので、もうそんなことは言わせないように、ここでマスターしておきましょう。

# meditation

[mèdətéiʃən]

(名) 瞑想、坐禅
▶ meditate (動) 瞑想する、じっくり考える

## Many people visit Japanese temples to practice Zen meditation.

多くの人が日本のお寺に坐禅を体験しに訪れている。

💡 practice (Zen) meditation で「坐禅を組む」です。このpractice「実践する」も一緒に言えるようにしておきましょう。

# heritage

[hérətidʒ]

(名) 遺産

## Mount Fuji is registered as a World Heritage Site.

富士山は世界遺産に登録されています。

💡 本来「受け継がれた（herit）こと（age）」→「遺産」です（inheritは「受け継ぐ」）。World Heritage Site「世界遺産」やcultural heritage「文化遺産」は、海外旅行でも目にする表現です。

# designate

[dézignèit]

(動) 指定する

## Nikko Toshogu Shrine is designated as a World Heritage Site and is one of the most sacred places in Japan.

日光東照宮は世界遺産に指定されており、日本で有数の神聖な場所である。
* one of the 最上級 複数名詞 「最も～なうちの1つ、有数の～」／sacred「神聖な」（641番）

💡 「すごく（強調のde）目印（sign）をつける」→「指定する」です。be designated as a World Heritage Site「世界遺産に指定されている」で使ってみてください。

**traditional**
[trədíʃənl]

形 伝統的な、従来の
▸ tradition 名 伝統、慣習
▸ traditionally 副 伝統的に、従来は

**The kendama is a traditional Japanese toy consisting of a handle, a pair of cups, and a ball.**

けん玉は日本の伝統的なおもちゃで、けん、皿胴、玉でできている。
＊ consist of 〜「〜でできている」

💡 traditional Japanese foods「日本の伝統料理」、traditional Japanese culture「日本の伝統文化」など、日本文化の紹介で重宝します（英語ではtraditionalの後ろにJapaneseが来る順番を口に馴染ませてください）。

 **home**
[hóum]

名 発祥地、本場、生息地
副 家に

**Kyoto is home to many ancient temples where visitors can practice Zen meditation.**

京都には、訪れた人が座禅を組むことができる古刹（古い寺）が数多くある。
＊ practice Zen meditation「座禅を組む」（646番）

💡 場所 is home to 〜 で、「場所 は〜にとってのホームだ」→「場所 は〜の本場だ、場所 に〜がある・いる」となります。例文のように日本紹介でも便利ですし、ニュースでも頻繁に出てくる表現です。

 **emperor**
[émpərər]

名 天皇、皇帝

**I think the emperor system in modern Japan is unique.**

現代の日本での天皇制は独特だと思います。

💡「皇帝」と訳されることが多いのですが、日本紹介の英文なら「天皇」の意味で、emperor Showa「昭和天皇」やemperor system「天皇制」と使えます。

# palace

名 宮殿

[pǽlis]

## She enjoys running around the Imperial Palace every weekend.

彼女は毎週末、皇居ランを楽しんでいる。

💡 the Imperial Palace は「皇居」です（imperial「皇帝の、天皇の」はemperorの形容詞形）。

# reign

名 統治
動 統治する

[réin]

## The 1964 Tokyo Olympics took place during the reign of Emperor Showa.

1964年の東京オリンピックは、昭和天皇の時代に開催された。

💡 England under the reign of Queen Anne「アン女王統治下の英国」といった例に限らず、例文のように日本のことでも使えます。発音は「レイン」でrainと同じです。

# shogunate

名 将軍の職、幕府
▶ shogun 名 将軍

[ʃóuɡənət]

## Perry's arrival in 1853 had a significant impact on the shogunate's policies.

1853年のペリー来航は幕府の政策に大きな影響を与えた。

\* have a significant impact on ～「～に大きな影響を与える」

💡「将軍」はそのままshogunという英語になっています。「将軍の職、幕府」にはshogunateが使われ、日本の歴史を語る上で必要な単語です。

**655** ■■■ **era** 　　　　　　名 時代
[íərə]

## During the Edo era, Japan adopted a policy of isolation and limited contact with the outside world.

江戸時代、日本は鎖国政策をとり、外部との接触を制限していた。

\* adopt「採用する」／isolation「孤立」

> 💡 the Edo era「江戸時代」、the Meiji era「明治時代」のように使えます（eraの代わりにperiodでもOK）。

🔊 656〜658

## 656 ■■■ **health** [hélθ]

名 健康
▶ healthy 形 健康的な

### You've got to get more sleep, Libby. A lack of sleep can negatively affect your health.

もっと寝なきゃだめよ、リビー。睡眠不足は健康に悪影響を与える可能性があるんだから。
\* have got to~「〜しなければならない」

💡 X is good for one's health「Xは人の健康に良い」という言い方もよく使うのですが、応用として、negatively affect one's health「人の健康にマイナスに影響する」もぜひ使いこなしてください。

## 657 ■■■ **expectancy** [ikspéktənsi]

名 予想、期待
▶ expect 動 予想する、期待する

### According to the news, Monaco has the highest life expectancy in the world.

ニュースによると、モナコの平均寿命は世界一だという。

💡 life expectancy「人生 (life) がどれくらいかを予想・期待する (expect) もの」→「平均寿命」となります。

## 658 ■■■ **shape** [ʃéip]

名 形、(健康) 状態
動 形作る

### I try to stay in shape by jogging for an hour every morning.

私は毎朝1時間ジョギングして、体型を保とうとしている。

💡 本来は「形」で、「シェイプアップ」は「体の形を調える」ということです。stay[keep] in shape「体型を維持する」と使います。

## 659 ∎∎∎ thin

[θín]

形 痩せた、薄い、細い
▶ lean 形 痩せた、引き締まった
▶ skinny 形 痩せこけた

### I didn't recognize Claire. She's so thin now.

クレアだとわからなかったよ。かなり痩せちゃってるから。

💡「シンナー (thinner)」は「塗料を薄めるもの」で、thin は「体格が薄い」→「痩せて」の意味でも使えます。

## 660 ∎∎∎ thick

[θík]

形 太い、厚い、濃い

### The wrestler's thick legs pinned his opponent to the mat.

レスラーの太い足が相手をマットに押さえつけた。

\* pin A to B「A を B に固定する」／ opponent「相手、敵」

💡 thin が「ヒョロッと」したイメージなのに対して、thick が「芯が太い」イメージで、「厚い、太い」などの意味になります。fat「太った」は直接的すぎるので、その婉曲表現としても使われます。

## 661 ∎∎∎ belly

[béli]

名 お腹

### Colin has been jogging every morning to lose his beer belly.

コリンはビール腹をなくすために、毎朝ジョギングをしている。

💡 stomach「胃、お腹」と似た意味ですが、belly はお腹の体型に関して a beer belly「ビール腹」、pot belly「太鼓腹、腹が出ている人」と使います。

## 662 ■■■ weight [wéit]

名 体重、重さ

**I've been putting on weight recently.**

最近、体重が増えてきたんだ。

💡 gain[put on] weightで「体重を得る[身につける]」→「体重が増える、太る」、lose weightで「体重を減らす、痩せる」となります。

## 663 ■■■ weigh [wéi]

動 重さがある、重さを量る／
比較検討する

**My husband says his weight is 78 kilos, but actually he weighs 87.**

ウチの旦那は、自分では体重が78キロだと言っているけど、実際は87キロある。

💡 名詞weightに対してweighは動詞だと意識してください。weigh myself「自分の体重を量る」、weigh X kilograms「体重がXキロだ」などを使えるようにしておきましょう。

## 664 ■■■ diet [dáiət]

名 食事、ダイエット
▶ dietary 形 食事の
▶ dietician 名 栄養士

**I'm on a low-carb diet.**

低炭水化物ダイエットをしているんだ。

\* low-carb「低炭水化物の」

💡 本来は「食事」で、「きちんとした食事を取って体重を減らすこと」→「ダイエット」となります（そのため英語のdietに「運動して痩せる」ことは含みません）。be on a diet「ダイエット中で」です。

## 665 ■■■ exercise
[éksərsàiz]

名 運動、行使
動 運動する、使う、発揮する

**I haven't been getting enough exercise. So, starting next month, I'm going to go to the gym every day.**

（最近）十分な運動ができていない。だから、来月からは毎日ジムに通うよ。

* starting 〜「〜から」

💡 名詞も動詞も同じ形です（例文は名詞）。名詞はget regular exercise「定期的な運動をする」、動詞はI exercise daily.「私は毎日、運動します」のように使います。

## 666 ■■■ workout
[wɔ́ːrkàut]

名 運動、トレーニング
▶ work out 動 （規則的に運動して）体を鍛える、解決する

**A: We had a great workout, eh?**
**B: Yeah, we'll definitely be sore in a day or two.**

A: いいトレーニングだったね。
B: うん、1日か2日したら、絶対筋肉痛になるよ。

* ~,eh?「〜だね」（同意・返答を促す）／ sore「痛い」（705番）

💡 ジムで1セットの運動を「ワークアウト」と呼ぶことがあります。a 30-minute workout「30分間の運動」、do an abs workout「腹筋のトレーニングをする」です（abs「腹筋」）。

## 667 ■■■ push-up
[púʃ-Àp]

名 腕立て伏せ

**To strengthen my upper body, I always do 50 push-ups before breakfast.**

上半身を強化するため、いつも朝食前に腕立てを50回します。

* strengthen「強くする」／ upper「上の」

💡 「地面を腕で押して（push）体を上げる（up）」→「腕立て」で、do push-ups「腕立て伏せをする」と使います（普通は1回でやめることはないので複数形で使います）。do sit-upsは「腹筋する」です。

## 668 ■■■ harm

[háːrm]

名 害
動 損なう、傷つける
▶ harmful 形 有害な

### Exercising without warming up properly often does more harm than good.

きちんとウォーミングアップせずに運動することは、良いことよりむしろ悪い影響を与えることも多い。

\* properly「適切に」

💡 do more harm than goodは、直訳「善よりも多くの害を与える（do）」で、「メリットよりデメリットのほうが大きい」という感じで使えます。

## 669 ■■■ metabolism

[mətǽbəlìzm]

名 新陳代謝
▶ metabolic 形 新陳代謝の

### My doctor recommended regular exercise to boost my metabolism for weight loss.

主治医が、減量のために新陳代謝を高める定期的な運動を勧めた。

\* boost「高める」

💡 「メタボ（メタボリック・シンドローム）」は「新陳代謝が悪くなること」であって、metabolic自体が「太った」という意味ではありません。

## 670 ■■■ nutrition

[njuːtríʃən]

名 栄養
▶ nutritional 形 栄養上の
▶ nutritious 形 栄養に富んだ
▶ nutritionist 名 栄養士

### Although Roxanne is a picky eater, she makes sure to get the proper nutrition.

ロクサーヌは偏食だが、きちんと栄養は摂るようにしている。

\* picky「好き嫌いの激しい」／proper「適切な」

💡 nurse「看護師」は本来「育てる人」で、nourish・nurture「育てる」と関連があります。nutritionは「育てるもの」→「栄養」です。

## 671 ■■■ additive
[ǽdətiv]

名 添加物　形 付加的な
▶ add 動 加える
▶ addition 名 加えること
▶ additional 形 追加の

## Is this snack really additive-free?

このスナックは本当に無添加なの?

> 💡「食べ物に加える(add)もの」→「食品添加物」で、食べ物のパッケージにno additives「無添加」やno preservatives「保存料未使用」と書かれています。additive-freeで「添加物がない」→「無添加の」です。

## 672 ■■■ balanced
[bǽlənst]

形 バランスがとれた
▶ balance 名 バランス
　　　　　動 バランスをとる

## The secret to staying healthy is eating a balanced diet and getting enough exercise.

健康を維持する秘訣は、栄養バランスのとれた食事をとり、十分な運動をすることだ。
* secret to -ing「〜する秘訣」／stay healthy「健康を維持する」

> 💡 過去分詞で「バランスがとられた」→「バランスがとれた」くらいに考えてください。「栄養バランスのとれた食事」は、(a well-balanced diet でもOKですが)a balanced diet で表せます。

## 673 ■■■ rich
[rítʃ]

形 豊富な、コクがある、**裕福な**

## According to the nutritionist, many benefits come from a diet that is rich in fiber.

その栄養士によれば、食物繊維が豊富な食事には多くの利点があるそうだ。
* nutritionist「栄養士」(670番)／benefit「利点」／diet「食事」(664番)／fiber「(食物)繊維」

> 💡 richは金銭以外の様々な場面でも使えます。be rich in 〜「〜において豊富な(範囲のin)」→「〜が豊富な」が便利です。また、「コクがある」にも使えるので、アイスクリームのパッケージなどに「リッチミルク」と使われています。

# longevity

[lɑndʒévəti]

（名）長寿、寿命

## It is not so much the Japanese diet that leads to our longevity, but our universal health care system.

私たちが長寿なのは、実は日本食によるものというより、むしろ国民全員に行き渡る医療保険制度によるものだ。

＊ It is not so much A that ～, but B「～するのはAというより、むしろBだ」／universal「普遍的な、誰もが使っている」

💡日本人は寿命が長いことでも有名ですし、年越しそば・初詣などはことごとく「長寿を願う」ので、日本紹介でも重宝します。pray for longevity「長寿を祈る」です。

◀)) 675〜679

## 675 ■■■ doctor

[dάktər]

名 医者

**A: I'm not feeling well.**
**B: You should go to the doctor.**

A: 体調が良くないんだ。
B: 病院に行ったほうがいいよ。

💡「病院に行く」と言いたいとき、大半の人が hospitalを使ってしまいますが、hospitalは「（緊急手術をするような大規模な）総合病院」なので、普段の会話ではgo to[see] the doctor「病院に行く、医者に診てもらう」を使います。

## 676 ■■■ exam

[igzǽm]

名 検査、試験
▶ examine 動 入念に見る、調べる、診察する

**I had a physical exam yesterday.**

昨日、健康診断を受けたよ。

💡「試験」の意味が有名ですが、本来「調べるもの」で、physical[medical] exam「健康診断」やa dental exam「歯科検診」などにも使えます。

**677** ■■■ **patient**
[péiʃənt]

名 患者
形 我慢強い
▶ patience 名 我慢強さ

A: Are you here to see a <u>patient</u>?
B: Yes. His name is Greg Muir.

A: 患者さんを見舞いに来られたのですか?
B: はい。彼の名前はグレッグ・ミュアです。

💡「我慢強い」→「我慢強く治療する人」→「患者」と考えてください。例文Aの直訳は「あなたは患者と会うためにここにいるの?」です。

---

**678** ■■■ **diagnose**
[dàiəgnóus]

動 診断する
▶ diagnosis 名 診断

The doctor <u>diagnosed</u> Mr. Wilson <u>with</u> pneumonia and recommended that he stay at the hospital.

医師はウィルソンさんを肺炎と診断し、入院を勧めた。

\* pneumonia「肺炎」／recommend that S 原形 「Sに～するよう勧める」

💡 diagnose 人 with 病気 「人 を 病気 と診断する」の形が大事です。withの「～を持っている」という意味を意識しましょう。

---

**679** ■■■ **treatment**
[trí:tmənt]

名 治療
▶ treat 動 扱う、治療する、おごる
▶ cure 名 治療（法） 動 治療する

How's your father doing since he started receiving <u>treatment</u>?

治療を受け始めてからのお父さんの様子はどうですか?

💡「トリートメント」は本来「髪の治療」です。receive treatment for ～「～の治療を受ける」の形になることもあります。

**680** ■■■ **surgery**
[sə́ːrdʒəri]

名 外科（手術）
▸ surgical 形 外科の

## How did your brother's knee surgery go?

弟さんの膝の手術はどうでしたか？

💡 形容詞はsurgical「外科の」で、包帯を貼り付ける半透明のテープを「サージカルテープ」と言います。名詞形がsurgeryで、perform cosmetic surgeryなら「美容整形手術を行う」です。例文はHow do S go?「Sはどのように進む？」の形です。

**681** ■■■ **physician**
[fizíʃən]

名 医師、内科医
▸ surgeon 名 外科医

## My father decided to consult another physician for a second opinion on the surgery.

父は手術に関するセカンドオピニオンを求めて、別の医師に相談することに決めた。
* consult「意見を求める、診察してもらう」

💡 「体（physic）に携わる人（ian）」→「医師、内科医」です。

**682** ■■■ **medicine**
[médisən]

名 薬、医学
▸ medical 形 医療の　▸ drug 名 薬
▸ pill 名 丸薬、錠剤　▸ tablet 名 錠剤

## Did you remember to take your medicine?

薬を忘れずに飲んだ？

💡 「薬を飲む」には（drinkではなく）take を使います。「薬を体の中に取り入れる」感覚です。

## 683 ■■■ prescribe
[priskráib]

(動) 処方する
▶ prescription (名) 処方箋、処方薬

**A: Did the doctor prescribe anything for your cold?**
**B: Yes, he gave me a prescription for an antihistamine.**

A: 医者は風邪に何か処方してくれた?
B: ええ、抗ヒスタミン剤を処方してくれました。

💡 日本語の会話では、「処方する」よりも「病院で薬をもらう」と言うことのほうが多いのですが、英語ではprescribeを多用するので、ぜひ使えるようにしておきましょう。

## 684 ■■■ pharmacy

[fáːrməsi]

(名) 薬局
▶ pharmacist (名) 薬剤師
▶ pharmaceutical (形) 製薬の
　(名) (pharmaceuticalsで) 薬、製薬会社

**You might want to go to the pharmacy for cold medicine.**

薬局で風邪薬を買ってきたほうがいいかもしれませんね。
* You might want to ～「～してみてはいかがでしょうか?」(128番) ／ cold medicine「風邪薬」

💡 海外では緑の十字マークでpharmacyと表記する薬局を頻繁に見かけます(日本の薬局でもpharmacyと看板に書く店を見かけることがあります)。

# side effect
[saɪd ɪfékt]
名 副作用

**After starting the new medication, Joel experienced some minor side effects.**

新しい薬を服用し始めると、ジョエルは軽い副作用を経験した。

\* medication「薬」／ minor「軽い」

💡「本来の目的から見たら横の（side）影響（effect）」→「副作用」です。side effects of the Covid-19 vaccine「コロナワクチンの副反応」と言うこともできます。

# drowsiness
[dráʊzinis]
名 眼気
▶ drowsy 形 眠い

**The doctor explained to Viviana that drowsiness is a common side effect of the medicine.**

医師はビビアナに、眠気は薬の副作用としてよくあることだと説明した。

\* common「よくある」

💡 覚えるまでは「ドラ〜ウズィネス…」と眠そうに発音してみてください。薬の副作用でよく使われます（TOEICテストでも出てきます）。

# tooth
[túːθ]
名 歯

**One of my back teeth is so sensitive. I can't eat anything frozen or sweet.**

奥歯の1本が知覚過敏なんだ。凍ったものや甘いものは食べられない。

\* sensitive「敏感な」（349番）

💡 複数形はteethで、「歯を磨く」はbrush one's teethです（1本だけ磨くわけではないので）。1本を意識する大事な言い方はhave a bad tooth「虫歯が1つある」、have a tooth pulled out「歯を1本抜いてもらう」です。

**688** ■■■

# cavity

[kǽvəti]

名 穴、虫歯

## I have a cavity that needs a filling.

詰め物が必要な虫歯があります。

\* filling「詰め物」

💡 cave「穴、洞窟」(525番)と関連があり、「穴、空洞」→「歯の穴」→「虫歯」となりました。have a cavity「虫歯がある」、get a cavity「虫歯になる」です。

 **689** ■■■

# eyesight

[áisàit]

名 視力
▶ eye drops 名 目薬

## Have you had your eyesight checked recently?

最近、視力検査を受けましたか?

💡「目 (eye) での景色 (sight)」→「視力」です。have good eyesight「視力が良い」などと使いますが、例文は have O p.p.「Oを〜してもらう」の形です。

 **690** ■■■

# COVID-19

[kóʊvɪd-nàɪntíːn]

名 (2019年に見つかった)
新型コロナウイルス

## COVID-19 stands for "Coronavirus Disease 2019."

COVID-19は"Coronavirus Disease 2019 (2019年に始まったコロナウイルス病)"の略です。

\* stand for 〜「〜を表す、〜の略である」

💡 コロナの大流行が終わった後も、「コロナ後の生活」など常に会話では出てくる単語だけに、一時の流行では終わらず、歴史用語のように使えるようにしておく必要があります。

# 691 ■■■ **pandemic**
[pændémik]

名 （世界的な）流行病
形 世界的に流行して

## How did you stay productive during the pandemic?

パンデミックの最中は、どうやってダレずに過ごしてた？

＊前半の直訳「あなたはどのように生産的な（productive）ままでいましたか」

💡「世界的に流行する病気」です（一応、1つの国内の場合にも使えますが、あまり会話では出てこないと思います）。代表例はCOVID-19です。

# 692 ■■■ **outbreak**
[áutbrèik]

名 発生、大流行
▶ break out 熟 勃発する、発生する

## A: Did you hear about the flu outbreak?
## B: Yes. Fortunately, I got my flu shot a couple of weeks ago.

A: インフルエンザの大流行について聞いた？
B: うん。幸い、数週間前にインフルエンザの予防接種を受けたんだ。

＊flu「インフルエンザ」（714番）／shot「予防接種」

💡学校では「第二次世界大戦の勃発」といった例文で習う単語ですが、日常会話では「発生、大流行」をチェックしてください。コロナ禍ではCOVID-19 outbreak「コロナの大流行（クラスター）」が頻繁に使われました。

# 693 ■■■ **negative**
[négətiv]

形 陰性の／否定的な、消極的な

## A: Did you get tested for the coronavirus?
## B: Yes. I had a fever, but the test came back negative.

A: コロナウイルスの検査を受けましたか？
B: はい。熱があったんですが、検査では陰性でした。

＊fever「熱」（720番）

💡「否定的な」から「マイナスの方向」→「陰性の」という意味を覚えておきましょう。test negative「検査で陰性と出る、陰性反応を示す」の形でもよく使います。また、positiveは「陽性」を表します。

## 694 vaccinate

[vǽksənèit]

**動（人に）予防接種する**
▶ vaccine 名ワクチン

**I had already gotten vaccinated when my mother tested positive for COVID-19.**

母が新型コロナで陽性になる頃には、私はすでにワクチンを受けていた。

* test positive「（検査で）陽性反応を示す」

💡「virus（ウイルス）に感染しないために、vaccine を受ける」と覚えてください。get vaccinated で「予防接種される」→「予防接種を受ける」です。

## 695 infectious

[infékʃəs]

**形 感染性の**
▶ infect 動感染させる
▶ infection 名感染

**Washing your hands with soap helps prevent the spread of infectious diseases.**

石けんで手を洗うことは、感染症の蔓延を防ぐのに役立つ。

* soap「石けん」／ help (to) 原形「〜するのに役立つ」

💡 an infectious disease「感染症」はニュースでも頻出です。

## 696 immune

[imjúːn]

**形 免疫がある、免れた、影響を受けない**
▶ immunity 名免疫

**Nasir is immune to chickenpox because he had it when he was a toddler.**

ナシルは水疱瘡の免疫がある。まだ幼いときにそれにかかったからだ。

* chickenpox「水疱瘡」／ toddler「よちよち歩きの子ども」

💡 be immune to 〜「〜に対して免疫がある」の形で使えるようにしておきましょう。

## 697 ■■■ vulnerable

形 弱い、傷つきやすい
▶ vulnerability 名脆弱性

[vʌ́lnərəbl]

**Since my mother is now in her 80s, she is more vulnerable to contracting the disease.**

母は現在80代なので、その病気によりかかりやすくなっている。

\* contract「（病気に）かかる」

💡「傷つきやすい、攻撃を受けやすい」イメージで、be vulnerable to 〜「〜に弱い、〜に影響を受けやすい」の形で使えるようにしておきましょう。

## 698 ■■■ sanitizer

名 消毒剤
▶ sanitize 動衛生的にする、消毒する

[sǽnətàizər]

**My mother fears germs and keeps a small bottle of hand sanitizer in her bag.**

母は細菌を怖がっていて、小さなボトル入りの手指消毒剤をバッグに入れている。

\* germ「細菌」

💡 コロナのときに注目を浴びたように思われていますが、その前から英語では頻繁に使われていた単語です（アメリカの小学校ではhand sanitizerをコロナ以前から持ち歩いている子もいたほどです）。

## 699 ■■■ marijuana

名 マリファナ

[mærəhwáːnə]

**The government is considering the use of medical marijuana to treat patients with certain diseases.**

政府は、特定の病気の患者の治療に医療用大麻を使用することを検討している。

💡 発音は「マリワーナ」という感じです。もしかしたら単語帳に出るのは史上初かもしれませんが、ニュースではよく出るので会話で使うかもしれませんし、「医療大麻」は常識として知っておいたほうがいいでしょう。

◀))　700〜702

## 700 ■■■ headache 名 頭痛
[hédèik]

### Oh, boy. I'm getting a headache.

ああ、もう。頭痛がしてきたよ。

\* Oh, boy. は困惑・苛立ちを表す言い方

💡 ache「痛み」はこのように体の部位とくっついて1つの単語になることがあります。have a slight headache「軽い頭痛がする」のようにも使えます。

## 701 ■■■ stomachache 名 腹痛、胃痛
[stʌ́məkèik]

### I have a stomachache from the shellfish I ate.

（さっき）食べた貝で[貝が当たって]お腹が痛いんだ。

\* shellfish「貝、（食用としての）甲殻類」

💡 stomach は「胃」と、もっと広く「お腹」の両方の意味があります。have a stomachache「腹痛を持つ」→「お腹[胃]が痛い」と使います。ちなみに「歯が痛い」は have a toothache、「背中（腰）が痛い」は have a backache です。

## 702 ■■■ acute 形 鋭い
❗ [əkjúːt] ▶ acutely 副 鋭く

### Suffering from acute pain, I received a prescription of painkillers from my doctor.

激痛に苦しんだので、私は医師から鎮痛剤を処方された。

\* suffer from 〜「〜に苦しむ」／prescription「処方薬」（683番）／painkiller「痛み止め」

💡「鋭く先端が尖っている」イメージで、an acute angle「鋭角」と使います。これが痛みになると、(an) acute pain「激痛」となります。

---

### 703 ■■■ dull
[dʌ́l]

形 鈍い、退屈な、くすんだ、どんよりした

**A: Does the pain in your abdomen feel dull or sharp?**
**B: It's a dull pain, Dr. Seward.**

A: 腹部の痛みは鈍いですか、鋭いですか?
B: 鈍痛です、スワード先生。

\* abdomen「腹部」

💡「切れがない、どよ～んとした」イメージで、a dull lesson「退屈な授業」のように使います。これが痛みになると、a dull pain[ache]「鈍痛」です。もし海外で病院に行く場合は症状を正確に言える必要があるだけに、大事な単語です。

---

### 704 ■■■ chronic
[kránik]

形 慢性の、長引く

**My boyfriend has a chronic cough.**

私の彼氏、慢性的に咳をしてるの。

💡「いつも」をalways以外でも表現できると会話のレベルが上がります。"chron"は「時間」を表しchronicは「長い時間」→「慢性の」です(synchronize「シンクロする、同時に起こる」は「一緒の時間」)。

---

### 705 ■■■ sore
[sɔ́ːr]

形 痛い

**After pulling weeds in the garden, my lower back is sore.**

庭の雑草を抜いたので、腰が痛いなあ。

\* weed「雑草」

💡 sorryは本来「心がヒリヒリ痛む」→「残念な」という意味で、sorryとsoreは語源が同じです。「ヒリヒリ」と痛む感じで使われます(特に「動きすぎて痛くなった、動かすと痛い」場合)。「筋肉痛」はsore musclesです。

---

290                              Chapter 2

## 706 ■■■

# throat

[θróut]

名のど

## A: You sound a little hoarse.
## B: Yeah, I've had a sore throat since yesterday.

A: 声が少しかすれてるね。
B: ええ、昨日からのどが痛くて。

\* hoarse「かすれた」

💡 I have a sore throat. で、直訳「痛むのどを持っている」→「のどが傷む」です（My throat is sore. でもOK）。

## 707 ■■■

# cold

[kóuld]

名風邪、寒さ
形冷たい、寒い

# I've caught a bad cold.

ひどい風邪をひいてしまった。

💡 catch a cold「風邪をひく」は有名ですが、catch-caught-caughtの変化をパッと使い分けて言えるようにしておきましょう。

## 708 ■■■

# cough

[kɔ́:f]

動咳をする
名咳

# Oh, my. I can't stop coughing.

ああ、大変。咳が止まらない。

\* Oh, my. はOh, my god. のバリエーション

💡 音から生まれた単語で、日本語は「コンコン、ゴホゴホ」、英語は「コフコフ（cough, cough）」です。

## 709 ■■■ sneeze
[sníːz]

動 くしゃみをする

## Achoo! Achoo! Sorry. I can't stop sneezing.

ハクション！　ごめん。くしゃみが止まらないんだ。

💡"sn"は「鼻」を表し、sneezeは「鼻がムズムズする」→「くしゃみする」です。くしゃみの音は「ハクション！」ではなく、英語ではachoo・atchoo「アチュー」です。

## 710 ■■■ runny
[rʌ́ni]

形 鼻水の出る

## A: Is that salsa really hot?
## B: Yes. That's why I have a runny nose.

A: そのサルサ、本当に辛いの？
B: うん。だから鼻水が出てるんだ。

💡runは「流れる」イメージで（368番）、runnyは「液体の、流れやすい、鼻水や涙の出る」となります。風邪や花粉症の症状を説明するときに、have a runny nose「鼻水が出ている」が役立ちます。

## 711 ■■■ pale
[péil]

形 青ざめた

## You look pale. Maybe you should go to the doctor.

顔色が悪いよ。医者に診てもらったほうがいいんじゃない？

💡You look pale.「あなたの顔が青白く見える」→「顔色が悪いよ」の他には、turn pale「（恐怖などで）青ざめる」という言い方もよく使います。

## 712 ■■■ wear

[wέ∂r]

動 着る、身に着けている／すり減らす／疲れさせる
名 摩耗

### They weren't wearing masks.

彼らはマスクをしていなかった。

💡 服だけでなく「眼鏡、靴、帽子、マスク、化粧」など幅広く使えます。一時的に身に着けるときはbe wearingの形（進行形）でよく使います。

## 713 ■■■ gargle

[gá:rgl]

動 うがいする
名 うがい（薬）

### The doctor advised me to gargle with salt water.

医者から塩水でうがいをするよう勧められた。
* advise 人 to ～「人 に～するように勧める」

💡 gargleと「ガラガラ」の音がそっくりですし、gargleは「アー」と口を大きく開けて発音するので、口を大きく開けてうがいする様子を想像するといいでしょう。

## 714 ■■■ flu

[flú:]

名 インフルエンザ

### After his overseas trip, Frank came down with the flu and had to stay in bed.

海外出張の後、フランクはインフルエンザにかかり、ベッドで休養を余儀なくされた。
* overseas「海外の」／come down with ～「～にかかる」

💡 influenzaは、会話ではfluだけで使われることも多く、get[catch/have] the flu／come down with the flu「インフルエンザにかかる」となります。

◀» 715〜720

### 715 ■■■ itchy
[ítʃi]

形 かゆい、むずむずする
▸ itch 名 かゆみ
動 かゆい、むずむずする

**I'm having an allergic reaction, and my skin is itchy.**

アレルギー反応があって、肌がかゆいの。

\* allergic「アレルギーの」（722番）

💡 itchyという単語はかなりの上級者向けと言われますが、「かゆい」は日常で使いますよね。体の部位 is[feels] itchy「体の部位 がかゆい」という形で使ってみてください。

### 716 ■■■ stiff
[stíf]

形 堅い、凝った

**After sitting in the same position during the flight, I had a stiff neck.**

フライト中、同じ姿勢で座っていて、首がガチガチだった。

💡「ガチガチに凝り固まって曲げられない」イメージです。have a stiff neckは「首が凝っている、肩が凝っている」両方で使えます（「肩こり」というより、「首の付け根」という発想があるのでしょう）。

### 717 ■■■ nauseous
[nɔ́ːʃəs]

形 吐き気のする（ような）
▸ nausea 名 吐き気

**I feel nauseous from the medication.**

薬のせいで吐き気がする。

\* from〜「〜が原因で」／medication「薬」

💡 "nau(nav)"は「海」を表し、navy「海軍」やnavigate「航海する」で使われています。nauseaも「海」に関係し、「船酔い」→「吐き気」となりました。

## 718 ■■■ dizzy
[dízi]

形 めまいがする、当惑した

### The heat and steam in the sauna made Alan feel dizzy.

サウナの熱気と蒸気でアランはめまいを感じた。

💡「目がまわって倒れそう」なイメージで、マンガでよくある「目がグルグルの状態」です。feel dizzy「目まいがする」の形でよく使います。

## 719 ■■■ symptom
[símptəm]

名 症状、徴候

### What symptoms do you have?

どのような症状がありますか？

💡「何かしらのsign（印、徴候、症状）」のことです。例文は医者の言葉で、たとえば、I have a headache.「頭痛があります」のように答えます。

## 720 ■■■ fever
[fí:vər]

名 熱、熱狂

### A: Did the medicine help?
### B: Yes, it brought down my fever.

A: 薬は効きましたか？
B: ええ、おかげで熱が下がりました。
* bring down「下げる」

💡「熱狂」の意味で広まっていますが、自分にかかわる「熱」のほうをぜひ使いこなせるようになっておきましょう。I have a fever (of 39.2 degrees).「（39度2分の）熱がある」のように使います。

## 721 ■■■ 💋 **thermometer**
[θərmάmətər]

(名)温度計、体温計

**A: You're flushed. Do you have a fever?**
**B: Maybe. Let me get a thermometer.**

A: 顔が赤いね。熱があるの？
B: かもね。体温計を取ってくるよ。

＊ flush「赤くする」（503番）

💡「熱（thermo）を計るもの（meter）」→「温度計、体温計」で、put the thermometer under one's armpitは「脇の下に体温計を挟む」です（armpit「脇の下」）。

## 722 ■■■ 💋 **allergy**
[ǽlərdʒi]

(名)アレルギー
▶ allergic (形)アレルギー（体質）の

**Cindy has developed an allergy to cats and can no longer own one.**

シンディは猫アレルギーになって、猫を飼うことができなくなった。

💡発音は「アラジー」なので、話すときに注意が必要です。develop an allergy to 〜 で「〜のアレルギーになる、アレルギーの症状が現れる」となります（developは「ブワ〜ッと広がる」イメージ）。allergicはallergyの形容詞形で、こちらの発音は「アラージック」です。

## 723 ■■■ 💋 **pollen**
[pάlən]

(名)花粉

**I have an allergy to pollen.**

私は花粉にアレルギーがあります。

💡have an allergy to pollen／be allergic to pollenで、「花粉にアレルギーがある、花粉症だ」となります。

## 724 ■■■ hay fever  名 花粉症
[héɪ fìːvɚ]

## I have hay fever, and today's pollen count is high.

僕は花粉症なんだけど、今日は花粉の量が多いなあ。

\* count「量」

💡本来は「干し草 (hay) による熱 (fever)」で、辞書には「枯草熱」と載っていることも多いですが、「花粉症」の意味で使ってOKです。ただし、花粉症を知らない外国人もいるので、常識ではないことは意識してください。

## 725 ■■■ hurt
動 痛む、傷つける
名 ケガ、傷
[hə́ːrt]

## My right knee hurts.

右膝が痛い。

💡「『痛っ!』と言わせる」イメージなので、血が流れたりはしないときに使うのが原則です。hurt one's back「腰を傷める」という使い方もありますが、休 hurts.「休が痛い」の形がすごく便利です。

## 726 ■■■ injure
動 ケガをさせる
▶ injury 名 ケガ
[índʒɚ]

## He was seriously injured.

彼はひどいケガを負っていた。

\* seriously「ひどく、重く」

💡injureは「切れた、折れた、血が出た」など、「見た目にわかりやすい」ケガに使います（スポーツや事故が多い）。be injured「ケガをさせられる」→「ケガをする」です。

## 727 ■■■ **wound**
[wúːnd]

動 傷つける
名 ケガ

## My grandfather was wounded in the war.

私の祖父は、戦争で負傷した。

> 💡 wound は、injury がさらにひどくなったものとイメージしてください（武器・刃物でケガさせるときによく使われます）。また、発音にも注意を（「ウゥンド」という感じ）。

## 728 ■■■ **disease**
[dizíːz]

名 病気

## Did you know Clive has been diagnosed with a serious disease?

クライブが重い病気と診断されたことをご存知ですか？
* be diagnosed with 〜「〜と診断される」（678番）

> 💡 「楽（ease）でない（dis）」→「病気」です。have a serious disease「難病にかかっている」、treat[cure] a disease「病気を治療する」のように使います。

## 729 ■■■ **cancer**
[kǽnsər]

名 がん（癌）

## Is there a history of cancer in your family?

ご家族にがんの病歴はありますか？

> 💡 （使わないですむのなら使いたくはないですが）会話では出てくる言葉ですし、海外の病院にかかったときに知らないと困りますよね。ちなみに history は科目としての「歴史」以外に、このような個人的なことにも使えます。

## 730 ■■■ lung 名肺
[lʌ́ŋ]

**A: Did your father recover from lung cancer?**
**B: Yes, his treatment was successful, and he's cancer-free now.**

A: お父さんは肺がんから回復したのですか?
B: ええ、治療は成功し、今はがんはありません。

\* treatment「治療」(679番) ／ cancer-free「がんがない」

💡 light「軽い」と同語源で、他の臓器より「軽い」からという説があります。

## 731 ■■■ diabetes 名糖尿病
[dàiəbíːtəs, dàiəbíːtiːz]

**How does diabetes affect the body in the long term?**

糖尿病は長期的に身体にどのような影響を与えるのですか?

\* in the long term「長期的に」

💡 なんと日本でも「糖尿病」を「ダイアベティス」と呼ぶことが提案されましたが(2023年から)、正しい発音は「ダイアビーティス・ダイアビーティーズ」です。

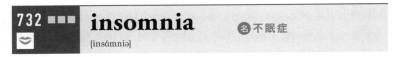

## 732 ■■■ insomnia 名不眠症
[insάmniə]

**The doctor prescribed a sedative for her chronic** <u>insomnia</u>.

医師は彼女の慢性的な不眠症のために鎮静剤を処方した。

\* prescribe「処方する」(683番) ／ sedative「鎮静剤」／ chronic「慢性の」(704番)

💡 難しい単語ですが、仕事のパフォーマンスや日常のストレスの話になると出てくることがあるので、使えるようにしておきましょう。ちなみに「睡眠不足」はa lack of sleepです。

## dementia
[diménʃiə]  名 認知症

### Is there a cure for dementia?
認知症の治療法は存在するのですか?

💡「メンタル（ment = mental「知能の、精神の」）から離れる（de）」→「認知症」となりました。現代社会で外せないテーマですし、親の介護の話では頻繁に出てくる単語です。

## blood
[bl\\ʌd]  名 血液

### Have you ever donated blood?
献血をしたことがありますか?

💡 プロフィール欄でblood type（血液型）と書かれることがあります。blood test「血液検査」、high blood pressure「高血圧」、give[donate] blood「献血する」です。また、bloodの発音は「ブラッド」です。

## depression
[dipréʃən]  名 うつ病、不況
 ▶ depress 動 落胆させる

### My friend is constantly down, and she rarely leaves her apartment. I wonder if she's suffering from depression.
私の友人はずっと落ち込んでいて、アパートからめったに出ない。うつ病に苦しんでいるのかな。

\* constantly「いつも、ずっと」／down「落ち込んで」／rarely「めったに〜ない」／suffer from 〜「〜に苦しむ」

💡 本来「下に（de）押す（press）こと（ion）」で、「心を下に押す」→「うつ病」、「経済的に下に押す」→「不況」となります。「うつ病」までいかなくても「へコんでいる」にも使えます。

## 736 ■■■ diarrhea 名 下痢

[dàiəríːə]

**A: Are you bringing this medicine on our trip?**
**B: Yeah. It's for diarrhea. We might need it.**

A: この薬を旅行に持っていくの?
B: ええ、下痢止めよ。必要になるかもしれないからね。

💡 海外旅行ほど起こりうるわけですし、病院・薬局では確実に伝える必要があるので、完璧にマスターしておきましょう。発音は「ダイァリーア」です。

## スマホ、電子機器

🔊 737〜741

 **smartphone/ phone** [smá:rtfòʊn/fóʊn]　名 スマートフォン

**I lost my phone yesterday, which means I also lost all my contacts.**

私は昨日、スマホをなくしてしまい、それはつまり連絡先もすべてなくしてしまったということだ。

\* contact「連絡先の情報」(758番)

💡 普段の会話では、単にphoneだけで「スマホ、携帯」を表すことも多いです。日本語の場合は「スマホ」という短い言い方がありますが、英語では単にphoneとしたのかもしれませんね。

 **flip phone** [flíp fòʊn]　名 (折り畳み式の) ガラケー
▸ cell phone ／ mobile phone
名 携帯電話

**A: Why do you still use a flip phone?**
**B: I rarely make calls, plus I have an iPad.**

A: なんでいまだにガラケーを使ってるの？
B: 電話はめったにしないし、iPadを持ってるからね。

\* make a call「電話をかける」

💡 「ガラケー」は「ひっくり返す (flip) 電話 (phone)」と言います。

## 739 ■■■ device

[diváis]

名 機器、装置

**This fitness tracker is so handy. The device monitors my daily activity and gives me health tips.**

このフィットネストラッカーはとても便利だ。このデバイスは私の毎日の活動を測定し、健康のためのヒントをくれる。

\* handy「便利な」／ monitor「測定する」（746番）／ tip「助言、ヒント」（610番）

💡 device はスマホ・タブレット・ヘッドホン・マウスなどを総称的に表します（日本語の「デバイス」と違って、英語 device は手に持てるものに限らず、エアコンや医療機器なども表せます）。

## 740 ■■■ screen

[skríːn]

名 画面、選考
動 上映する、検査する、選考する

**My eyes are tired from looking at my computer screen all day.**

一日中パソコンの画面を見ていたから、目が疲れたよ。

💡 映画の「スクリーン」だけでなく、PC・スマホ・タブレットの「画面」も表せます。home screen「ホーム画面」、lock screen「ロック画面」、background screen「待ち受け画面」のように使えます。

## 741 ■■■ crack

[krǽk]

名 ひび、割れ目、鋭い音
動 割る、割れる、鋭い音を出す

**There's a crack in my tablet's screen. I should get it fixed.**

タブレットの画面にひびが入っているんだ。修理してもらわないと。

\* get O p.p.「Oを〜してもらう」

💡 音からできた単語で、「ひびが入る音（ピシッ）・割れる音（パリッ）・破裂する音（パンッ）」や、実際の「ひび」も表せます。ちなみにパーティーの「クラッカー」も破裂する音からそう呼ばれます。

| 742 ■■■ | **last** [lǽst] | 動 続く、持ちこたえる<br>形 最後の<br>▶ lasting 形 長持ちする |

## A: How long will these batteries last?
## B: They should last for 40 to 50 hours.

A: このバッテリー、どのくらい持つの？
B: 40〜50時間持つはずだよ。

💡「ラストまで続く」→「続く、もつ」と覚えましょう。化粧品のCMで使われる「ラスティング（lasting）効果」は「化粧が続く効果」です。「イベントが続く、食べ物がもつ、バッテリーが持つ」など幅広く使えます。

| 743 ■■■ | **dead** [déd] | 形（バッテリーが）切れて、<br>死んだ<br>▶ die 動（バッテリーが）切れる、死ぬ<br>▶ death 名 死 |

## My smartphone battery is dead.

スマホの充電が切れちゃった。

💡「充電がなくなる」は意外と英語にしにくいのですが、「バッテリーが死んで」→「バッテリーが切れて、電池がなくなって」と考えて dead が使えます。

| 744 ■■■ | **app** [ǽp] | 名 アプリ |

## A: I found an excellent app for video editing.
## B: Oh, yeah? Can you show me what it can do?

A: ビデオ編集用のすごくいいアプリを見つけたよ。
B: わぁ、本当？　何ができるか見せてくれる？
＊ editing「編集」

💡 本来は application program「応用プログラム」ですが、実際は短縮した app がよく使われます（「アプリ」と言わないように注意）。また、「アプリを開く」は、そのまま open the app です。

## 745 ■■■ **wearable**
[wéərəbl]

形 身に着けられる
▶ wear 動 着る、身に着けている

Elliot's <u>wearable</u> <u>device</u> measures his heart rate and sleep patterns.

エリオットのウェアラブル端末は心拍数と睡眠パターンを測定する。

＊heart rate「心拍数」

💡 wear「身に着ける」に「可能、受動」を表す-ableがついて、「身に着けられる」となります。

## 746 ■■■ **monitor**

[mάnətər]

動 監視する、チェックする
名 モニター（ディスプレイ）

Many athletes rely on wearable fitness trackers to <u>monitor</u> their performance.

多くのアスリートが、ウェアラブルのフィットネストラッカーを使って、自分のパフォーマンスを把握（測定・チェック）している。

＊rely on ～「～に頼る」

💡「モニターを見て監視する」と覚えましょう。「定期的に繰り返しチェックして変化がないか確認する」イメージで、monitor social media usage「SNSの使い方を監視する」と使えます。

## 747 ■■■ **text**

[tékst]

動 （スマホで）メッセージを送る
名 テキスト、本文

I'll <u>text</u> you later.

後で（メッセージを送って）連絡するよ。

💡 LINEなどのメッセージアプリで「メッセージを送る」場合にはtextを使います（国によってアプリの種類は大きく違うので、textを使うのが便利です）。text 人 「 人 にメッセージを送る」で使ってみましょう。

### 748 ■■■ e-mail/email
[íːmeil]
動 Eメールを送る
名 Eメール

## Rather than sending the same invitation to all his friends, Rowan e-mailed each of them individually.

ローワンは友人全員に同じ招待状を送るのではなく、一人一人別々にメールを送った。

\* invitation「招待状」／ individually「個別に」

> 💡 動詞でe-mail 人「人にメールを送る」、e-mail 人 物／e-mail 物 to 人「人に 物 をメールで送る」と使えます（綴りはハイフンなしのemailもある）。仕事で使う機会の多い単語なので、正確に使えるようにしておきましょう。

### 749 ■■■ forward
[fɔ́ːrwərd]
動 送る、転送する
副 前方に

## A: The e-newsletter has a great article on lawn care.
## B: Oh, yeah? Can you forward it to me?

A: メルマガに芝生の手入れに関するすごく良い記事があるよ。
B: あ、そうなの？　転送してくれる？

\* e-newsletter「メールマガジン」／ lawn「芝生」

> 💡 メールの転送時に表示される"Fw"はforwardの略です。動詞e-mailと同じく、forward 人 物／forward 物 to 人「人に 物 を転送する」の形で使えます。

### 750 ■■■ attach
[ətǽtʃ]
動 添付する、くっつける
▸ attachment 名 添付ファイル、付着
▸ enclose 動 囲む、同封する

## Attached is the file you requested during our meeting earlier today.

先ほどの本日の会議中にご要望のあったファイルを添付いたします。

> 💡 例文は"S is attached."「Sが添付されている」という語順が変わった（倒置した）形の文です（よく使われる構文です）。attachedを文頭にして目立たせることで、「添付物がある」と強調できます。

## 751 ■■■ spam [spǽm]

名 迷惑メール

### My inbox is always filled with spam.

私の受信トレイはいつも迷惑メールでいっぱいだ。

\* inbox「受信トレイ」／be filled with ～「～でいっぱいだ」

💡 日本語でも「スパムメール」と使われます。「迷惑メール」はspam[junk/unsolicited] e-mailが本来の形ですが、この文のようにspamだけでもOKです（spamは不可算名詞なので、aや複数形のsは不要）。

## 752 ■■■ reply [riplái]

動 返事をする、答える
名 返事、答え

### A: Someone I don't know sent me an e-mail.
### B: I wouldn't reply. It might be a phishing message.

A: 知らない人からメールが送られてきたんだ。
B: 私なら返信しないね。フィッシングメッセージかもしれないから。

\* phishing「フィッシング（暗証番号などを盗み取る詐欺）」

💡 receive a reply from ～「～から返信をもらう」、make a reply to ～「～に返信する」の名詞以外に動詞も使えるようにしておきましょう。返信相手を示すときは、reply to ～「～に返信する」の形になります。

## 753 ■■■ bounce [báuns]

動 はねる

### I sent an e-mail to Mr. Roberts, but it bounced back.

ロバーツさんにメールを送ったけど、戻ってきちゃった。

💡 「バウンドする」イメージで、ボールが「はねる」→「宛先不明でメールが戻ってくる」となりました。日本語でも「メールがはじかれて、戻ってくる」と言うのと同じ感覚です（この意味ではbounce backの形でよく使います）。

### 754 ■■■ delete
[dilíːt]
動 削除する

**The spam filter automatically deleted the suspicious e-mail.**

迷惑メールフィルターは自動的に怪しいメールを削除した。

\* automatically「自動的に」／ suspicious「怪しい」

💡「デリート（Delete）キー」で慣れているだけに、発音「ディリート」には注意してください。deleteの後は、e-mailの他に、comment「コメント」やpost「投稿」などもOKです。

### 755 ■■■ unread
[ʌnréd]
形 未読の

**I left the e-mail unread because I was worried it contained bad news.**

悪い知らせが含まれているのではないかと心配し、そのメールを未読のままにしておきました。

💡 本来は「読まれて（read）いない（un）」という過去分詞形なので、発音「アンレッド」に注意しましょう。leave ～ unread「～を読まれていない状態にほったらかす」→「～を未読のままにする」となります。

### 756 ■■■ emoji
[imóʊdʒi]
名 絵文字

**Colleen ended her message with a smiling face emoji so that Brad would know she was joking.**

コリーンは、ブラッドが冗談だとわかるように、笑顔の絵文字でメッセージを終えた。

\* so that s would ～「s が～するために」

💡 日本語の「絵文字」は2007年頃から英語でも使われるようになり、海外の辞書にも載っています（発音は「イモウジ」という感じ）。ちなみに、LINEの「スタンプ」はstampではなくstickerと呼ぶのが普通です。

| 757 ■■■ | **charge** | 動 充電する／請求する／ |
| | [tʃɑ́ːrdʒ] | 非難する／委ねる |
| | | 名 充電／責任／手数料 |
| | | ▶ charger 名 充電器 |

## Oh, I forgot to charge my smartwatch last night. Could I use your charger?

あっ、昨晩スマートウォッチを充電するのを忘れちゃった。充電器、使っていい?

💡「プレッシャーをかける」イメージから「非難する」などの意味が生まれるのですが、会話で多用する「充電する」は、「バッテリーチャージャー（充電器）」と結び付けて覚えましょう。

| 758 ■■■ | **contact** | 名 連絡（先の情報）、接触 |
| | [kɑ́ntækt] | 動 連絡を取る、接触する |

## A: It was great meeting you, Landon.
## B: It sure was. Shall we exchange contacts?

A: 会えてよかったよ、ランドン。
B: そうですね。連絡先を交換しましょうか?

💡動詞でcontact 人「人に連絡する」がおなじみなのですが、ここでは名詞「連絡先の情報」でも使えるようにしておきましょう。

| 759 ■■■ | **reception** | 名 受信状況／宴会、懇親会 |
| | [risépʃən] | ／受付 |
| | | ▶ receive 動 受け取る |
| | | ▶ receptionist 名 受付係 |

## Jovan was unable to make the call from his basement due to bad reception.

ジョバンは電波状態が悪く、地下の部屋から電話をかけられなかった。
＊ basement「地下室、地階」

💡「受け入れる」イメージで、「人や客を受け入れる」→「宴会、懇親会／受付」、さらに「電波を受け取る」→「受信状況」となります。「電波状態が悪い、電波が入りにくい」は、bad receptionを使って表せます。

## 760 ■■■ selfie
[sélfi]

名 自撮り写真

### I took a selfie and posted it on Instagram.

私は自撮りして、それをインスタに投稿した。

\* post「投稿する」(808番)

💡「自分自身(self)を撮った写真」です。take a selfie「自撮り写真をとる(自撮りする)」と言えるようにしておきましょう。

## 761 ■■■ setting
[sétiŋ]

名 設定、環境

### A: Impressive. How did you take such a great photo?
### B: It's all about choosing the right camera settings.

A: 本当にすごいね。どうやってそんなに良い写真を撮ったの?
B: 正しいカメラ設定を選ぶことがすべてだよ。

\* It's all about 〜「重要なのは〜、本質は〜」

💡 日本語では「家具の配置や舞台演出」的なイメージが強いのですが、the display settings「画面設定」やthe camera settings「カメラ設定」など、スマホの話で重宝する単語です。

## 762 ■■■ unlock
[Ànlák]

動 ロックを解除する、鍵を開ける／開放する

### I can't remember the password to unlock my tablet.

タブレットのロックを解除するパスワードが思い出せないんだ。

💡 本来「鍵(lock)を外す(un)」→「鍵を開ける」です。unlock the door「ドアの鍵を開ける」だけでなく、現代ではunlock the smartphone[tablet]「スマホ[タブレット]のロックを解除する」も使いますね。

## facial recognition （名）顔認証
[féɪʃəl rèkəgníʃən]

**Does your smartphone have a facial recognition feature?**

君のスマホ、顔認証機能はついてる?

💡 facialは「顔（face）の」、recognitionは「認識（頭の中の情報と目の前の情報が一致すること）」です。

## fingerprint （名）指紋
[fíŋɡərprìnt]

**Zaiden uses his fingerprint to unlock secure files on his smartphone.**

ザイデンは指紋を使って、スマホの安全なファイルのロックを解除する。

💡 以前はミステリー小説で大事でしたが（take the suspect's fingerprints「容疑者の指紋をとる」）、今はスマホや空港での指紋認証で重宝する単語です。

## swipe
[swáɪp]

（動）スワイプする、読み取り機に通す
▶ slide （動）スーッと滑る、スライドさせる
（名）滑ること

**A: How do I see the next photo on this app?**
**B: It's easy. Just swipe left.**

A: このアプリで次の写真を見るにはどうしたらいいの?
B: 簡単だよ。左にスワイプするだけ。

💡 swipe a screen「画面をスワイプする」、swipe right[left]「右[左]にスワイプする」をチェックしておきましょう（このright・leftは副詞なので、直前に前置詞は不要）。

## 766 ∎∎∎ **tap**
[tǽp]

**動** タップする、軽くたたく

### I had to <u>tap</u> the app icon three times to get it to open.

アプリを開くために、アイコンを3回タップしなければならなかった。
\* get O to ~「Oに〜させる」

> 💡本来は、tap[pat]人 on the shoulder「人の肩をポンとたたく」のように使いますが、そのまま「画面」にも使えます。tap the app icon「アプリのアイコンをタップする」となります。

## 767 ∎∎∎ **upload**
[ʌ́plòud]

**動** アップロードする
▶ download **動** ダウンロードする

### Now that I've finished editing this vlog, I will <u>upload</u> it to my YouTube channel.

このvlogの編集が終わったので、YouTube チャンネルにアップロードする。
\* now that ~「今は〜なので」／edit「編集する」（817番）／vlog「ブイログ（video blog の略で、日常風景や旅行の記録などをまとめた動画）」

> 💡日本語では「アップする」と言いますが、upload A to B「AをBにアップロードする」の形で言えるようにしておきましょう。ちなみに「BからAをダウンロードする」はdownload A from Bです。

## 768 ∎∎∎ **install**
[instɔ́ːl]

**動** インストールする、取り付ける
▶ installation **名** インストール、設置、導入

### A: Where can I get the latest version of this app?
### B: <u>Install</u> it from the app store on your device.

A: このアプリの最新バージョンはどこで手に入りますか?
B: お使いの端末のアプリストアからインストールしてください。

> 💡本来は「（器具などを）取り付ける」です。install an app「アプリをインストールする」、uninstall an app「アプリをアンインストールする」をチェックしておきましょう。

🔊 769〜770

**769** ■■■ **online**
[ánláin]

副 オンライン上で
形 オンライン上の

## A: Where did you meet Beverly?
## B: I met her online in a chatroom.

A: ビバリーとはどこで知り合ったんですか?
B: ネットのチャットルームで知り合いました。

💡an online meeting「オンライン会議」のような形容詞の使い方は簡単でしょうが、buy a new phone online「オンラインで新しいスマホを買う」という副詞も便利ですよ。

**770** ■■■ **offline**
[ɔ́:fláin]

形 オフラインの
副 オフラインで

## I was talking to Kenji, but the videocall abruptly ended. He seems to be offline now.

ケンジと話してたんだけど、突然ビデオ通話が終わったんだ。今はオフラインのようだ。
\* videocall「ビデオ通話」／abruptly「突然」

💡「ネットから離れた、ネットでつながっていない」という文字通りの意味から、「(ネットではなく)直接会って」という意味でも使えます。

771 ■■■ **surf** [sə́ːrf]

🟥🟧

(動) ネットサーフィンをする
▸ surfing (名) サーフィン

## I didn't get anything done today. I spent the whole afternoon surfing the internet.

今日は何も終わらなかった。午後の時間を丸々、ネットサーフィンに使っちゃった。

* spend [時間] -ing「[時間] を〜するのに使う」

> 💡「サーフィン」のように、次々と新しいサイトに乗り換えるイメージから、surf the internet「ネットサーフィンをする」と使われます。

772 ■■■ **laptop** [lǽptὰp]

(名) ノートパソコン

## The prices of laptops have really come down in the last few years.

ノートパソコンの価格はここ数年、本当に下がっている。

* come down「下がる」

> 💡 日本語は「ノート型のパソコン」という発想ですが、英語では「ひざ (lap) の上 (top) に置く」→「ラップトップ型パソコン」です。a laptop computerと言うこともあります。

773 ■■■ **google**

🟥🟧

(動) (グーグルなどで) ネット検索をする
(名) グーグル

## A: Do you know how to change a tire?
## B: No, I've never done that. Let's google it.

A: タイヤの交換の仕方を知ってる?
B: いや、やったことないよ。ググってみよう。

> 💡 日本語の「ググる」と同じ発想で、会社名のGoogle「グーグル」が、動詞「インターネット検索をする」で使われるようになりました。相手にGoogle it.「ググってみなよ」と言うときにも使えます。

## 774 ■■■ search

[sə́ːrtʃ]

動 探す
名 捜索

## Harper searched the Website for the company's contact details but could not find them.

ハーパーはその会社の連絡先をウェブサイトで探したが、見つからなかった。

💡 search 場所 for 物「物 を求めて 場所 を探す」の形をしっかり使いこなしてください。
例文は「連絡先情報を求めてウェブサイトを探す」ということです。

## 775 ■■■ scroll

[skróul]

動 スクロールする

## A: Where's the title for this article?
## B: Scroll up, Jane. It's at the top of the page.

A: この記事のタイトルはどこ?
B: 上にスクロールして、ジェーン。ページの一番上だよ。

💡「上に[下に]スクロールする」はscroll up[down]で、upやdownの前に前置詞は不要です。

## 776 ■■■ click

[klík]

動 クリックする
名 (マウスの) クリック

## A: I'm not sure how to update my profile.
## B: Click on your photo, and the settings will appear.

A: プロフィールの更新方法がわかりません。
B: 写真をクリックしてください。すると、設定が表示されます。

\* update「更新する」(787番)

💡 音から生まれた単語で、日本語の「カチッ」が、英語では「クリック」と聞こえたわけです。
ちなみにclick one's tongueは「舌打ちする」です(「チッ」という音から)。

## 777 ■■■ **connect**

[kənékt]

動 接続する、つなぐ
▶ connection 名 接続、関係

**A: Are you connected?**
**B: No, there's something wrong with the Wi-Fi.**

A: つながってる?
B: いや、Wi-Fiがおかしいんだ。

\* There's something wrong with 〜「〜の調子がおかしい」(273番)

💡 connect A to B「AをBにつなぐ」の形が基本で、例文は受動態のA is connected to B からの省略(Are you connected (to the Wi-Fi / to the internet)?「(Wi-Fiに・ネットに) 接続されてる?」)です。

## 778 ■■■ **history**

[hístəri]

名 履歴、歴史
▶ historic 形 歴史上重要な
▶ historical 形 歴史の、歴史的な

**To protect your privacy, we advise you to regularly delete your search history.**

プライバシー保護のため、定期的に検索履歴を削除することをお勧めします。

\* advise 人 to 〜「人 に〜するよう勧める」(今回はtoと動詞の間に副詞regularlyが入っている)

💡「歴史」とだけ考えていると、なかなか普段は使う場面が限られるのですが、「(ネット・スマホの) 履歴」の意味は重宝しますよ。

## 779 ■■■ **video conference**

[vídiòʊ kάːnf(ə)rəns]

名 テレビ会議、オンライン会議
▶ videoconferencing 名 テレビ会議の技術・システム

**Let's set up a video conference with them.**

彼らとオンライン会議を設定しよう。

💡「音声やビデオ通信(video)を使った会議 (conference)」です。

## 780 ■■■ laggy
[lǽgi]

形 （ネットやパソコンが）遅い
▶ lag 動 遅れる

### I just can't work on this old computer anymore. It's too laggy.

もうこの古いパソコンでは仕事できない。遅すぎるよ。

💡「タイムラグ（time lag）」は「時間の遅れ」ですが、lagの形容詞がlaggyです。日本の辞書には載っていないことも多いのですが、「ネットの接続・パソコンの動作」が遅いときに便利です。

## 781 ■■■ mute
[mjúːt]

名 ミュート（の状態）
動 ミュートにする
形 無言の、静かな

### I think you're on mute.

マイクがミュートになっていると思いますよ。

💡 on sale「発売中」と同じノリのonを使って、on mute「ミュート中」と言えるようにしておきましょう。また、set one's mic on mute「マイクをミュートにする」という使い方もあります。

## 782 ■■■ restore
[ristɔ́ːr]

動 回復する、復元する、
修復する
▶ restoration 名 回復、復元、修復

### Is there any way I can restore the lost file?

失われたファイルを復元する方法ってある？

💡「元の状態（re）まで蓄える（store）」→「取り戻す、元の状態に戻す」イメージです。restore an old building「古い建物を修復する」の他に、restore data「データを復元する」と使えます。

## 783 ■■■ retrieve
[ritríːv]

動 回収する、復元する

### Can we retrieve the data from the backup server?

バックアップサーバーからデータを復元できる?

💡「ゴールデンレトリバー（golden retriever）」は「ハンターが撃ち落とした獲物を持って返ってくる犬」です。「（物を）回収する」以外に「（データ・情報を）取り戻す」にも使えます。

## 784 ■■■ freeze
[fríːz]

動 フリーズする、止まる／凍る、凍らせる
▶ freezer 名 冷凍室　▶ freezing 形 凍るような
▶ frozen 形 凍った

### A moment before the teleconference, my computer suddenly froze.

ウェブ会議の直前、私のパソコンが突然フリーズした。
＊ teleconference「ウェブ会議、遠隔会議」

💡日本語でも「フリーズした」と言うので意味は簡単ですが、freeze-froze-frozenという変化をしっかりおさえて、パッとfrozeが出るようにしておきましょう。

## 785 ■■■ bug
[bʌ́g]

名 バグ、虫、病原体
動 悩ませる、困らせる

### I think there's a bug in the hardware.

ハードウェアにバグがあると思う。

💡本来「小さな虫」という意味で、「虫が入り込んでおかしくなった欠陥」→「欠陥、故障、バグ」です。ちなみに、昔はTVゲームで「バグった」と使われていました。

**786**

## access
[ǽkses]

(動) 利用する、接近する、入手する
(名) 利用、接近、入手

**A: I can no longer access my account online.**
**B: In that case, you'd better call the bank.**

A: オンラインで自分の口座にアクセスできなくなったんだ。
B: その場合は、銀行に電話したほうがいいよ。

\* you'd better = you had better

💡 名詞ならhave access to ～「～を利用できる」の形で使いますが、動詞の場合はtoは不要で、access 物「物にアクセスする」の形で使えるようにしておきましょう。

**787**

## update
動[ʌ̀pdéit], 名[ʌ́pdèit]

(動) 最新のものにする、アップデートする
(名) 最新情報、更新
▶ up-to-date (形) 最新の

**I was told the operating system needs to be updated.**

OSのアップデートが必要だと言われました。

💡 名詞の用法は簡単でしょうが、動詞で使えるようにしておきましょう（例文はupdate the operating system「OSをアップデートする」の形が受動態になったもの）。

**788**

## launch
[lɔ́:ntʃ]

(動) (事業などを) 始める、発射する

**The company launched a social media giveaway to promote its custom printed T-shirts.**

その会社はカスタムプリントTシャツを宣伝するため、SNSでのプレゼントキャンペーンを始めた。

\* giveaway「無料サンプル、プレゼント」／ promote「販売促進する」

💡 元々は「ロケットを打ち上げる」という意味ですが、「ある会社が市場にロケットを打ち込む」→「製品を発売する、始める」となりました。

## 789 ■■■ physical

[fízikəl]

形 物理的な、実際の／**身体の**／物質的な、物質の
▶ physically 副 物理的に、実際に

**A: You can only buy that brand of T-shirt online, right?**

**B: Actually, they have a physical store in the mall.**

A: そのブランドのTシャツはネットでしか買えないよね？
B: いや実は、ショッピングモールに実店舗があるよ。

💡 よく「身体の」と教わりますが、「物理的な、実際の」という意味を意識しておきましょう。an online store に対して、a physical store は「実店舗」を表します。

## 790 ■■■ in-person

[ìn-pə́ːrsn]

形 直接会っての、対面の
▶ in person 副 直接会って、対面で
▶ firsthand 形 直接の 副 直接に

**A: Shall we meet in person or have a conference call?**

**B: I prefer in-person meetings because they create a more collaborative atmosphere.**

A: 直接お会いしましょうか、それとも電話会議にしましょうか？
B: より協力的な雰囲気になるので、直接お会いしたいと思っています。

＊ collaborative「協力的な」／atmosphere「雰囲気」

💡 in person「本人が直接会って、対面で」が、ハイフンを使って形容詞化したのが in-person です。an in-person meeting「対面の会議」は a physical meeting とも表せます。

## 791 ■■■ face-to-face

[fèis-tə-féis]

形 面と向かっての、直接会っての
▶ face to face 副 向かい合って

### Mr. Willard is old-fashioned. He prefers face-to-face meetings over teleconferences.

ウィラードさんは昔ながらの人だ。彼はウェブ会議よりも対面での会議が好きだね。

\* old-fashioned「時代遅れの」／prefer A over B「BよりAを好む」

💡「顔（face）に対して（to）顔（face）」で、「相手の正面に立って」だけでなく、「（ビデオ通話などではなく）直接会って」でも使えます。face-to-face classesは「対面授業」です。

## 792 ■■■ electronic

[ilèktránik]

形 電子の、インターネットでの、メールでの
▶ electronically 副 コンピューター上で、オンラインで

### Your electronic signature on the contract will make it legally binding.

契約書へ電子署名をいただければ、法的拘束力を持ちます。

\* signature「署名」／contract「契約書」／legally「法的に」／binding「拘束力のある」

💡「電飾キラキラの」というより、「ネット上での」というイメージを持ったほうが使いやすい単語です。e-book「電子書籍」などのeはelectronicのことです。

◀)) 793〜797

**review**

[rivjúː]

名 レビュー、批評、復習
動 レビューする、批評する、
復習する
▶ reviewer 名 書評者、レビュワー

## As soon as the book was released, it received excellent reviews from leading critics.

この本が発売されるとすぐに、一流の評論家たちから素晴らしい評価を受けた。

＊ leading「一流の」／ critic「評論家、批評家」

💡 日本語でも「レビュー」が定着しているだけに、発音には気をつけてください。「リヴュー」という感じで、「リ」と「ヴ」の音を意識しましょう。

**overrate**

[òuvərréit]

動 過大評価する
▶ rate 名 割合、比率、料金
動 評価する

## A: That new restaurant on Lundy Street is so popular.
## B: Honestly, it's overrated. The food is nothing special.

A: ランディ通りの新しいレストランはとても人気があるね。
B: 正直言って、過大評価されてるよ。料理は何も特別なものじゃない。

＊ honestly「正直なところ」（196番）

💡 「オーバーに（over）評価する（rate）」→「過大評価する、買いかぶる」です。be overrated「過大評価されている」の形で使うことが多いです。

# 795

## information 名情報

[ìnfərméiʃən]

▶ inform 動 知らせる

**Updating your passwords regularly is one way to protect your personal information.**

パスワードを定期的に更新することは、個人情報を守る1つの方法です。

💡 informationは不可算名詞（an・複数のsはつかない）という点をしっかり意識しておきましょう。personal informationは「個人情報」となります。

# 796

## misinformation 名誤った情報

[mìsinfɔ́rméiʃən]

▶ disinformation 名（だます・真実を隠すための故意の）偽情報

**During the pandemic, misinformation spread like wildfire on social media.**

パンデミックの最中、誤った情報がSNSであっという間に拡散された。

\* spread like wildfire「山火事のように広まる」→「あっという間に広まる」

💡 「誤った（mis）情報（information）」で、現代では実によく使われる単語です。information同様、aや複数のsは不要です。

# 797

## literacy 名使いこなす能力、読み書きの能力（識字）

[lítərəsi]

▶ literate 形 読み書きできる

**Market research companies are looking for individuals with high internet literacy to collect data online.**

市場調査会社は、オンラインデータを収集するために、インターネットリテラシーの高い人材を求めている。

\* individual「個人、人」

💡 本来の意味ではliteracy rate「識字率」と使われます。これがinternet literacyになると「ネットを正しく使いこなす能力」を表します。

## 798 ■■■ **anonymous** 形 匿名の

[ənánəməs]

▶ anonymity 名 匿名性

**A: Why do so many people prefer to remain anonymous online?**

**B: Maybe they have privacy concerns.**

A: なぜ多くの人がネット上で匿名を好むのでしょうか?
B: プライバシーの問題があるのかもしれません。

💡 ネット関連の話題では、remain anonymous「匿名のままでいる」、write an anonymous comment「匿名のコメントを書き込む」などは重宝します。きちんと発音できるようにしておきましょう。

## 799 ■■■ **anonymously** 副 匿名で

[ənánəməsli]

**You can post comments anonymously on this website.**

このウェブサイトには、匿名でコメントを書き込めます。

* post「投稿する」(808番)

💡 非常に大事な単語なので、副詞のanonymouslyもしっかりチェックしておきましょう。post 〜 anonymously on ...「…に匿名で〜を投稿する」の形が大事です。

## 800 ■■■ **accurate** 形 正確な

[ǽkjurət]

**This weather app usually provides an accurate forecast for the week ahead.**

この天気アプリは通常、1週間先の正確な天気予報を提供する。

💡 accurateのcuraはcare「注意」と同じ語源で、「注意が溢れて」→「正確な」となりました。accurate information「正確な情報」とfalse information「偽の情報」の区別は現代においてとても大切ですね。

## 801 ■■■ reliable

[riláiəbl]

形 **信頼できる**
▶ reliability 名 信頼性

### Sometimes, it is difficult to decide whether a website has reliable information or not.

ウェブサイトに信頼できる情報があるかどうかを判断するのは、難しいときがある。

💡 rely「頼る」に「可能、受動」を表す"-able"がついて、「頼られることができる」→「信頼できる」となりました。

## 802 ■■■ biased

[báiəst]

形 **バイアスのかかった**
▶ bias 名 先入観、偏見
　　動 先入観を持たせる
▶ unbiased 形 偏見のない、公平な

### A: What do you think of that documentary?
### B: It's quite biased.

A: あのドキュメンタリーをどう思いますか?
B: かなり偏ってるよ。

💡 biasedは「先入観を持たせられた」→「先入観を持った」です。例文のS is biased. の他に、biased information「偏った情報」やa biased opinion「偏見」も使います。

## 803 ■■■ evidence

[évədəns]

名 **証拠**
▶ evident 形 明白な

### Sometimes, we believe information that is not based on scientific evidence.

時に、私たちは科学的根拠に基づいていない情報を信じてしまう。

\* thatは関係代名詞で、that is not based on scientific evidence がinformationを修飾している

💡 informationと同じく、evidenceも不可算名詞です(冠詞のanや複数形のsは付かない)。

電子機器／インターネット

## SNS

◀)) 804〜809

## social media 名ソーシャルメディア、SNS
[sóuʃəl míːdiə]

### Do you still use social media?

今でもSNS使ってる?

💡 日本では「SNS」と言いますが、英語ではsocial networking service[site]よりも、social mediaのほうが圧倒的によく使われます。

## platform 名 (ネットやSNSの) プラットフォーム、駅のホーム、壇
[plǽtfɔːrm]

### Our social media platform allows users to market themselves to employers worldwide.

当社のSNSプラットフォームを利用することで、ユーザーは世界中の雇用者に自分を売り込むことができます。

\* market A to B「AをBに売り込む」／worldwide「世界中の」

💡 ネットや現代のことを語るときに欠かせない単語です。「ネットやサービスを展開する土台・環境」のことで、favorite social media platformなら「好きな(個々の)SNS」です(social mediaは「SNS全般」)。

## viral 形 (go viralで) バズる／ウイルスの
[váiərəl]

### Massie's dance video went viral on TikTok.

マッシーのダンス動画はTikTokでバズった。

💡 本来「ウイルスの」で(virus「ウイルス」と綴りが似ている)、go viral「ネット上でウイルスのように素早く情報が広まる」→「拡散される、バズる」となりました。

326                              Chapter 2

## 807 ■■■ account
[əkáunt]

名 (SNSなどの) アカウント、説明、勘定、口座
動 説明する、占める

### I know that the celeb is using a secret account on Instagram.

その有名人がインスタの裏アカを使ってるのは知ってるよ。

* celeb 「有名人」 (celebrityの略)

💡 本来は「計算 (count) して説明する」で、銀行でお金を「計算して説明するもの」→「口座」、「SNS内での口座」→「アカウント」となります。log in to one's account「アカウントにログインする」もチェックを。

## 808 ■■■ post
[póust]

動 投稿する、貼る、掲示する
名 投稿、柱、掲示された情報

### I'll keep posting photos on Instagram until I get 30,000 followers.

フォロワーが3万人になるまで、インスタに写真を投稿し続けるよ。

💡 「サッカーのゴールポスト」で使われる「柱」が本来の意味で、そこから「柱に貼る」→「掲示する」→「ネットに掲示する、投稿 (する)」となりました。post A on B「AをBに投稿する」の形が重要です。

## 809 ■■■ entry
[éntri]

名 (ブログなどの) 記事、入ること、入力、参加、応募作品
▶ enter 動 入る、入力する、参加する、応募する

### When Roger received a comment on his blog entry, it motivated him to post more.

ロジャーは自分のブログ記事にコメントをもらい、もっと投稿しようという気になった。

* motivate 人 to ～ 「人を～する気にさせる」

💡 単純に「入ること (入場・参加)」以外に、「情報を入れること (入力・記入)」や、「ブログやFacebookでの記事の入力」→「(投稿) 記事」にも使えます。ちなみに「(新聞・雑誌の) 記事」はarticleです。

## comment
[kάment]

動 批評する、述べる、コメントする
名 論評、コメント

### Did you comment on my blog post?

私のブログ記事にコメントした？

💡 名詞「コメント」だけでなく、例文のように動詞「コメントする」でも使えます。comment on ～「～についてコメントする」を使ってみましょう。

## typo
[táipou]

名 誤植、打ち間違い

### After spotting typos in my Instagram post, I took it down and then posted a revised version.

誤字に気づいて、インスタの投稿を取り下げ、そして修正版を投稿した。
* spot「見つける」／take ～ down「～を削除する」／revise「修正する」

💡 元々typographical error「印刷上のミス」で、これが短くなってなんかかわいい響きのtypoになりました。SNSなどでの「打ち間違い」にもよく使います。That was a typo. なら「それ、誤字でした」です。

## troll
[tróul]

名 （ネットでの）荒らし、荒らす人
動 荒らす、悪質なコメントを書き込む
▶ troller 名 荒らしの人、悪質なコメントを書き込む人

### You shouldn't let the online trolls get you down, Jessica.

ネットの荒らしに負けないで、ジェシカ。
* get 人 down「人 をがっかりさせる」／直訳「あなたはそのネットの荒らしたちがあなたをがっかりさせるのを許すべきではない」

💡 「トロール」は森を徘徊して嫌がらせをする（北欧神話に由来する）怪物です。それがネット上を徘徊して嫌なことを書き込む人にも使われるようになりました。

## 813 ■■■ unfollow

[ʌnfɑ́(ː)loʊ]

動 フォローを外す
▶ follow 動 フォローする
▶ follower 名 フォロワー

## Did you unfollow that movie star?

その映画スターのフォローを外したの?

💡 follow だけでなく、unfollow もチェックしておいてください。follow「フォローする」に否定のunがついて、unfollow「(SNSで)フォローを外す」となりました。

## 814 ■■■ stalk

[stɔ́ːk]

動 こっそり追う、ストーキングする
▶ stalker 名 ストーカー、獲物をそっと追う人

## He stalks all of his ex-girlfriends on Instagram.

彼はインスタで元カノ全員をこっそり見ている。

* ex-girlfriend「元カノ」

💡「ストーカー(stalker)」の動詞形です。現代ではネット上での行動について、stalk her on Instagram「彼女のインスタをこっそり見る」やFacebook-stalk「Facebook上でストーキングする」と使えます。

## 815 ■■■ share

[ʃéər]

動 (SNS上などで)シェアする、分ける、共有する
名 分け前、(会社の)株

## Sakura shared her new music playlist with her YouTube subscribers.

サクラはYouTubeの登録者と新しい音楽プレイリストを共有した。

* subscriber「登録者」(819番)

💡 share A with B「AをBと分ける、AをBとシェアする」の形が大事です。また、Please share!「拡散希望!」という言い方もあります。

## 816 ■■■ trend
[trénd]

名 傾向、流行、トレンド

### The dance move quickly became a trend on TikTok.

そのダンス（の動き）は瞬く間にTikTokのトレンドとなった。

💡 observe world trends「世界の動向を見守る」という大きな意味から、a trend on TikTok「TikTokのトレンド」まで幅広い範囲で使えます。ちなみに例文の主語はThe dance moveで、quicklyは直後のbecameを修飾しています。

## 817 ■■■ edit
[édit]

動 編集する
▶ editor 名 編集者
▶ edition 名 版

### The vlogger tried a new app to edit the video and was pleased with the results.

このビデオブロガーは新しいアプリでビデオを編集してみて、その結果に満足した。
* vlogger「ビデオブロガー、vlogを作成する人」／ be pleased with 〜「〜に満足している」（293番）

💡 昔は一部の人だけが使っていたeditも、今ではedit a picture「写真の編集をする」や edit a video「動画を編集する」のように誰もが使うものとなりました。

## 818 ■■■ photogenic
[fòutədʒénik]

形 写真映えする

### The castle ruins together with the sunset were incredibly photogenic.

夕日と城跡が織りなす景色は、信じられないほど写真映えするものだった。
* ruins「遺跡」（527番）／ together with 〜「〜と一緒に」

💡 本来「光（photo）によって作られた（genic）」→「光を発する」→「写真映えする、写真写りが良い」です。景色にも人にも使えます。

## 819 ■■■ subscribe

[səbskráib]

**動 定期購読する**
- ▶ subscription 名 定期購読
- ▶ subscriber 名 定期購読者
- ▶ unsubscribe 動 定期購読をやめる

**Part of the YouTuber's job is to get people to subscribe to his channel.**

YouTuberの仕事の1つは、人々にチャンネルを登録してもらうことだ。

\* get 人 to ~「人に~させる」

💡 subscribe to ~ は本来「~を定期購読する」で、それが動画サービスにも使われるようになりました。「定期会員に登録する・加入する、(YouTubeの)チャンネル登録をする」などに使えます。toを忘れずに。

## 820 ■■■ thumbs up

[θÁmz áp]

**名 (ネット上での) 高評価**

**If you like this video, please give it a thumbs up and subscribe to my channel.**

この動画がいいと思ったら、高評価、チャンネル登録よろしくお願いします。

💡 thumbs upで1つの単語と考えてください。「親指(両手の親指なので複数形thumbs)を上げて(up)」→「賛成、OK、高評価」で、Facebookの「いいね」やYouTubeの「高評価」のマークになっています。

## 821 ■■■ addict

[ədíkt]

**動 中毒にさせる**

**I think many young people are addicted to social media.**

多くの若者がSNS中毒だと思います。

💡 受動態be addicted to ~「~に中毒にさせられて」→「~中毒で」を使えるようにしておきましょう。オーバーに「ハマっている」で、I'm addicted to this TV series.「このテレビ番組にハマってます」とも使えます。

## 822 ■■■ **addictive**
[ədíktiv]

形 中毒性の
▶ addiction 名 中毒

A: This game is so addictive. I can't stop playing it!
B: You should uninstall it from your tablet.

A: このゲーム、マジでハマっちゃう。やめられないよ!
B: タブレットからゲームをアンインストールすべきだよ。

💡 昔はタバコやアルコール中毒に使われることが多い単語でしたが、今はスマホ・SNSなどによく使われます。

## 823 ■■■ **obsess**
[əbsés]

動 とりつく
▶ obsession 名 妄想
▶ obsessive 形 とりつかれている、脅迫的な

Donna seems obsessed with her phone.

ドナはスマホにとりつかれているみたいだね。

💡 受動態で、be obsessed with 〜「〜にとりつかれる、〜で頭がいっぱいだ」という形で使えるようにしておきましょう(例文ではbe動詞の代わりにseemsが使われています)。

## 824 ■■■ **distract**
[distrǽkt]

動 (注意などを) そらす
▶ distraction 名 気をそらすもの、注意散漫、気晴らし

The constant notifications on my phone were distracting me from my work.

スマホの絶え間ない通知のせいで、仕事から気がそれてしまっていた。

\* notification「通知」

💡 「分離して (dis) 引っ張る (tract)」→「引き離す」→「そらす」です (tractは「トラクター (tractor)」で使われます)。distract 人 from 作業 「人 (の注意) を 作業 からそらす」の形をチェックしておきましょう。

◀)) 825〜826

| 動 じっと見る | 名 凝視 |

▶ gaze 動 じっと見る　名 凝視
▶ glance 動 ちらっと見る　名 ちらっと見ると

## Why are you staring at that lady?

なんであの女性をじっと見てるの?

💡 look at 〜 は「〜に視線を向ける」ですが、そこに「じっと、じろじろ」というニュアンスが加わると、stare at 〜「〜をじっと見る」になります。at は「(視線が)一点をめがける」イメージです。

lean　[líːn]　　動 寄りかかる、傾く

## The boy leaned over the railing to photograph the train entering the tunnel.

その少年は手すりから身を乗り出して、トンネルに入っていく電車を撮影した。

\* railing「手すり」／ photograph「撮影する」

💡 本来「傾く」で、lean over 〜「〜を上から覆って(over)傾く(lean)」→「〜から身を乗り出す」、lean on[against] 〜「〜に寄りかかる」となります。どれもTOEICテストで頻出の表現です。

## 827 ■■■ **clap** [klǽp]

動 手をたたく、拍手する

**After the singer's breathtaking performance, the audience clapped for a long while.**

その歌手の息をのむような素晴らしいパフォーマンスの後、観客は長い間拍手をした。

\* breathtaking「息をのむような、素晴らしい」（520番）

💡「（喜び・感激などの気持ちで）拍手をする」ときに使います。日本語は「パチパチ」ですが、英語では拍手の音が「クラップ、クラップ」と聞こえることから生まれた単語です。

## 828 ■■■ **fold** [fóuld]

動 （腕を）組む、**折りたたむ**

**Staring out the window with his arms folded, David became lost in thought.**

デビッドは腕を組んで窓の外を見つめ、物思いにふけった。

\* stare out 〜「〜の外をじっと見る」／be lost in thought「じっと考え込んで、物思いにふけって」

💡 with one's arms folded「人の腕が折りたたまれたままで」→「腕を組んだままで」（with OC「OがCのままで」）の形が大事です。fold one's clothes「服をたたむ」にも使えます。

## 829 ■■■ **shake** [ʃéik]

動 振る

**You don't usually shake hands in Japan. You bow instead.**

日本では普通、握手しません。代わりにお辞儀をします。

\* you「（一般の）人、みんな」（106番）／bow「お辞儀する」（発音は「バウ」）

💡「〜と握手する」はshake hands with 〜 です。「手を握って上下に振る」様子からshakeを使い、自分と相手の手があるので複数形handsになります。

## 830 ■■■ spill

[spíl]

動 こぼす

### I accidentally spilled coffee on my keyboard.

うっかり (パソコンの) キーボードにコーヒーをこぼしちゃったよ。

\* accidentally「うっかり」

💡 "sp"は「拡散」の意味で (447番)、spillも「まき散らしてこぼす」イメージです。spill A on B「AをBにこぼす」の形でよく使います。

## 831 ■■■ feed

[fí:d]

動 食べ物を与える、物を食べる

### What do you feed your goldfish?

金魚の餌には何をあげていますか?

💡「foodを与える」という意味です (人にも動物にも使えます)。例文ではfeed A B「AにBを与える」のBがwhatになった形です。ちなみに細かいことを言えば、食べ物以外を与えるときにも使えます。

## 832 ■■■ water

[wɔ́:tər]

動 水をやる
名 水辺 (海、川、湖、水域)

### Can you water my garden while I'm out of town? You can use my hose to water everything.

留守中、庭の水やりをお願いできる?　ホースで全部に水をやってくれると助かるよ。

\* hose「ホース」(発音は「ホウズ」)

💡 動詞「水をやる」で、water the garden「庭に水をやる」／water the plants「植物に水をやる」と使えます。日常会話で使いますし、TOEICでも頻出です。

## 833 ■■■ **pet**
[pét]

動 なでる、かわいがる／
**ペットにする**
名 **ペット、お気に入り**

### When I'm feeling down, I find comfort in <u>petting</u> my cat.

落ち込んでいるとき、ネコをなでると安心するの。

\* comfort「快適さ、安心」

💡 実は動詞で使えます。pet 〜「〜を（ペットをかわいがるよう に）なでる」と覚えてください。

## 834 ■■■ **hug**
[hʌ́g]

動 抱き締める
名 **抱きしめること**

### The infant <u>hugged</u> his teddy bear tightly and soon fell asleep.

その幼い子はテディベアを強く抱きしめ、すぐに眠りについた。

\* infant「幼児」／ fall asleep「眠りに落ちる」（847番）

💡 名詞は give 人 a big hug「人 に大きなハグを与える」→「人 をぎゅっと抱きしめる」、 動詞は hug 〜 tightly「〜をしっかりと抱きしめる」のように使います。

🔊 835〜836

**835** ⬛⬛⬛ **boil**

🔄

[bɔ́il]

動 ゆでる、沸騰する

## A: How would you like your eggs?
## B: Soft-boiled, please.

A: 卵はどのようにいたしましょうか?
B: 半熟でお願いします。

💡 boiled (egg)「ゆで (卵)」、soft-boiled (egg)「半熟の (卵)」です。海外のレストランでは卵の調理方法がよく聞かれます（sunny-side up「目玉焼き」やscrambled「スクランブルエッグ」などと答えてもOK）。

**836** ⬛⬛⬛ **fry**

〰️ ❗

[frái]

動 揚げる、いためる

## My mother is very good at frying fish until it's evenly crispy on the outside.

母は周りが均一にカリカリになるまで魚を揚げるのがすごく上手だ。

\* evenly「均一に」／ crispy「カリカリした、パリパリした」（=crisp）

💡 日本語でも「魚のフライ」と言いますが、英語fryは動詞でよく使います。また、過去分詞形を使ったfried chicken「フライドチキン、鶏のから揚げ」はおなじみですね。

## 837 ■■■ chop
[tʃáp]

動 切り刻む、たたき切る

**Can you chop the carrots into small cubes for tonight's vegetable soup?**

今夜の野菜スープ用に、ニンジンを角切りにしてくれる？

💡 プロレス技で広まった「チョップ」ですが、最近は「チョップドサラダ（具材が細かく切り刻まれたサラダ）」で使われます。chop 〜 into cubes「〜を切ってキューブ形にする」→「〜をさいの目に切る、角切りにする」です。

## 838 ■■■ slice
[sláis]

動 薄く切る
名 薄切り

**I bought some thinly sliced beef to make *sukiyaki*.**

私はすき焼きを作るために薄切りの牛肉を買った。

💡 「スライスチーズ」は「薄切りのチーズ」のことです。thinly slicedは「薄く（thinly）スライスされた（sliced）」→「薄切りの」で、すき焼きなどの日本食を説明する際にthinly sliced beef「薄切りの牛肉」を使います。

## 839 ■■■ peel
[píːl]

動 皮をむく
▶ peeler 名 ピーラー

**Could you peel a few carrots for the salad?**

サラダ用にいくつかニンジンの皮をむいてくれない？

💡 キッチン用品「ピーラー（peeler）」は「皮むき器」です。また、手でむいてもOKなので、peel a banana「バナナの皮をむく」と使えます。

## 840 ∎∎∎ stir

[stə́:r]

**動 かき回す、揺り動かす**
**名 かき混ぜること**

**A: Please keep stirring the sauce so it doesn't burn.**
**B: OK. Can I use this wooden spoon to stir it?**

A: 焦げないようにソースを常にかき混ぜてください。
B: 了解。この木のスプーンでかき混ぜてもいい?

* so (that) 〜「〜するように」

💡 storm「嵐」と同語源で、「かき乱す」→「かき回す、かき混ぜる」となります。

## 841 ∎∎∎ broth

[brɔ́:θ]

**名 だし**

**Margaret used a ladle to skim the foam off her beef broth soup.**

マーガレットはビーフスープのあく(泡)をおたまですくった。

* ladle「おたま」／skim A off B「AをBからすくう」／foam「あく、泡」

💡 beef broth soup は「牛肉のだしでとったスープ」で、海外レストランでよく見かけます。日本料理を説明するときにも、prepare broth from boiled-dried fish「煮干しからだしをとる」と使えます。

## 842 ∎∎∎ flour

[fláuər]

**名 小麦粉**

**Next, add water to the flour and mix them together.**

次に、小麦粉に水を加えて一緒に混ぜてください。

* add A to B「AをBに加える」

💡 flower「花」と同じ発音です(実は語源も同じ)。wheat は「(植物としての)小麦」を表すのに対し、flour は「小麦粉」を表します。ちなみに buckwheat flour「そば粉」は日本紹介で使います。

## vinegar  名酢
[vínigər]

**Michelle likes to drizzle balsamic vinegar over her salad.**

ミシェルはバルサミコ酢をサラダにかけるのが好きだ。

\* drizzle A over B「AをBに軽くふりかける」

💡 和食で酢はよく使われますし、アメリカでもsalt and vinegar味のポテトチップスがあるほどです。ちなみに、drizzleは「小雨が降る」（446番）だけでなく、例文のように「ドレッシングをふりかける」ときにも使えます。

## ingredient  名成分、材料、要素
[ingríːdiənt]

**The ingredient that makes Sharla's cookies stand out is cinnamon.**

シャーラのクッキーを際立たせる材料はシナモンだ。

\* stand out「目立つ」

💡 海外での料理の話で使われますし、健康意識の高まりから、日常会話で頻繁に使われます。the ingredients in this bread「このパンの材料」のように、後ろに前置詞inがくることもあります。

## time-saver  名時間を節約するもの
▸ time-waster 名時間を無駄にする人、時間を奪うもの
[táɪm-sèɪvər]

**I regarded my microwave oven as the best time-saver in my kitchen.**

私は電子レンジをキッチンで一番の時短アイテムだと思っていた。

\* regard A as B「AをBとみなす」

💡 現代の「時短アイテム」を表すときに便利です。その逆はtime-waster「時間（time）を無駄にする人・奪うもの（waster）」です。

🔊)) 846〜848

## 846 ■■■ **awake** [əwéik]

形 目覚めている

### It was 3 a.m., but I was still wide awake.

午前3時になっても、まだすっかり目が冴えていた。

💡wake up「目覚める」は動詞、awake「目覚めている」は形容詞という点に注意を。be wide awake「すっかり目が覚めて」です（wideは強調の働き）。

## 847 ■■■ **asleep** [əslíːp]

形 眠って

### The baby is sound asleep.

赤ちゃんはぐっすり眠っています。

💡awakeの反対です。形容詞なのでbe動詞と一緒に使ったり、fall asleep「眠りに落ちる」という熟語で使ったりします。「ぐっすり眠っている」はbe sound[fast] asleepです（veryは使わない）。

## 848 ■■■ **oversleep** [òuvərslíːp]

動 寝過ごす

### Did you oversleep again?

また寝坊したの？

💡「予定よりオーバーして（over）眠る（sleep）」→「寝過ごす」と考えてください。過去形oversleptもパッと出るようにしておきましょう（自分の動作としては使いたくない単語ですが）。

**849** ■■■ **yawn**
[jɔ́ːn]

動 あくびする
名 あくび

## He has been yawning all day.

彼は一日中ずっとあくびをしている。

> 💡 発音は「ヤーン」ではなく、「ヨーン」です。awであくびのように大きく口を開けるのがポイントです。名詞で、with a yawn「あくびしながら」という言い方もあります。

**850** ■■■ **nap**
[nǽp]

名 昼寝、仮眠

## There is a tradition in Spain called "siesta," where people take a nap after lunch.

スペインには「シエスタ」という習慣があり、そこではみんな昼食後に昼寝をする。

> 💡 日本でも「（体力を回復するための）短い昼寝」を「パワーナップ」と言うことが増えてきました。take[have] a napで、直訳「昼寝をとる[持つ]」→「昼寝する」です。

**851** ■■■ **deprive**
[dipráiv]

動 奪う

## You look sleep-deprived. Get a good night's rest.

寝不足のようだね。夜はちゃんと休んでね。

> 💡 「睡眠を奪う」ときにも使える単語です。sleep-deprived「睡眠が奪われた」→「睡眠不足の」となります。I'm sleep-deprived.「寝不足なんです」と使えます。

## 852 ■■■ midnight

[mídnàit]

名 夜の12時、真夜中

**My favorite anime airs at midnight, so I usually record it and watch it at a more convenient time.**

私の一番好きなアニメは深夜0時に放送されるので、たいてい録画して空いている時間に見る。

\* air「放送される」

💡 文脈によっては「真夜中」になりますが、原則的に「深夜0時」です。at noon「正午に」と同様に「一点を指すat」を使います。

## 853 ■■■ all-nighter

[ɔ́:l-náitər]

名 徹夜

**My brain was foggy after pulling an all-nighter downtown with my friends.**

友人たちと繁華街で徹夜をしたので、頭がボーっとしていた。

\* foggy「ぼんやりした」

💡 学校では習いませんが、日常会話でよく出てくるだけに知っておきたい単語です。pull an all-nighter「徹夜する」の形でよく使います（pullは「夜通し引っ張る」イメージ）。

## 854 ■■■ bath

[bǽθ]

名 入浴

**I couldn't pick up the phone because I was taking a bath.**

お風呂に入っていたので、電話に出られなかった。

\* pick up the phone「電話を拾い上げる」→「受話器を取る、電話に出る」

💡 take a bathで、直訳「入浴をとる」→「風呂に入る」です。有名な割に会話でパッと出てこないかもしれません。また、bathのthの発音も意識してください。

## 855 ■■■ **bathe**
[béið]

動 入浴する、浸す

### We bathed in the natural hot spring.

私たちは天然温泉に入りました。

> 💡 bathの動詞がbatheで「ベイズ」という発音にも注意してください。bathe in 〜「〜に入る」の形をチェックしておきましょう。

## 856 ■■■ **bathroom**
[bǽθrùːm]

名 トイレ、浴室

### The bathroom on this floor is in use, but there is another one upstairs.

この階のお手洗いは使用中ですが、上の階にもお手洗いがあります。

\* in use「使用中である」／upstairs「上の階に」

> 💡 本来は「浴室」ですが、特にアメリカでは家の中でお風呂場とトイレが一緒にあったことから「トイレ」も指します。toiletは直接的すぎる（かつ「便器」そのものを指す）ため、遠回しの単語が使われるわけです。

## 857 ■■■ **restroom**
[réstrùːm]

名 お手洗い
▶ rest 名 休憩 動 休憩する

### A: Where's the restroom?
### B: It's down the hall and to the right.

A: お手洗いはどこですか？
B: 廊下を進んで右側にあります。

\* down the hall「廊下を進んだ先に」（491番）

> 💡 日本のお店でRESTROOMとあったのでトイレだと思って入ったら、中にいたスタッフに怪訝な顔をされたことがあります。文字通りには「休憩室」ですが、これもtoiletを遠回しに言う単語です。

## 858 ■■■ **lavatory**

[lǽvətɔ̀ːri]

名 お手洗い、化粧室

**A: Are all the lavatories occupied?**
**B: No, there's one available at the back of the plane.**

A: お手洗いは全部埋まっていますか?
B: いいえ、当機の後ろに1つ空いているお手洗いがございます。

* occupied「埋まって、使用中で」(495番) / available「利用できる、空いている」

💡 こちらもtoiletを遠回しに言う単語で、主に飛行機のトイレを指します。機内アナウンスでもよく使われる単語です。

## 身だしなみ、メイク

🔊)) 859〜863

**859** ⬛⬛⬛
**bangs**
[bǽŋz]

🔊 名 前髪　＊主にアメリカ
▸ fringe 名 前髪／ふち、周辺部
＊主にイギリス

## The hairdresser messed up my bangs.

美容師さんに前髪をめちゃくちゃにされた。

＊ hairdresser「美容師」／mess up「めちゃくちゃにする、失敗する」

💡hair「髪の毛」は誰もが知っていますが、bangs になると超上級者でもなぜか知らないものです。ちなみに、日本でも「透け感のあるシースルーバング」のように使われることがあります。

**860** ⬛⬛⬛
**makeup**
[méikÀp]

名 化粧、構造
▸ make up 動 化粧する、構成する、つくる

## Diane is wearing lighter makeup than usual, so she looks fresher and more natural.

ダイアンはいつもより薄めのメイクなので、フレッシュでナチュラルな印象だね。

💡日本では「メイク」までしか言わないのですが、英語では makeup です。wear makeup「化粧をしている」、put on[apply] makeup「化粧をする」です。

## 861 ■■■ cosmetic
[kɑzmétik]

形 化粧の、美容の
名 (cosmeticsで) 化粧品

**The countryside store unexpectedly had a large selection of <u>cosmetic</u> products, from lipsticks to eyeshadows.**

その田舎の店は、口紅からアイシャドウまで、思いがけず化粧品の品揃えが豊富だった。

\* unexpectedly「意外なことに、思いがけず」(193番)／selection「品揃え」(580番)／lipstick「口紅」

💡「コスメ用品、化粧品」は英語でcosmetic productsです。ちなみに「化粧の、美容の」→「外見上の」から、「美容整形手術（を受ける）」は(undergo) cosmetic surgeryと言います。

## 862 ■■■ moisturize

[mɔ́istʃəràiz]

動 保湿する
▶ moisture 名 湿気、水分
▶ moisturizer 名 保湿用クリーム

**In wintertime, my mother <u>moisturizes</u> her face at least twice a day.**

冬場では、母は少なくとも1日に2回は顔を保湿します。

💡「湿気・水分 (moisture) を与える」→「うるおいを与える、しっとりさせる、保湿する」です。moisturize one's face「顔を保湿する」、moisturize one's skin「肌をしっとりさせる」と使います。

## 863 ■■■ smooth

[smúːð]

形 滑らかな、順調な

**After using the new moisturizer, my skin felt <u>as smooth</u> as silk.**

新しい保湿クリームを使ったら、肌がすごくすべすべな感じになったよ。

💡as smooth as silkは、直訳「シルクと同じくらい滑らかな」→「とても滑らかな」という表現です（sで韻を踏んだ表現）。昔のメディアでは「スムース」と書かれることがありましたが、正しい発音は「スムーズ」です。

## 864 ■■■ eyebrow
[áibràu]

名 まゆ (毛)

Monica chose a shade of eyebrow powder that matched her red hair.

モニカは赤い髪に合う色合いのアイブロウパウダーを選んだ。

\* shade「色合い」／match「合う」

💡日本語では「アイブロウ」と書かれますが、英語の発音は「アイブ<u>ラ</u>ウ」です。pluck one's eyebrows「まゆ毛を抜く」、pencil one's eyebrows「まゆ毛を書く」です。

## 865 ■■■ eyelash
[áilæʃ]

名 まつ毛

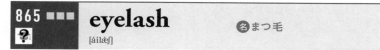

The actor wears eyelash extensions.

その俳優はまつ毛エクステを付けている。

💡eyelash extensions「まつ毛エクステ・まつエク」、false[fake] eyelashes「嘘のまつ毛」→「つけまつ毛」です。

## 866 ■■■ lip balm
[líp bɑ́:m]

名 リップクリーム

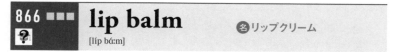

I keep a tube of lip balm in my purse.

私はハンドバッグにリップクリーム (のチューブ) を入れています。

💡lip creamは「美容効果を強調したクリーム状のもの」を指し、「唇を乾燥や荒れから守るリップクリーム」はlip balmと言うことが多いです。

## 867 ■■■ sunscreen

**名** 日焼け止め

[sánskrìn]

▶ sunblock **名** 日焼け止め
（sunscreenより効果が高いもの）

**A: Did you bring any sunscreen?**
**B: Yeah. Here it is.**

A: 日焼け止めを持ってきた?
B: うん。どうぞ。

💡 wear sunscreen「日焼け止めを塗っている」、put on[apply] sunscreen「日焼けを塗る」と使います。ちなみに、「日焼け」はsunburn（痛みを伴う日焼け）やsuntan（健康的な日焼け）です。

## 868 ■■■ wrinkle

**名** しわ

[ríŋkl]

**After a good night's rest, the wrinkles on my face don't look so deep.**

一晩ぐっすり眠ると、顔のしわがそれほど深く見えなくなる。

💡 facial wrinkle「顔のしわ」に加えて、皮膚以外にwrinkled paper「しわしわの紙」やwrinkle-free fabrics「しわになりにくい繊維」などにも使えます。

## 869 ■■■ clothes

**名** 衣服

[klóuz]

**Are you bringing an extra set of clothes to the beach?**

ビーチに着替えを持っていく?

💡 cloth「布」から、clothesは「（複数の布を合わせて作った）衣服」と考えてください。an extra set of clothes「衣服の余分なセット」→「着替え（一式）」です（他にa change of clothesやspare clothesなどもOK）。

🔊 870〜875

**870** ■■■ **chore** 名 雑用、家事
[tʃɔːr]

## Do you have time to help with the chores?

雑用を手伝う時間はある?

> 💡 do (the) chores「雑用・家事をする」、help with (the) chores「雑用・家事を手伝う」の形でよく使います。「様々な雑用」というイメージから複数形choresで使うことが多いです。

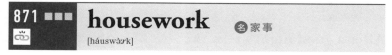

**871** ■■■ **housework** 名 家事
🔗
[háuswə̀rk]

## A: How about a round of golf tomorrow?
## B: I can't. My wife and I have to catch up on
## housework.

A: 明日、ゴルフを1ラウンド、どうかな?
B: 無理だよ。妻と家事を片付けないといけないから。
* catch up on ~「~の遅れを取り戻す、終わらせる」

> 💡「家の (house) 仕事 (work)」→「家事」で、work「仕事」同様に不可算名詞です。do (the) housework「家事をする」です。

**872** ■■■ **tidy** 形 きちんとした
[táidi] 動 片付ける

## My husband likes to keep everything neat and tidy.

ウチの夫はきちんと整理整頓するのが好きなんです。

> 💡 neat[clean] and tidy「綺麗できちんとしている、片付いている」の形でよく使います。余裕があれば、動詞でtidy (up) the room「部屋を片付ける」と使える点もチェックを。

## 873 ■■■ **trash** 名ゴミ

[trǽʃ]

## A: Did you remember to take out the trash?
## B: No, but I'll do that now.

A: ゴミ出し、覚えてた？
B: いや、でも今やるよ。

💡 take out the trash「ゴミを出す」、separate the trash「ゴミを分別する」、pick up trash「ゴミを拾う・回収する」などとパッと言えると便利です。

## 874 ■■■ **garbage** 名ゴミ

[gáːrbidʒ]

## The garbage truck hasn't come by yet.

ゴミ収集車はまだ来ていません。

＊ come by「やってくる」

💡 trashとほぼ同じと考えてOKですが、garbage truck「ゴミ収集車」、garbage collection day「ゴミ収集日」などと使われることも多いです。

## 875 ■■■ **litter**

[lítər]

動ポイ捨てする
名ゴミ、乱雑な状態

## I wish people would stop littering in our neighborhood.

近所でのポイ捨てをやめてくれればなぁ。

＊ I wish S would 原形「Sが〜すればなぁ」

💡 litterは「ポイ捨て、散らかったゴミ」のイメージで、公園ではNo littering.「ポイ捨て禁止」という掲示を見かけます。ちなみに、「（ゴミ箱にきちんと）捨てる」場合はthrow awayを使います。

## 876 ■■■ single-use　　㊒ 使い捨ての
[síŋgl-jú:s]

**A: Do you ever use single-use shopping bags?**
**B: No, I've completely switched to reusable ones.**

A: 使い捨ての買い物袋を使うことはある？
B: いや、再利用できるものに完全に変えたよ。

＊ switch to ~「〜に切り替える」／reusable「再利用できる」

💡「1回のみ（single）使える（use）」→「1回のみ使って捨てられる、使い捨ての」です（このuseは名詞なので発音は「ユース」）。「プラスチック汚染」に関するニュースでもよく出てきます。

## 877 ■■■ disposable
[dispóuzəbl]

㊒ 使い捨ての
▶ dispose ㊙処分する
▶ disposal ㊗処分、自由に使えること、裁量

**A: Can you bring disposable plates to the picnic?**
**B: Sure. I'll pick up some disposable chopsticks, too.**

A: ピクニックに使い捨ての皿（紙皿）を持ってきてもらえる？
B: もちろん、割り箸も買っていくね。

＊ pick up「買う」

💡 動詞disposeは「離して（dis）置く（pose）」→「捨てる、処分する」で、disposableは「捨てられることができる」→「使い捨ての」となります。「割り箸」はdisposable chopsticksです。

## 878 ■■■ laundry
[ló:ndri]

㊗洗濯（物）

**Excuse me. Does this hotel have a laundry room?**

すみません。このホテルにランドリールームはありますか？

💡 日本語のノリで「ランドリー」と言っても通じない可能性大なので、lの音を意識しつつ、口をできるだけ大きく開けて「ラーンドリー・ローンドリー」と発音しましょう。ちなみに「洗濯をする」はdo the laundryです。

## 879 ■■■ detergent

[ditə́ːrdʒənt]

**名 洗剤**

## I like the smell of this detergent.

この洗剤の香りが好きです。

💡 海外で暮らしたときに意外とよく使う単語です。ちなみに「柔軟剤」はsoftenerです。

## 880 ■■■ stain

[stéin]

**名 汚れ、しみ**
**動 汚す、着色する**

## I tried to remove the mustard stain from my favorite tie.

私はお気に入りのネクタイについたマスタードのしみを落とそうとした。

\* tie「ネクタイ」

💡 「ステンレス（stainless）」は「汚れ（stain）がない（less）」という意味です。a stain on the shirt「シャツのしみ」や、remove tough strains from ～「～からしつこい汚れを落とす」のように使います。

## 881 ■■■ iron

[áiərn]

**動 アイロンをかける**
**名 鉄**

## A: Some of these shirts need ironing.
## B: You can do the ironing in the laundry room.

A: アイロンがけが必要なシャツもあります。
B: アイロンがけはランドリールームでできるよ。

\* need -ing「～する必要がある」

💡 発音は「アイロン」ではなく「アイアン」です。本来「鉄」で、「熱した鉄で衣服のしわをのばす」ことに由来しています。Bではdo the ironing「アイロンがけをする」が使われています。

## 882 ■■■ sew

[sóu]

動 縫う

**A: Can you sew this button back on?**
**B: Sure. Let me get the sewing kit.**

A: このボタン、付けて直してくれる?
B: ええ。裁縫セットを取ってくるわ。

\* back on は「元のくっついた状態に」くらいの意味

💡 長袖Tシャツの「カットソー」はcut and sewnからきています（直訳「切られて、縫われたもの」）。sewの正しい発音は「ソウ」なのでご注意を。

## 883 ■■■ fade

[féid]

動 消えていく、(色が) あせる

**Oh, no! The color in this shirt faded.**

あら! このシャツ、色落ちしちゃったよ。

💡 「フェイドアウト（fade-out）」は「ドラマで画面が徐々に白くなって消えていくこと」ですね。fedeは「フェード」ではなく「フェイド」という感じで発音してください。

## 884 ■■■ childcare

[tʃáildkèər]

名 育児 (施設)

**Many couples have difficulty finding childcare in Japan.**

多くの夫婦が日本で保育施設を探すのに苦労している。

\* have difficulty -ing「〜するのに苦労する」（272番）

💡 「育児」そのもの以外に、childcare center「託児所、保育施設」からcenterを省略したものとして「育児施設」の意味でも使えます（表記はchild-care centerとなることも）。

## 885 ■■■ nursery

名 託児所、保育園／園芸店

[nə́:rsəri]

**Ms. Stephens often reads books to children at the nursery school where she works.**

スティーブンスさんは、勤め先の保育園で子どもたちによく絵本を読んでいる。

💡 nurse「看護師」は本来「育てる人」で、nurseryは「育てる人（nurse）がいる場所（ery）」です（「園芸店」の意味があるのは「育てる」に関連するため）。nursery school「保育園」です。

---

## 886 ■■■ maternity

名 (形容詞的に) 妊婦の

[mətə́:rnəti]

**Are you planning to take maternity leave?**

産休を取る予定はありますか?

💡 take maternity leave「産休を取る」はニュースでも頻出です（leave「休暇」）。paternity leaveは「（父親の）育児休暇」、parental leaveは「育児休暇」です。

---

## 887 ■■■ effort

名 努力

[éfərt]

**I would like to thank all of you for your hard work and effort.**

皆さんの一生懸命な仕事ぶりと努力に感謝したいと思います。

💡 この文を実際に使うのは少し先になると思いますが、この本で学ぶみなさんが、いつか外国人の部下たちに言ってほしいと願って、この英文を例文としました。

# 888 ■■■ **overcome** 🔊 克服する、乗り越える

[òuvərkʌ́m]

## She overcame many difficulties to realize her dream of becoming a lawyer.

彼女は多くの困難を乗り越え、弁護士になるという夢を実現した。

💡「障害の上を越えて（over）やってくる（come）」→「克服する、乗り越える、打ち勝つ」です。これからもovercome many difficulties「多くの困難を乗り越える」していってください。

# ライティングとスピーキングの決定的な違い

よく「ライティングの延長線上にスピーキングがある」と言われます（特に大学受験指導の現場で言われます）。確かに「話す」前に「書ける」ことが必要なのは言うまでもありません。

しかし、実はライティングだけでは「英会話の壁」を乗り越えられないのです。その「壁」とは「目に見える文字かあるかどうか」です。ライティングの場合は、訳すべき日本語を見ながら、それを補助にして英語にできます。

でも、スピーキングではそんなことは一切許されません。日本語が見えないだけで、英語にするハードルが劇的に上がるのです。試しに、周りにある日本語（スマホのメッセージ・広告・注意書きなど）を英語にしてみてください。日本語を見ながら考えることが大きな助けになるはずです。

これを日本語ナシで（もしくは目を閉じて）やってみると、急激に難易度が上がります。スピーキングの練習は最終的に「日本語を見ない状態（エアー）で英語にする」ことが必要なのです。この「エアーで英語を口にする」ことはすぐにはできるようにはならないので、何度もトライするのが普通です。大半の学習者がこの事実を教えてもらえずに、いつまでも日本語を見ながら練習したり、英文を読んでいるだけなので、エアーで英語を発しないといけない会話の場面で英語が出てこないのです。

もちろん今は本書で単語を覚え、例文をチェックして「読んでわかる・聞いてわかる」ことを目標にしてください。それが大きな土台になりますし、その土台があるかどうかは後で大きな違いを生みます。そしていつかはエアーでの練習を取り入れてみてください。道のりは長く険しいですが、みなさんはまっすぐ正しい方向へ進んでいます。砂漠のように一歩進むだけでも大変で、休みも必要でしょうが、焦らずヘコまず、少しずつ進んでくださいね。

# INDEX

888の見出し語は**太字**、それ以外の＋αの表現（派生語・関連語）は黒字で示されています。右にある数字は見出し語番号です。

## D

## T

## 関正生 Masao Seki

1975年東京都生まれ。埼玉県立浦和高校、慶應義塾大学文学部（英米文学専攻）卒業。TOEIC® L&Rテスト990点満点取得。オンライン予備校『スタディサプリ』講師として、毎年、全国の中高生・大学受験生140万人以上に授業、全国放送CMで「英語の授業」を行う。著書は『真・英文法大全』(KADOKAWA)、『サバイバル英会話』(NHK出版) など140冊以上、累計400万部突破。NHKラジオ講座『小学生の基礎英語』、英語雑誌『CNN ENGLISH EXPRESS』(朝日出版社) などでの連載や新聞・雑誌の取材も多数。

## 桑原雅弘 Masahiro Kuwahara

1996年山口県生まれ。山口県立下関西高校、東京外国語大学国際社会学部（英語科）卒業。英検1級、TOEIC® L&Rテスト990点満点、TOEIC® S&Wテスト各200点満点、英単語検定1級を取得。大学入学時より関正生が代表を務める有限会社ストリームライナーに所属し、80冊以上の参考書・語学書の制作に携わる。著作（共著）に『本当の音がわかるとリスニング力もUPする! 発音キャラ図鑑』(新星出版社)、『関正生のTOEIC® L&Rテスト 神単語』(ジャパンタイムズ出版)、『関正生のThe Essentials英語長文 必修英文100』(旺文社) などがある。

---

### スピーキングのための英単語帳
# スピタン888

発行 2024年4月10日（初版）

著者 関正生　桑原雅弘

| | | | |
|---|---|---|---|
| デザイン | 新井大輔、中島里夏（装幀新井） | 録音・編集 | ELEC録音スタジオ |
| DTP | 秀文社 | 印刷・製本 | シナノ印刷株式会社 |
| イラスト | 福士陽香 | 発行者 | 天野智之 |
| 編集 | 株式会社アルク 書籍編集部 | 発行所 | 株式会社アルク |
| 校正 | Peter Branscombe、廣友詞子、市川順子、河野有美、柳原愛 | | 〒102-0073 東京都千代田区九段北4-2-6 市ヶ谷ビル Website：https://www.alc.co.jp/ |
| ナレーション | Dominic Allen、Kristen Watts、水月優希 | | |

---

地球人ネットワークを創る

アルクのシンボル「地球人マーク」です。

©2024 Masao Seki / Masahiro Kuwahara / Haruka FUKUSHI / ALC PRESS INC.
Printed in Japan PC:7024024　ISBN: 978-4-7574-4067-8